Green Ink

환경 저널리즘 입문 그린잉크

마이클 프롬 지음 | 유승관 옮김

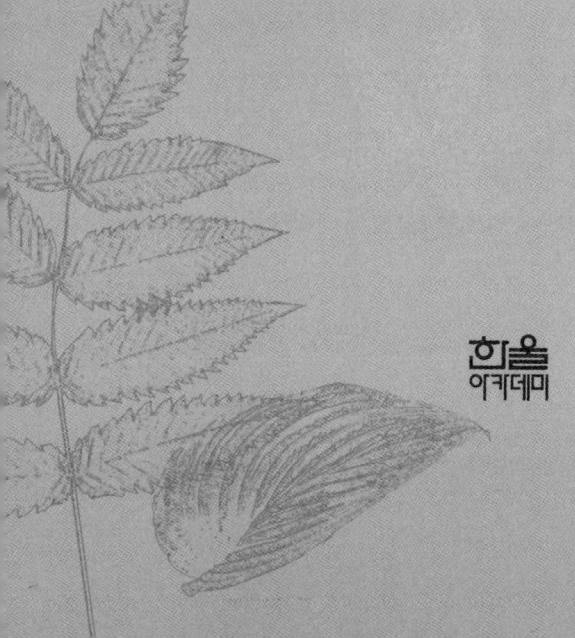

한울
아카데미

국립중앙도서관 출판시도서목록(CIP)

그린잉크: 환경 저널리즘 입문/지은이: 마이클 프롬; 옮긴이: 유승관, -- 파주 : 한울, 2007
   p. ;   cm. -- (방송문화진흥총서 ; 77) (한울아카데미 ; 922)

원서명: Green Ink: an introduction to environmental journalism
원저자명: Frome, Michael
참고문헌과 색인 수록
ISBN 978-89-460-3667-3 93330

070. 437-KDC4
070. 4493637-DDC21   CIP2007000569

Green Ink

An Introduction to Environmental Journalism

By Michael Frome

University of Utah Press
Salt Lake City

Green Ink: An Introduction to Environmental Journalism

Copyright ⓒ 1998 by the University of Utah Press.
Korean Translation Copyright ⓒ 2007 by Hanul Publishing Co.

All rights reserved. This Korean edition was published by
arrangement with the University of Utah Press.

이 책의 한국어판 저작권은 the University of Utah Press와의 독점계약으로
도서출판 한울에 있습니다. 저작권법에 의해 한국 내에서 보호를 받는
저작물이므로 무단전재와 무단복재를 금합니다.

게리 그레이, 학생들, 친구들, 그리고
이 길을 함께 가는 좋은 동료들과의 기억을 위해

역자 서문

　환경문제는 최근 더욱더 심각해져 사람들의 많은 관심을 끌고 있다. 환경이란 단어 자체가 인간을 포괄하는 매우 광범위한 의미를 지니고 있지만 우리의 일차적인 관심은 인간과 상호 작용하는 외부 환경이라고 볼 수 있다. 환경에 대한 관심이 증대될 수밖에 없는 주된 이유는 환경이 우리에게 직·간접적으로 문제가 있다는 신호를 지속적으로 보내고 있기 때문이다. 때로는 급작스런 이상 기온이나 예기치 못한 폭설로, 때로는 그보다 더욱 치명적인 자연재해로 말이다. 킬리만자로의 눈과 알래스카의 빙하가 빠른 속도로 녹아 흐르고 있다. 대표적인 것만 열거해도 기후 변화를 포함한 지구 온난화, 산성비, 대체에너지자원 문제, 황사, 허리케인과 해일, 멧돼지의 주택가 침입과 같은 생태계 파괴로 인한 야생동물 문제, 대기와 수질 및 토양오염, 환경호르몬 문제 등 매우 많다. 미국 부통령을 지낸 엘 고어(Al Gore)는 영화 <불편한 진실(An Inconvenient Truth)>에서 연사로 등장해 지구 온난화라는 열병을 경고하기도 했다.
　환경에 대한 논의와 관심은 산업혁명 이후 경제와 개발, 발전이라는 도구적 이성에 대한 재성찰을 요구하고 있다. 19세기 말, 20세기 초에 인식된 환경문제는 대지의 장엄함에 대한 경외를 주장한 레오폴드(Aldo Leopold)의 『모래 군의 열두 달(A Sand County Almanac)』(1949)과 농약으로 인한 토양오염의 심각성을 일깨웠던 카슨(Rachel Carson)의 『침묵의 봄(Silent Spring)』(1962) 등은 1950년대 이후 환경보존운동을 촉발하는 계기가 되었으며, 1970년대 이후 환경운동은 세계적으로 가장 강력한 사회운동이 되었다. 또한 이러한 환경문제에 대한 관심은 오늘날 환경철학, 환경정치학, 생태정책, 환경사회학, 환경경제 및 경영학 등 학문적인 탐구의 대상이 되었다.

매스미디어의 대표적 기능 중 하나가 환경 감시 기능이다. 물론 여기서의 환경은 정치사회 권력에 대한 감시를 포괄하고 있다. 미디어를 통해 제공되는 환경문제에 대한 기사나 보도, 다큐멘터리 등의 프로그램도 점증하고 있다. 사회 제 분야와 다양한 학문 분야에서의 접근이 많지만 미디어에서 다루는 환경에 대한 의제 선택이나 깊이가 만족스러운지에 대해서는 이론의 여지가 많다. 일반인이 환경문제에 대해 구체적인 정보를 얻을 수 있는 수단은 역시 미디어라는 매개체를 통해서이기 때문에 미디어의 기능은 매우 중요하다. 이 책을 번역하게 된 목적과 출발점은 바로 여기에 있다.

저자는 공중의 정당한 관심사를 올바로 제공하기 위해서는 환경문제에 대해 미디어가 주창해야 한다고 강하게 말한다. 저자는 환경 저널리즘을 환경문제에 대한 의사결정 과정에 지식을 가지고 참여하는 것이며, 구체적으로 대중에게 완전하고 정확한 자료를 제시하기 위한 목적을 가진 글쓰기라고 정의한다. 따라서 환경 저널리즘에는 누가, 무엇을, 언제, 어디서 그리고 왜 했는가와 같이 단순히 '어떻게 써야 하는가?'를 넘어, 환경에 대한 이해와 주체성을 토대로 한 감정 이입과 상상력이 추가되어야 한다는 것이다.

역자가 미국에서 공부할 당시 신문방송학 대학원 프로그램에 환경 저널리즘에 대한 특화된 전공 트랙이 있다는 것을 알게 되었다. 이 책은 미국에서 저널리즘이나 환경 저널리즘 과목을 개설하고 있는 학부나 대학원의 기본서로 널리 활용되고 있다. 이 책은 크게 3부로 구성되어 있는데, 1부는 환경 저널리즘이 전통적 저널리즘과 다른 점에 대해 서술하고 있다. 2부는 저자의 환경 관련 전문 기자 및 기고가로서 다년간 쌓은 경력에서 나온 환경 저널리즘 취재 및 보도의 생생한 경험을 주로 소개하고 있다. 이 책의 핵심이라고 할 수 있는 3부는 환경 저널리즘의 구체적이고 실용적인 방법을 담고 있다.

언론인 특유의 정확하고 상세한 인용과 고유의 문체, 생태계에 대한 전문 용어 때문에 번역하는 데 상당히 애를 먹었다. 최선을 다했지만 그 부족함에 대한 책임은 모두 역자의 몫으로 남긴다. 이 책이 아무쪼록 환경을 생각하는 많은 일반인과 미디어 종사자, 학생들에게 조금이라도 도움이 되기를 바란다. 끝으로 이 책의 출판을 지원해준 방송문화진흥회와 도서출판 한울에 감사드리고, 원고 수정에 많은 도움을 준 임윤아 선생에게 고마움을 전한다.

오래전 파스칼은 우주 공간의 영원한 침묵이 나를 두렵게 한다고 했다. 하지만 자연은 이제 더 이상 침묵하지 않는다.

2006년 겨울
황령산 기슭에서 광안리 바다를 바라보며
유 승 관

서문

나는 저널리스트이자 저널리즘을 가르치는 교육자로서 철저한 조사, 분석, 문서 작업 그리고 분명하게 제시된 강한 결론을 신봉한다. 나는 또한 읽고 쓰는 능력, 정확성, 공정성, 그리고 시간의 준수와 같은 저널리즘의 기본 원칙을 포함해, 환경을 대표하는 주창 저널리즘을 가르친다. 나는 학생들에게 레이첼 카슨의 다음과 같은 말을 가슴깊이 새기라고 충고한다. "숙제를 해라. 좋은 영어를 구사해라. 그리고 신경을 많이 써라." 이것이 가장 중요한 사항이며 또한 전부다.

주창(advocacy)은 우리가 피해야 할 단어로 배웠다. 그것은 피할 수 없음에도 불구하고 대부분의 저널리스트들이 인정해서는 안 될 편향을 의미한다. 그러나 나는 개인적으로 또는 직업적으로 지구 온난화, 산성비, 열대와 온대림의 파괴, 야생과 야생생물의 파괴, 유해 폐기물, 대기와 수질 오염, 그리고 삶의 질을 위협하는 인구 폭발 등의 문제를 인간의 건강과 지구의 안전을 위해 주창해야 한다고 생각한다.

시작에 즈음하여 먼저 '객관성'에 대한 의문을 푸는 것이 도움이 될 것이다. 1988년 웨스턴워싱턴 대학교(Western Washington University)에 온 지 1년 후 나는 환경 저널리즘에 대한 교육 프로그램을 어떻게 구성해야 할지에 대해 많은 전문가와 협의하기 위한 연구 지원을 받았다. 캘리포니아 대학교(University of California, Berkeley)의 저널리즘 대학원장에서 퇴임했으며, 『미디어 독점(The Media Monopoly)』이라는 우리 시대의 가장 유명한 책 중 하나를 집필한 벤 바그디키안(Ben Bagdikian)과의 인터뷰를 선명하게 기억한다. 그는 "객관성은 구경꾼의 눈에 있다. 모든 저널리스트는 인류에게 무엇이 더 중요한지, 또는 덜 중요한지를 개인적으로 판단해야 한다. 이런 선택 과정에서 당신은 더 이상 객관적일 수 없고 선택적일 수밖에 없다. 이러한 과정을 무시하는 것은 저널리스트 스스로를 속이는 것이다." 환경과 야외에 대해 많은 책과 사설을 썼던 조지 레이콕(George Laycock)은 1998년 내게 "만일 이렇게 객관성만을 가지고 글을 쓰는 사람이 있다면, 매우 지루한 글쓰기가 될 것이다"라고 했다.[1)]

나는 환경 저널리즘을 "환경문제에 대한 의사결정 과정에 지식을 가지고 참여하는 것으로 대중에게 완전하고 정확한 자료를 제시하기 위한 목적을 가진 글쓰기"라고 정의한다. 환경 저널리즘은 자연에 대한 이해와 매스커뮤니케이션의 목적, 연구와 정확성을 가지고 발견한 것을 명확하게 기사화하는 능력, 그리고 언어를 통해 명료하게 표현하는 능력을 요구한다. 따라서 누가, 무엇을, 언제, 어디서 그리고 왜 했는가와 같이 단순히 "어떻게 쓰는 것"을 배우는 것이 아니라, 시각과 깊이를 가지고 전체를 생각할 줄 아는 감정과 상상력의 힘을 습득하는 것이 더욱 필요하다.

'저널리즘'은 조셉 퓰리처(Joseph Pulitzer)가 1902년에 콜롬비아 대학에 저널리즘 학교를 만든다는 계획을 발표할 때 선언한 바와 같이 "위대하고 지적인 직업의 하나이고 또한 그래야만 한다." 나는 저널리즘을 사회 공동체와 자연 세계에 대한 시각을 형성하는 데 도움을 주는 자기표현을 위한 감각과 기회를 제공하는 위대하고 지적인 직업으로서 사랑한다.

그러나 '주류 매체'와 '전통적인 저널리즘'은 이런 방식으로 작동하지 않는다. 대부분의 일간지와 미디어는 객관성의 미망으로 힘들어하고 있다. 이러한 현상은 기만일 뿐만 아니라 주창의 대안으로서 상반되는 시각을 제공하는 노력이 부족하다. 스토리와 드라마의 진실을 위해 강력한 사유와 양면적 시각을 이용하여 탐색하는 것은 필수불가결하다. 객관성은 잘해야 감정을 정당화하는 현실의 기초이며, 정보를 수집하는 과정으로 진실한 기사를 의미하는 것에 불과하다.

현재 많은 방송과 신문의 수준은 매우 바람직하지 못하다. 다음은 ≪마이애미 헤럴드(Miami Herald)≫의 1면 기사다.

전국에서 최고의 쇼핑몰 중 하나가 되고, 플로리다에서 둘째가는 관광지가 되는 것으로 충분하지 않다.

서그라스 밀스(Sawgrass Mills)는 쇼핑객과 저녁에 유람객을 유치할 계획으로 3,000만 달러를 투자해서 수요일부터 공사를 시작했다. 이 공사는 쇼핑과 오락을 한 장소에서 해결하려는 소매 산업의 행보와 일치한다.

30만 평방미터의 면적 확장은 서그라스가 에버글레이즈(Everglades) 지향적인 야생생물 테마공원과 볼프강 퍽 카페(Wolfgang Puck Cafe)의 첫 번째 전초기지가 될 것이다. 스티븐 스필버그의 게임 웍스(Game Works)는 하이테크 비디오 매장을 열 것이고, 레갈 시네마(Regal Cinema)는 스타디움 좌석을 포함해서 현재의 18개에서 24개의 스크린으로 확장될 것이다.[2)]

이 기사는 서그라스 밀스의 홍보 책임자가 썼을 것이고, 이러한 쇼핑몰의 건설로 인한 인구 증가와 플로리다 지역에 대한 자연 환경 훼손에 대한 고려는 무시되어 있다. 이 쇼핑몰은 여행 목적지로 이미지화되어 있고, "에버 글레이즈 지향적인 테마공원(Everglades-oriented thema park)"이 위험에 처한 에버글레이즈란 말을 대치하고 있다.3)

같은 판에 "자동차와 물결"은 16쪽에 걸쳐 자동차 소매 광고를 싣고 있다. 첫 번째 페이지에는 광고를 위한 사설이 실려 있다. 주된 내용은 자동차 월드 쇼에 대한 것으로 이 중에서 가장 핫뉴스는 폭스바겐사의 뉴비틀에 대한 것이다. 내용은 "이 차가 폭스바겐사의 멕시코 공장에서 미국 쇼룸에 도착할 때부터 많은 구매 문의가 있었다……"였고, 또 다른 기사는 "포드의 F시리즈 픽업트럭이 16년 연속 미국에서 가장 많이 팔린 차로 그 50주년을 기념했다"는 것이었다.

헤럴드의 다른 면에는 칼럼니스트인 칼 히아센(Carl Hiaasen)이 마이애미 주변에는 "모든 것이 있고 모든 사람이 서로에게 판매할 것이 있다"라고 적었다. 그는 지난 선거에서의 금품 수수 행위에 대해 언급했는데 아마 그의 신문에 대해서도 같은 생각을 가지고 있었을 것이다.

저널리스트는 일을 더욱 잘하기를 원한다. 그들은 자신의 직업에 대해 수련을 쌓고 이에 대해 자부심을 가진다. 제임스 아우코인(James L. Aucoin)은 1993년 미주리 대학에서 그의 박사학위 논문을 완성하며 탐사 저널리즘과 '탐사기자와 편집자조직(Investigative Reporters and Editors: IRE)'의 역사에 대해 조사했다. 탐사 보도에 대한 사명감을 지닌 많은 기자와 편집자들에 의해 1978년 IRE가 설립되었다. 그들은 부패와 권력 남용에 대해 조사하기를 원했고, 정치 자금과 뇌물 수수와 땅 사기를 추적하던 피닉스 애리조나(Phoenix, Arizona)의 돈 볼레스(Don Bolles) 탐사 기자의 죽음 이후 더욱 그랬다. 아우코인은 그러나 "탐사 보도를 지원하는 많은 조직이 금권의 압력에 취약하다. 그런 이유로 탐사 기자들은 그들이 받은 탐사 저널리즘에 대한 수련에도 불구하고 이를 제대로 실천하기 어렵다. 비용 절감 측면에서의 상당한 압력과 함께, 심각하고 견실한 기사보다는 선정적인 내용에 더 많은 관심을 보이는 수용자들이 원인이기도 하다."[4]

수익 창출에 대한 압력과 비용 절감의 문제는 저널리스트가 직업적 책임을 다하는 데 장애가 된다. 이런 문제는 1억 8,500달러를 들여 리 엔터프라이즈(Lee Enterprises)가 8개의 오리건 일간지, 주간지, 잡지를 인수한 ≪유진 레지스터-가드[Eugene (Oreg.) Register-Guard]≫의 헤드라인과 기사에서도 엿볼 수 있다. 이 기사는 전에 리 엔터프라이즈의 ≪코발리스 가제트 타임스(Corvallis Gazette Times)≫였고 현재 ≪레지스터-가드(Register-Guard)≫의 부편집인이 된 잭만 윌슨(Jackman Wilson)이 썼다. 그는 사내주주 매입 과정에 참여해서 12년 동안 520달러의 투자가 2,700달러가 되었다고 설명했다.

"체인신문의 임무: 수익"
"리 엔터프라이즈는 돈을 벌기만 하면 새로운 오리건 신문들에 대해 참견하지 않을 것이다."

리 엔터프라이즈는 뉴스를 돈을 벌기 위한 수단으로 생각한다. 이 회사는 나와 같은 주주를 위해, 그리고 이 지역의 사업권 영역의 공동체를 위해 존재한다. 주주들은 독자와 임직원의 희생을 담보로 이러한 관리를 선호한다.[5]

≪트레저 스테이트 리뷰(Treasure State Review)≫의 발행인이자 편집자이고 몬타나 대학의 저널리즘 학장을 지낸, 너대니얼 블럼버그(Nathaniel Blumberg)는 제대로 된 교육을 받지 못한 발행인들에게 "편집실의 직원을 돈 버는 기계 이상으로 간주하라"고 경고한다. 블럼버그는 발행인들이 환경과 탐사 보도를 제한하고 희생시키며 회사의 정치적인 어젠다를 도모하는 반노동적인 성향을 감추려 하고 있고, "대중이 밀실에서 무슨 일이 일어나고

있는지를 알고 관여하는 것을 막고 있다"고 했다.6)

주창 저널리즘은 개방적이고 정직한 저널리즘이다. 이것은 수익과 이를 추구하는 집단보다는 신이 창조한 자연과 인간을 위해 봉사한다. 주창 저널리즘은 성실과 작가의 창조성을 기본으로 한다.

웨스턴워싱턴 대학교의 환경 관련 계간 잡지인 ≪플래닛(Planet)≫ 편집자들은 "환경 저널리즘을 전공하는 학생은 '누군가를 인터뷰할 때는 상황을 역전시킬 만한 충분한 시간과 준비가 필요하다'고 말하는 이 잡지의 지도교수인 마이클 프롬(Michael Frome)의 얘기를 명심한 후에 그를 인터뷰해라"라고 썼다. 그리고 그들이 처음으로 내게 인터뷰를 제안해왔고 그 내용의 일부는 다음과 같다.

Planet(이하 P): 수업에서 당신은 준비를 강조했다.
Frome(이하 F): 그렇다. 당신이 준비 없이 간다면 기껏해야 주제에는 맞지만 매우 만족스럽지 못한 스토리를 얻을 것이다. 사전에 더 많은 준비를 하면 할수록 더 많은 것을 얻을 것이다. 이것이 환경 저널리즘의 전부이다.
P: 정확하게 무엇을 뜻하는가?
F: 자유주의 국가에서 미디어의 역할은 지혜로운 의사결정을 할 수 있는 정확한 정보를 제공하는 것이다. 1990년대는 환경 저널리즘의 분야에서 의사결정의 시대다. 그러나 뉴스 종사자는 표면만을 건드리는 피상적인 보도를 한다. 밸디즈(Valdez), 체르노빌(Chernobyl), 보팔(Bhopal), 러브커낼(Love Canal), 그리고 스리마일 아일랜드(Three Mile Island)에 대한 뉴스 내용은 '스토리'로만 채워져 있고 이에 대한 배경 설명이 거의 없다. 결과적으로 대중은 올바른 정보를 받고 있지 못한 것이다.

뉴스 종사자들은 파일을 조사하거나 정치인과 오염을 일으키는 주범들의 거짓말에 대해 많은 주의를 기울이지 않는다. 그러나 대중은 환경을 훼손하는 원인과 이에 대처하는 방법에 대한 이해를 필요로 한다. 환경 저널리스트들은 이런 일을 할 수 있고 또한 해야 할 것이다.
P: 작가에서 교육자로의 변신을 통해 당신은 무엇을 배웠는가?
F: 두 가지를 들 수 있다. 첫째, 높은 수준으로 학생들을 유도하기 위해서는 인내심을 가지고 학생들이 배우고 개발할 수 있는 시간과 공간을 허락해야 한다는 것이다. 둘째, 더욱 중요한 것으로, 나와 관계하는 모든 학생들이 사회에서 그들이 가져가는 것보다 사회에 무언가를 기여하기 원하는 따뜻하고 나눌 줄 아는 사람들이란 점이다.
P: 마지막으로 하고 싶은 말은?
F: 두려움이나 차별 없이 있는 그대로 말해라.[7]

감사의 글

나는 아마도 이 책을 평생 동안 준비해 왔는지 모른다. 그러나 이 책에 대한 아이디어는 1994년 12월 31일 시애틀에서 결혼한 나의 아내 준 이스트볼드(June Eastvold)에게서 나왔다. 그 즈음 아내는 "사람들이 남편이 무슨 일을 하는지 물어볼 때 당신의 직업을 이야기하면 '환경 저널리즘이 무엇이죠?' 하고 되묻곤 해요. 이에 대한 대답은 당신이 해줘야 해요"라고 내게 말했다.

이것이 시작이었다. 그녀에게 감사한다. 그리고 자신의 경험담을 제공하고, 원고를 읽어보고 비평해준 나의 친구, 동료 등 많은 사람들로부터 도움을 받았다. 저널리스트이자 작가로는 ≪시애틀 위클리(Seattle Weekly)≫의 편집자 뉴트 버거(Knute Berger), ≪루이스턴 모닝 트리뷴(Lewiston Morning Tribune)≫의 칼럼니스트 짐 피셔(Jim Fisher), 마운티니어(The Mountaineers)의 주필 마가렛 포스터(Margaret Foster), 『그린을 위한 전쟁(The War against the Greens)』의 저자 데이비드 헬버그(David Helvarg), 야생생태에 대한 많은 책을 집필한 조지 레이콕, ≪칼리스펠 데일리 인터레이크(Kalispell Daily

Interlake)≫의 기자이자 칼럼니스트인 벤 롱(Ben Long), 작가이자 전직 애리조나 대학교 출판사의 편집자 그레고리 맥나미(Gregory McNamee), 『더 라스트 스탠드(The Last Stand)』의 저자 리처드 매닝(Richard Manning), 그린 파이어 프로덕션(Green Fire Productions)의 카렌 마이어(Karen Anspacher Meyer), ≪내셔널 지오그래픽(National Geographic Magazine)≫의 부편집자 존 미첼(John Mitchell), ≪미졸라 인디펜던트(Missoula Independent)≫의 편집자 댄 오코(Dan Oko), 작가이자 전 ≪뉴욕타임스(New York Times)≫ 기자인 필립 샤베코프(Philip Shabecoff), 작가이자 전 ≪보이스 스테이츠맨(Boise Statesman)≫ 기자인 스티브 스튜브너(Steve Stuebner), ≪환경 하와이(Environment Hawaii)≫의 편집자 패트리샤 투몬스(Patricia Tummons), 지구정의법률방어재단(Earth Justice Legal Defense Fund)의 편집자 탐 터너(Tom Turner), 그리고 ≪오듀본(Audubon)≫과 ≪플라이 로드 앤 릴(Fly Rod and Reel)≫의 편집자인 테드 윌리엄스(Ted Williams)에게도 감사를 표한다.

교육계에도 고마움을 표시하고 싶은 사람들이 많다. 아이다호 대학교의 제임스 파지오(James Fazio), 곤자가 대학교의 마이클 커크혼(Michael Kirkhorn), 몬타나 주립대학교의 티 왓킨스(T. H. Watkins), 버몬트 대학교의 칼 라이델(Carl Reidel), 그리고 유타 대학교 출판사에서 나의 원고를 교정해준 콩코르디아 칼리지(Concordia College)의 스콧 올센(W. Scott Olsen), 콜로라도 주립대학교의 수엘렌 캠벨(SueEllen Campbell)에게 감사한다. 이 시점에서 특히 유타 대학교 출판사의 편집자 돈 마라노(Dawn Marano), 출판사 책임자 제프리 그라스윌(Jeffrey L. Grathwohl), 그리고 솔트레이크시티(Salt Lake City) 사무실에 있는 모든 동료에게 특별히 감사한다. 이제는 커뮤니케이션 분야에서 각자의 길을 걷고 있는 나의 제자였던 스콧 브레넌(Scott Brennan), 트레이시 에지(Traci Edge), 리사 프렌드(Lisa Friend), 리처드 나바스(Richard Navas), 사라 올라슨 놀란드(Sara Olason Noland), 네일스 노켄드베드(Neils Nokkendtved), 그리고 디안나 울스톤(DeAnna Woolston)에게도 감사한다.

또한 멸종생물연합(Endangered Species Coalition)의 책임자인 브록 에번스(Brock Evans)와 그의 아내 린다 가르시아(Linda Garcia), 불릿재단(Bullitt Foundation)의 회장 데니스 헤이스(Denis Hayes), 북서생태계연맹(Northwest Ecosystem Alliance)의 실무자 미치 프리드먼(Mitch Friedman), 넷 액션(Net Action)의 아우드리 크라우스(Audrie Krause), 워싱턴환경위원회의 전 책임자 테드 판코우스키(Ted Pankowski), 그리고 테네시 주 자연보호자 맥 프리차드(Mack Prichard)에게 고마움을 전한다.

| 차례 |

▪역자 서문 6 ▪서문 9 ▪감사의 글 16

제1부 양심과 주창의 부름

제1장 | 미디어 메시지의 이면을 직시하기 _23
제2장 | 긍정적인 언론의 영향력 _38
제3장 | 환경 저널리즘은 단순한 취재와 작문이 아닌 삶의 방식 그 자체이다 _45
제4장 | 열정 없는 객관성은 없다 _51
제5장 | 객관성을 넘어 열정을 추구하다 _63
제6장 | 읽고 쓰는 능력을 갖추고, 위험을 감수하는 자가 되어야 한다 _73
제7장 | 저널리스트가 권력에 대한 진실을 얘기할 때 _86

제2부 경력으로부터 나온 교훈

제8장 | 계란을 깨지 않고서는 오믈렛을 만들 수 없다 _109
제9장 | 교실에서 희망을 찾다 _125
제10장 | 경력이 된 이야기 _134
제11장 | '전체 기사'를 쓰는 데 도움이 되는 역사와 윤리 _143

제3부 그린 잉크의 첫걸음

제12장 | 한걸음씩 내디뎌라 _151
제13장 | 스토리는 그것을 발견하는 곳에 존재한다 _155
제14장 | 인터뷰와 정밀 조사의 수행 _164
제15장 | 필수적인 컴퓨터 _179
제16장 | 과학적인 질문을 하는 방법 _183
제17장 | 자유기고가는 일찍 일어나고 늦게까지 깨어있다 _195
제18장 | 대안 매체에서 오는 기회 _211
제19장 | 경력 쌓기: 기회는 누구에게나 찾아온다 _222
제20장 | 내일의 자연을 향하여 _238

▪참고문헌 245 ▪미주 247 ▪찾아보기 265

제1부 양심과 주창의 부름

Green Ink

제1장 | 미디어 메시지의 이면을 직시하기
제2장 | 긍정적인 언론의 영향력
제3장 | 환경 저널리즘은 단순한 취재와 작문이 아닌 삶의 방식 그 자체이다
제4장 | 열정 없는 객관성은 없다
제5장 | 객관성을 넘어 열정을 추구하다
제6장 | 읽고 쓰는 능력을 갖추고, 위험을 감수하는 자가 되어야 한다
제7장 | 저널리스트가 권력에 대한 진실을 얘기할 때

제1장

미디어 메시지의 이면을 직시하기

　전국의 일간신문들은 없어지거나, 합치거나, 규모를 줄이고 있다. 이는 직원을 최소한으로 줄여 최대한의 수익을 취하거나, 이·삼류 상품으로 독자들을 속이고 있다는 것을 의미한다. 나는 1996년 초 ≪뉴욕타임스≫의 진 로버츠(Gene Roberts)가 캘리포니아 대학, 리버사이드에서 한 연설을 읽었다. 그는 자신이 종사하고 있는 업계에 대해 매우 비판적이었는데, 미국에서 1,548개의 일간신문 중 75퍼센트를 소수의 미디어 재벌이 소유하고 있고, 아무런 공동체에 대한 책임감 없이 "마치 신발 가게 체인점과 같이" 운영하며 점점 더 깊이 없고 범위가 좁은 뉴스를 공급하고 있다고 했다.

　나는 ≪뉴욕타임스≫에 대해서는 확실히 모르지만 1990년 ≪뉴욕타임스≫는 존경받고 인정받던 환경 관련 베테랑 기자이자 선구자라 할 수 있는 필립 샤베코프를 편향적이라고 간주하여 "너무 환경문제 전문가에 가까워" 반환경적인 편견에 의해 대안을 내기 힘들다는 이유로 해고했다. 이것은 공동체의 책임의식과는 확실히 거리가 먼 것이었다.[8]

　좀 더 최근에 ≪엑스트라(EXTRA): 공정성과 정확성의 잡지, 또는 FAIR[9])≫는 "청소(Clean-Up Job): ≪뉴욕타임스≫는 허드슨 강(Hudson River)의 유독성 문제에 대해 속이고 있다"라는 제목의 기사를 게재했다. 이는 ≪뉴욕타임스≫

가 허드슨 강을 "제너럴 일렉트릭(General Electric)사가 독성 폐기물 폐기장소로 이용해 온 흔적을 제거함으로써" "청소"했다는 사실을 고발한 것이다.10)

장문의 20쪽 커버기사에서, 《뉴욕타임스》는 뉴욕 시에서 대서양으로 흐르는 315마일에 대한 허드슨 강의 생태학적 이익에 대해 보도했다. 25년 전에 죽어 있던 허드슨 강이 깨끗해졌다. 주와 연방법은 미처리 하수와 산업화학물질 폐기를 줄여, 사람들이 이곳에서 다시 수영도 하고 낚시도 할 수 있게 되었다는 내용이었다.

이 시리즈 기사는 이익에 대해 다루었는데 1면부터 연속 두 쪽에 걸쳐 2단으로 지도와 사진과 보조 자료들을 제시했다. 첫 번째 기사는 "오명을 벗다, 허드슨이 생명을 찾고 있다"라는 헤드라인으로 허드슨 강에 대한 청소가 마침내 좋은 결실을 맺고 있다는 많은 증거 중 하나라며, 125번가 부근에서 배스(bass)를 잡고 행복한 표정을 짓고 있는 낚시꾼의 사진을 함께 실었다. 두 번째 기사는 레크리에이션의 용도에 초점을 맞춰 "죽어가던 허드슨에 생명의 함성이 다시 찾아왔다"라는 헤드라인으로 보도했다.11)

그러나 《엑스트라》에 기사를 썼던 짐 고든(Jim Gordon)은 《뉴욕타임스》가 폴리염화바이페닐(polychlorinated biphenyls: PCB) 때문에 알바니(Albany) 지역 이하로는 허드슨 강 전체가 연방의 유해산업 폐기물 처리 장소가 되었다는 사실에 대해 언급하지 않았다고 지적했다. "PCB에 대한 불쾌한 사실—강을 오염시키는 GE의 역할에 대한—은 전적으로 무시하거나 속였다."12)

그 옆에는 짧은 기사로 "공장이 폐쇄된 지 몇 년이 지났으나 화학물 오염은 아직도 남아 있다"라며 식품회사로부터 발생한 발암물질인 다량의 PCB가 허드슨 강에 수십 년 동안 버려지고 있다며 허드슨 강둑의 GE 공장에 대해 다루었다. 그러나 여기에는 얼마나 많은 양이 버려졌는지(50~150만 파운드로 추정) 명시하지 않았고, 아직도 PCB가 뉴욕 항구로부터 대서양에까지 걸쳐 발견된다는 사실에 대해 밝히지 않았다. 이러한 사실은 열일곱 번째 문단이 돼서야 "줄무늬 배스를 먹기엔 위험한 화학물이 존재한다", "배스를 다시 버리는 게 낫다!"13)라고 언급하고 있는 정도다.

많은 능력 있는 기자와 편집자들이 환경에 대해 많은 일을 해왔다. 그러나 충분하지 않다. 많은 언론인들이 증거와 균형과 진실성과 공중의 알 권리와 같은 개념에 대해 잘 알고 있고, 그렇게 교육받았고 공정하려고 노력하지만, 상업적 대중매체가 주류인 상황에서 대부분 이를 지켜내기가 어렵고, 환경문제에 대해서도 마찬가지다.

한 예로, 미디어 조직 내에서 한정된 자산을 가지고 급박한 마감시간을 지키다 보면 철저한 조사와 연구를 수행하기 어렵다. 대개 충분하지 않은 시간과 공간에 맞추어야 한다. 평균 1분 40초 이상의 텔레비전 뉴스를 커버하는 것은 기자로서 매우 운이 좋은 것이다.

1994년 북서 지역 미디어와 환경(Northwest Media and the Environment) 학회에서 전직 주지사이자 상원의원인 댄 아담스(Dan Adams)는 지역 목재 산업에 관한 논쟁에 대해 다음과 같이 주장했다.

> 우리는 점박이올빼미가 단지 산림생태계의 무언가를 알려주는 종류 정도로 알고 있다. 우리의 관심은 전적으로 올빼미 자체의 운명과 미래에만 집중되어 있었다. 나는 똑똑한 환경 전문 기자들이 일찍이 무엇보다 산림 생태계가 근본적인 문제라는 점을 대중에게 알리는 데 실패했다는 점에 매우 놀랐다. 최근 기사에는 더 많은 점박이올빼미가 북 캘리포니아 지역에서 성장하고 있다고 보도됐다. 그것은 과연 무엇을 의미하는가? 우리는 또 다른 흔적을 찾을 수 있을 것이다. 왜냐하면 이것은 점박이올빼미 하나의 문제가 아니라, 우리의 숲 전체가 중요하기 때문이다. 따라서 기자들은 올빼미나 어떤 한 종류의 개체뿐만 아니라 숲이란 문제 전체를 다시 한 번 바르게 집중해서 다루어야 한다.14)

에번스(Evans) 또한 "환경문제를 다루는 모든 저널리스트는 최소한 ≪사이언티픽 아메리칸(Scientific American)≫을 읽을 수 있는 능력이 있어야 한다"고 말한다. 그러나 북서 지역의 미디어는 '올빼미 대 일자리'라는 얄팍한 용어로 산림의 위기를 다루는 데 급급하여 사람들에게 확실하지 못한 정보를 제공했다. 1990년 AP 통신은 헤드라인에서 "서베이: 올빼미 보호(set-asides)는 4만 8,000그루의 목재와 관련 직종(job) 6만 3,000개를 빼앗아간다"라고 썼다. 이어지는 기사는 총 11만 개 일자리 이상이고, 이것이 사실이라면 북서 지역에 경제적인 재앙이라고 보도했다. 이 기사는 설문조사가 목재 산업체의 요청으로 지역 회계 법인이 한 조사라고 명백히 밝혔다. 그럼에도 불구하고 이 기사는 믿을 만하고, 공정하고, 객관적이라 간주되는 AP 통신에 의해 전파되었고, 따라서 정확한 사실로 간주되었다. 그러나 이 조사가 AP 통신 자체적으로 이루어졌더라면 더 신뢰성 있는 정보가 되었을 것이다.[15]

1970년에 지구의 날(Earth Day) 때 학생운동가로 시작해 환경운동가로 오랫동안 활동해 왔고, 시애틀의 불릿재단의 회장인 데니스 헤이스(Denis Hayes)는 다음과 같이 비평한다.

현대의 편집은 '균형'과 정확한 인용에 너무 집착하는 것 같다. 그러나 취재원이 거짓말을 하고 있다면 정확하게 인용하는 것이 별 도움이 되지 않는다. 균형 있는 인용도 아무 도움이 되지 않는다. 만약 AP 기사가 시에라 클럽(Sierra Club)이나 오듀본을 "올빼미 보호가 그것에 의한 파괴보다 더 많은 일자리를 창출할 것이다"라고 인용했다고 하더라도 진실을 밝히는 데는 도움이 되지 않았을 것이다. 두 개의 거짓말이나 하나의 거짓말이나 마찬가지이다.

이 사례에서 1990년에 얼마나 많은 일자리가 사라졌는지 알 수 있는 방법은 없었다. 몇 년 후에도 실제로 얼마나 많은 일자리가 사라졌는지 확인할 수 없었다. 미디어는 근거 없는 주장과 구별하여 자명한 사실과 명백한 가정에 기초한 온당한 계산을 산출해냈어야만 했다.

더 좋은 예는 더욱더 사실에 근거하고 있다. 산림회사가 다량의 목재를 국립공원에서 도벌해왔다는 사실은 입증할 수 있었으나 모든 기사가 환경윤리를 위한 산림업자연합(Association of Forest Service Employees for Environmental Ethics: AFSEE)과 웨이여하우저(Weyerhaeuser)와 산림청(Forest Service)이 서로 동의하지 않고 있다는 내용만 실었다. 나는 이러한 내용의 신문을 원하지 않는다. 나는 이 세 단체가 무슨 얘기를 할지 99퍼센트는 알아맞힐 수 있다. 나는 진실이 무엇인지 알고 싶을 뿐이다. 나는 기자가 숲속으로 들어가서, 그루터기 사진을 찍고, 판매 기록을 면밀히 검토하는 등, 그들의 조사가 진짜임을 보증할 준비가 되어있기를 바란다.

저널리스트는 사실에 관련된 기사를 작성할 때 단지 인용의 정확성을 주장하기보다는 사실의 정확성을 담보하기 위해 준비해야만 한다. 인쇄를 서두르기보다는 사전에 더 많은 준비를 해야 한다.[16]

그러나 불행하게도 저널리스트들은 그렇게 충분히 준비하지 않는다. 물론 매스미디어의 의무는 공익에만 있지 않다. 이익이 가장 중요시되기 때문에 기사나 라디오·TV 방송, 심지어 심층기사에 대한 열정이 제한되기도 한다. 광고는 비용을 지불한다. 광고는 신문의 지면 분량, 잡지의 컬러 페이지 분량, 라디오와 TV의 성격과 질, 주주의 이익 배당, 발행인과 방송국 경영자의 월급을 결정하며 미디어를 굴러가게 한다. 일간신문의 발행 부수는 최소한 광고를 실을 수 있는 능력을 결정한다. 그러나 독자를 잃을 수 있다는 우려는 저널리즘의 창조력과 용기를 저해한다.

미국의 많은 지역에서 하나의 신문만이 존재하는 독점이 일어나고 있으며, 이는 미디어가 깊이에 상관없이 뉴스를 어느 정도까지만 취급하게 만든다.[17] 경쟁이 없기 때문에 최소한의 인력에 의한 뉴스 취재로 더욱 많은 이익을 추구한다.

많은 기사가 보도자료에 의존하는 축어적인 보고에 지나지 않는다. 편집자들은 "우리가 모든 것에 대해 확인할 수는 없다"고 방어적으로 얘기하거나 "우리가 얄팍하게 보도한다는 걸 인정한다"고 말한다. 1970년에 사무엘 데이(Samuel Day)는 《인터마운틴 옵서버(Intermountain Observer)》에서 "아이다호 주민들은 라디오나 TV, 신문의 가벼운 보도로 인해 전체적으로 언론혜택을 적게 받는다"고 적고 있다. 특히 유감스러운 일은 아이다호의 뉴스 미디어가 자연자원에 대한 내용을 다루는 주요한 주정부의 회의 내용을 보도하지 않는 것이라고 덧붙였다. 미디어는 자신들이 지역민들을 위해 일하고 있다고 생각하나, 그것은 환상일 뿐이다. 왜냐하면 그들이 주로 의존하는 뉴스와이어 서비스는 대개 홍보를 위해 공식적으로 미리 준비되어 배포되는 자료이기 때문이다. 데이는 "아이다호 뉴스의 부적합성은 더 심각한데 미리 기자들을 위해 준비된 공식적인 뉴스 자료 이상에 대해 파고들지 않기 때문이다"라고 지적한다.[18]

부적합한 보도 관행은 그 이후로도 개선되지 않고 있다. 이러한 관행은 아이다호뿐 아니라 미국 전역을 지배하고 있다. 홍보비를 지불할 능력이 있는 대상만을 위해 존재하는 다량의 뉴스는 대중의 이익을 위해 봉사하지 않는다. 정부와 산업계는 미디어를 공보 자료와 브리핑과 연구 논문과 행사로 채운다. 아웃사이더와 가난한 사람들은 거의 뉴스원이 되지 못한다. 조슈아 울프 솅크(Joshua Wolf Shenk)는 「페임 게임(Fame Game)」이라는 기사에서 "토크쇼가 자신들의 최근 작품 홍보에 열을 올리고 있는 스타들로 채움으로써 인기를 얻고 있고, 많은 잡지는 확인되지 않은 거래에 의해 조심스레 강조되거나 협의된 명사들에 대한 프로파일로 채워지고 있다. 우리는 대중에게 아첨하고 즐겁게 하기 위해 우리의 기자들을 활용할 것이다"[19]라고 쓰고 있다.

1980년 《콜롬비아 저널리즘 리뷰(Columbia Journalism Review)》는 《월

스트리트저널(Wall Street Journal)≫에 대해 비판적인 기사를 실었다. ≪콜롬비아 저널리즘 리뷰≫는 ≪월스트리트저널≫이 ≪뉴욕타임스≫에 실은 '1980년대에 우리 저널은 뉴스의 취재 범위와 양을 향상시키고 확대할 것'이라는 광고를 주목하고 무엇을 향상시키고 확대했는지를 검토했다. ≪콜롬비아 저널리즘 리뷰≫는 저널의 1면을 조사했는데, 많은 기사들이 언론 보도자료로 대부분 채워졌다고 지적했다. ≪콜롬비아 저널리즘 리뷰≫는 저널에 언급된 111개 회사를 조사했는데 이 중 70개 회사가 조사에 응했다. 이 중 53개의 경우 뉴스 내용이 전적으로 보도자료로 이루어졌고 21개 스토리가 피상적인 내용의 첨가로 이루어졌다고 지적했다. "월스트리트저널 리포터에 의한"이라는 표시가 있는 20개의 뉴스 기사가 이 중 가장 골치 아픈 것이었다. 설문조사 결과에 의하면 188개의 뉴스 아이템 중 45퍼센트가 보도자료에 의한 것이었다.[20]

양질의 저널리즘은 권위와 목적의식을 가지고 있다. 문헌에 의한 기사나 주창 기사는 복잡한 세계에 대한 관점을 제시할 수 있어야 한다. 그러나 대부분의 저널리즘 경향은 의미나 원인, 해결책의 제시가 부족한 사건, 기사, 해프닝, 사진예술, 이분법적 갈등 등으로 채워진다. 이는 환경문제에만 국한되지 않는다. 뉴욕카운티의 지역 변호사 사무국 성범죄 기소 담당관이자 『마지막 위기(Final Jeopardy)』와 『죽을 것 같은(Likely to Die)』을 쓴 소설가인 린다 페어스테인(Linda Fairstein)은 그녀의 불만을 다음과 같이 밝히고 있다.

다른 이슈에 대한 이해나 대중에게 설명하고자 하는 노력이 거의 없다. 예를 들어 이방인이나 면식범이 70퍼센트가 넘는다고 보고되는 강간은 기소하기 어렵다거나, 희생자가 법적·의료적, 또는 정신적 의료시설에 의해 보호된다거나, 어떤 자료나 구제가 가능하다거나, 그 결과가 어떤 것이 될 수 있다는 것 등에 대해서 말이다.

이러한 재판에 연루된 많은 이슈, 사례, 조사들은 헤드라인을 만드는 데에만 집중하는 기자들에 의해 보도되지 않거나 제대로 이해되지도 않는다. 일반인이 접하는 압도적인 기사는 대부분 이러한 사건에서 저속한 측면을 강조하거나 선정적으로 다루는 타블로이드 기사에 불과하다.21)

1996년 8월 클린턴 대통령은 재선을 위한 정치 캠페인 중 옐로우스톤 국립공원(Yellowstone National Park)에 대한 언급으로 언론의 스타가 되었다. 그 기사는 캐나다 계열의 채굴회사인 노란다(Noranda)가 6,500만 달러에 달하는 다른 연방시설 개발을 대가로 옐로우스톤 공원 근처의 옛 금광과 은광에 대한 채굴 계획을 취소하는 데 합의했다는 것이었다. 노란다는 이 지역에서 3분의 1에 해당하는 양의 오염 물질을 청소하는 것에도 동의했다. 클린턴은 이러한 사실을 자신의 선거 캠페인을 취재하는 기자단에게 알렸고, 이를 통해 언론은 그를 옐로우스톤의 구조자로 상징화했다.

문제는 언론이 중요한 한 가지 사실을 생략했다는 데 있다. 이러한 협상에 도달하게 된 이유는 환경기구에 의해 제기된 「클린워터법(Clean Water Act)」 소송의 결과였다는 점이다. 사실 연방 판사는 노란다가 상당히 많은 법을 위반했고, 그에 해당하는 과징금이 1,350만 달러에 달하는 것을 알고 있었다. 따라서 노란다는 이에 대응하기보다는 협상에 임하는 것이 낫다고 판단했던 것이다. 이러한 사실은 일부 환경단체에 의한 발표나 ≪하이 컨트리 뉴스(High Country News)≫를 제외하고는 언론에 보도되지 않았다.

산성 쓰레기, 오염된 해안, 기름 유출, 지구의 날, 그리고 산불 등은 저녁 뉴스에 등장하지만 대체로 생태적인 불균형은 대지와 물의 오염, 트인 공간이 없어지는 것, 종의 멸종, 인구 과잉 등과 함께 매우 소홀히 다루어지거나 많이 보도되지 않는 경향이 있다.

미디어는 1989년의 엑손(Exxon) 사의 오일 방출로 인한 장기적인 손해에 대해 소극적으로 다루었다. 기자들은 정부의 연어(lax) 조업 관련 규제나 엑손의 비용 절감에 대해 거의 다루지 않았다. 나는 미시간 대학의 유명한 환경법 교수이자 후에 캘리포니아 대학(버클리)으로 간 조셉 색스(Joseph L. Sax)를 인터뷰했는데, 그는 "기자나 저널리스트들이 상황에 대해 아무런 사전 지식과 역사, 그리고 인식이 없었다. 그 결과 언론 보도는 형편없었고 대중은 충분한 정보를 제공받지 못했다. 저널리즘의 소비자 한 사람으로서 내 생각은 저널리스트가 익숙하지 않은 기사에 대한 취재와 보도에 매우 불리하다고 생각한다. 그러나 나라면 지금 그들이 주제 연구에 2~3시간 투자하는 일에 대해 6개월 정도의 시간을 투자할 것이다. 만약 그들이 다루고자 하는 주제에 대한 이해나 배경 정보가 부족하다면 매우 현란하거나 극히 자족적인 이야기를 하는 희생자가 될 것이다"라고 지적했다.[22]

옐로우스톤 국립공원의 주 관리인인 댄 슐리(Dan Sholley)는 『옐로우스톤의 보호자들(Guardians of Yellowstone)』에서 1988년에 있었던 공원의 화재에 대한 보도를 그 당시 "헤드라인에 배고팠던 저널리스트들이 몰려와 온갖 부주의한 질문에 대해 답변을 요구했고, 상황을 제대로 설명하기 위해 하루 종일 걸렸던 내용을 6인치 기사로 기사화하거나 1분짜리 TV 뉴스로 내보냈다"며 비판했다.[23]

정부 관리와 기술 전문가들이 항상 미디어에 대해 느끼는 것은 공정하거나 불공정하다, 둘 중 하나다. 옐로우스톤의 TV 기자들은 한 가지 질문만 던져댔다. "어디 가면 불길을 볼 수 있죠?" 기자들은 '파괴된 토지', '황폐화된 토지' 등의 용어로 기사를 써내려갔고, 과학적으로 보면 주기적인 불은 불가피하고 생태적으로 이롭다고는 하지만 당시에 옐로우스톤 공원은 단지 잿더미로 변한 하나의 '재난'일 뿐이었다.

와이오밍 대학교로 옮기기 전 오하이오 주립대학의 저널리즘 교수였던 콘래드 스미스(Conrad Smith)는 1988년 6월과 7월 초의 산불, 그리고 8~9월의 건조한 날씨와 강풍에 따른 산불이 하루만에 16만 에이커의 땅을 연이어 태운 것에 대해 미디어가 어떤 보도 경향을 보였는가에 대한 체계적인 연구를 실행했다.

스미스는 수백 개의 뉴스 기사와 TV 영상을 분석하고 많은 사람을 인터뷰했다. 세 개의 큰 산불이 공원의 바깥에서 시작되었는데 많은 언론 보도는 모든 산불이 공원 내에서 시작되었던 것으로 보도했다고 밝혔다. 그는 기본적인 조건에 대해 정의하고 분석했는데, 네트워크 TV 기자들이 복잡했던 이슈를 단순화하고 드라마적인 이미지에 집중하면서 사실을 왜곡하고, 산불의 영향에 대해 잘못 전달하고, 중요한 사실을 생략해서 수용자가 올바른 정보를 제공받을 수 없었다고 지적했다. 그는 NBC 덴버(Denver) 방송국의 로저 오닐(Roger O'Neill)의 언급을 인용하여 보도상의 실수는 "부적절한 대중 정보시스템에 상당 부분 기인하고 있긴 하지만, 특종을 하겠다는 생각은 기자들의 염원이고…… 크게 문맥에서 벗어나지 않는 한 현장에 그대로 맞닥뜨리는 것이 기자들의 속성이다. 그 결과 유감스럽게도 방송 뉴스의 수준이 오락화된 기사로 전락했다"고 말했다. 스미스는 "자연 재해에 대한 다른 기사와 같이 네트워크들은 1988년 옐로우스톤 산불을 정형화시켰다. 예를 들어 화염에 대응하는 용감한 소방관, 무능한 관료, 거센 자연의 힘, 의인화된 불길, 숲속의 생명체들 등 산불은 주로 옐로우스톤을 덮친 악의 공격으로 형상화됐다. 나는 여기서 기자들이 사건 전달보다는 사건 묘사를 더 잘한다는 사실을 발견했고, 뉴스 기사는 현실의 객관적 보고라기보다는 사회적 구성물이라는 점을 다시 한 번 확인했다"고 결론짓는다.24)

미디어는 생명을 원한다. 설사 그것이 전쟁이든 산불이든 연방기관의 폭격이든 간에 '스토리'에 합치하는 방향으로 말이다. 침착하고 냉정한 것(harmony)은 지루하다고 생각하는데 거기에는 스토리가 담겨 있지 않기 때문일 것이다. 기자가 환경문제를 취재할 때 그들은 접근할 수 있고 신뢰할 수 있는 공식 자료와 권위를 찾아간다. 문서를 뒤지고 반대론자들을 인터뷰하는 독립적이고 불경한 기자는 편집자로부터 "객관성이 없다"는 취급을 받으며, 용서받지 못할 죄를 저지른 대가를 치러야 했다. 결론적으로 사회의 모든 부분을 감시하고 정직하기를 요구받는 미디어가 오히려 수용자뿐 아니라 재능 있는 저널리스트를 스스로 무기력하게 만들고 있는 것이다.

미국 전역을 통틀어 미디어 관리자들은 기업인들과 점심 식사를 하고 로터리클럽 회원과 상공회의소 사람들과 접촉한다. 부동산 관련 사기와 유해 물질 매립은 매우 널리 퍼져 있고, 마약과 총기 사건만큼 심각한 환경 범죄가 일어나고 있으나 이러한 기사를 다루는 미디어는 매우 드물다.

테네시 주 멤피스 주민들은 1960년대 후반에서 1970년대에 걸쳐 오버톤 공원(Overton Park)을 보호하기 위한 투쟁을 벌였다. 세계에서 가장 아름다운 도심 속 숲 중 하나인 오버톤 공원은 공원의 중심부를 뚫고 지나가도록 계획된 주간 고속도로로 위험에 처해 있었다. 연방 정부의 고속도로 예산과 관련되어 있었기 때문에 결국 그들의 영웅적인 행동은 의회와 대법원에서 논의되었다. 그러나 오히려 그 지역의 미디어는 기껏해야 시민들을 무시하거나 조롱했다. 미국건축인협회(American Institute of Architects)의 멤피스 지부에 의해 발행된 ≪건축 멤피스(Architecture Memphis)≫의 편집자들은 1970년의 사례를 다음과 같이 바라보았다.

왜 잘 알려진 도시의 명소인 오버톤 공원(Overton Park)이 고속도로 업자의 합법화된 파괴에 의해 약탈될 지경에 이르렀는가? 이에 대한 대답은 복잡한데, 부분적으로는 공원을 파괴하고 고속도로를 건설함으로써 침체되어 있던 도심을 살려 돈을 벌려고 했던 야심에 그 원인이 있다.

이러한 파괴의 중심에는 도심을 개발해서 광고 수주로 이익을 챙기려 했던 스크립스하워드(Scripps-Howard)가 뉴스 미디어를 통제한 것이 주원인으로

자리 잡고 있었다. 그는 자신의 두 신문과 라디오, TV 방송을 통해 시민들의 공원을 보호하려는 정서를 효과적으로 불식시켰고 자연 유산을 보호하려고 했던 사람들을 질식시키고 조롱했다. 또한 보호가 희망 없이 시간을 낭비하는 것이며 오버톤 공원 보호 시민단체의 지도자들을 반진보주의자, 혹은 피비린내 나는 공상적 사회개혁론자로 몰아붙였다.

그 결과 불도저가 공원의 정문에 대기하고 땅을 고르는 기계들이 공원의 원시림을 잘라내려고 기다리고 있었다. ≪프레스 시미터(Press Scimitar)≫는 멤피스의 "손실은 알려진 만큼 심각하지 않다. 몇 개의 큰 나무들이 베어질 뿐 대부분의 지역은 잡목과 관목이 우거진 채 남을 것이다"라고 보도했다. 스크립스하워드 체인을 설립한 보호주의자인 작고한 에드워드 미맨(Edward J. Meeman)의 정신은 도대체 어디로 갔는가라고 묻지 않을 수 없다.25)

다행히도 시민들이 승리했고 오버톤 공원은 안전하게 보호되었다. 그러나 아이러니하게도 ≪멤피스 프레스 시미터(Memphis Press Scimitar)≫는 대중들의 기억에서 사라졌다.

무한한 경제성장에 힘입은 주류 미디어는 막강한 대중 마케팅으로 소비사회의 복음을 전파하고 있다. TV는 현대사회의 중추 신경이자 세상을 바라보는 중요한 창구이다. 한 사람이 평균 1년에 25만 개의 광고를 보고, 광고는 특정의 상품을 주로 선전하며 그것의 소비를 통한 가치와 라이프스타일을 조장한다. TV는 현실을 왜곡하는 것이다. TV는 사람들을 실내에 머무르게 하고 대화보다는 오락을, 조용함보다는 소음을 받아들이게 한다. 포르노, 폭력, 가십, 잡동사니 정보들은 네트워크 TV의 공통분모이다. 그 내용이 코미디든 드라마든 다큐멘터리든 대부분 우리의 마음을 마취시키고 좀먹는다. 때때로 나는 방송 작가들이 그들이 처음 일을 시작했을 때 진정 무엇을 하고 싶었는지 의문이 들기도 한다.

TV의 가장 중요한 목적은 교육에 있는 것도, 소비자의 관심을 자극시키는 것도 아니다. 오로지 자동차, 세제, 맥주, 향수, 사치품 등을 판매하여 과소비를 조장하는 데 있다. 뉴스 진행자는 마치 판매를 부추기는 배우 같다. 가치 있고 계몽적이며 우리를 즐겁게 하는 극소수의 프로그램은 공영방송이 없다면 존재하지도 않을 것이다. 민영방송이 양질의 프로그램에 관심이 있다면 이러한 프로그램을 충분히 제작하거나 공영방송을 능가하는 프로그램을 만들 수 있을 것이다. 그러나 모든 관심은 상업 광고주의 제품을 파는 쪽으로 유인하고 있다.

　영화에서도 기술의 도약에 힘입어 블록버스터가 제작자들의 목표가 되었다. <스타워즈(Star Wars)>가 눈부신 성공을 거두자 이를 뒤따라 유사한 1980년대의 많은 영화들에 제작자들은 큰 이름과 액션에 집중하고 많은 예산을 들여 <타이타닉(Titanic)>과 같은 대형 재난을 주요 소재로 한 영화를 제작했다. 환경 스토리를 담은 <차이나 신드롬(The China Syndrome)>, <밀라그로 콩밭 전쟁(The Milagro Beanfields War)>, <울지 않는 늑대(Never Cry Wolf)> 같은 소수의 의미 있는 영화처럼, 예술적인 질보다는 얼마만큼의 예산이 투입되었는지에 의해 판단되었다. 판타지들은 21세기와 그 이후를 우리의 가슴이 아닌 첨단 기술과 폭력에 연결시킨다.

　자동차 회사와 판매상들은 환상의 세계를 좋아한다. 그들은 경제, 자동차의 안전성, 공해, 그리고 자동차와 관련된 것이라면 어떤 화제라도 다룬 기사를 원한다. 그들과 다른 광고주들은 사설에서 자신들의 이해와 상반되는 것을 다루는 것을 원치 않는다.[26] ≪월스트리트저널≫은 브루스 네크트(Bruce Knecht)가 쓴 1면 기사에서 크라이슬러(Chrysler), 포드(Ford), 아메리테크(Ameritech), 그리고 벨 사우스(Bell South)와 같은 회사가 어떻게 논쟁적인 이슈를 다룬 기사에 대해 경고하고 공격적인 이슈에서 나온 광고를 피하려 하는지를 보여준다. 네크트는 크라이슬러 사가 "성적·정치적·사회적 이슈

또는 공격적이거나 도발적인 어떠한 기사나 모든 사설에서 사전에 정보를 받기를 요구한다"는 크라이슬러의 광고 대행사에 의해 발행인에게 보낸 편지를 인용했다. 이것은 미국잡지편집인협회(The American Society of Magazine Editors)가 우려의 성명을 발표하게 된 계기를 마련했지만, 편집자들은 누가 비용을 지불하게 되어 있는지를 너무나 잘 알고 있다. 후속 기사에서 ≪월스트리트저널≫은 혼란스러워하는 다양한 편집인들을 인용했지만, "우리는 사설에 어떤 영향을 주길 시도하는 것이 아니라, 일정한 이슈에 대해 우리가 어떤 관점을 가지고 있다는 것을 알려줌으로써 고객이 떨어져 나가게 하는 광고를 원하지 않는다"는 크라이슬러 대변인의 말로 기사의 마지막을 장식했다.27)

아마도 가장 심각한 것은 디즈니(Disney), 개닛(Gannett), 타임워너(Time Warner), 베텔스만(Bertelsmann), 루퍼트 머독(Rupert Murdoch), 비아콤(Viacom)과 같은 소수의 거대한 기업이 매스 미디어를 지배하고 있다는 사실이다. 그들은 사회적·문화적 태도를 정의하는 정보와 오락을 장악하고 있다. 또한 그들은 정치 지도자와 정치적 토론에 대한 대중의 이미지를 형성한다. 벤 바그디키안(Ben Bagdikian)은 『미디어 독점(The Media Monopoly)』에서 "매년 미국인들은 신문, 잡지, 라디오나 TV, 책, 영화, 케이블, 레코드, 비디오카세트 등 어떤 매체를 통해서든 그것이 일간신문이든 케이블 오락 프로그램이든 교과서든 상관없이 소수의 미디어가 제공하는 정보와 사상, 오락거리를 제공받고 있다"고 경고한다.28)

이러한 현상은 미국에만 해당되는 것이 아니다. 런던 제니스 미디어(Zenith Media of London)에서 발행된 『1996 유럽 50대 미디어 소유주(Top Fifty European Media Owners 1996)』는 유럽의 거대 기업 중 가장 큰 리드 엘스비어(Reed Elsevier)가 전통적인 신문부터 과학, 의학, 비즈니스, 전문 영역을 망라하는 뉴미디어까지 영국의 100대 소비자 잡지 중 28개를 소유하고 있다고 밝혔다. 독일에서 중요하게 여기는 출판업으로 출발한 베텔스만은 미국과 세계 음악시장의 대부분을 소유하고 있는 세계적인 출판기업으로 성장했다. 자회사인 그루너(Gruner)와 야르(Jahr)는 40개의 잡지를 국내외에서 출판하고 있다.

전 세계적으로 9개의 거대 회사가 미디어 시스템을 장악하고 있다. 1997년 매출액을 기준으로 가장 큰 5개 기업, 즉 타임워너가 240억 달러, 디즈니(Disney)가 220억 달러, 베텔스만이 150억 달러, 비아콤이 130억 달러, 그리고 루퍼트 머독(Rupert Murdoch)의 뉴스코퍼레이션(News Corporation)이 110억 달러이다. 이 회사들은 또한 개별적으로 영화, 책, 잡지, 신문, TV, 음반, 도매점, 빅 리그 스포츠 팀, 테마공원 등을 소유하고 있다. 나머지 4개 기업은 TCI, 제너럴 일렉트릭, 소니(Sony), 시그램(Seagram)이다.[29] 출판사들은 흡수와 병합을 거쳐 더욱 거대한 자본에 흡수되었다. 예를 들면, 맥밀런(Macmillan), 프렌티스 홀(Prentice Hall), 스크리브너(Scribners) 같은 회사가 파라마운트 영화사(Paramount Pictures)와 블록버스터 비디오(Blockbuster Video)와 함께 사이몬(Simon)과 슈스터(Schuster)의 자회사로 되었다가, 비아콤의 소유가 되었다. 그리고 1998년에 베텔스만은 미국 성인 출판시장의 약 36퍼센트 이상을 차지하는 랜덤하우스(Random House)를 매입하고 밴탐 더블데이 델(Bantam Doubleday Dell)과 합병한다는 발표로 출판계를 떠들썩하게 했다.

케이블과 부가적인 전문 서비스가 더 나은 프로그램을 공급한다는 점에는 이견이 존재하지만, 이러한 서비스의 공급원이 이미 세계적으로 뉴스, 시사, 오락, 출판의 95퍼센트 이상을 소유하고 있는 동일한 오락 관련 대기업에 의해 제공되고 있다는 점은 분명하다. 또한 더 큰 파이에서 더 큰 지분을 취하려고 계획하는 총체적으로 다른 유형의 시스템이 인터넷을 통해 그 구도를 형성하고 있다.

제2장

긍정적인 언론의 영향력

1996년 1월 400여 명의 기자들이 오리건 주(Oregon) 뉴포트(New Port) 공항에서 찬비를 맞으며 영화 <프리윌리(Free Willy)>로 알려졌던 고래 '케이코(Keiko)'를 기다리고 있었다. 케이코는 1979년 아이슬란드(Iceland) 부근에서 처음으로 잡혔는데 그 후 대부분을 멕시코시티(Mexico City)의 엘 레이노(El Reino) 공원에서 살았다. 미국 우편국(United Parcel Service)에서 제공한 거대한 C-130 화물기가 이 유명한 고래를 북쪽으로 데려온 것이다. 수천 명의 인파가 운집했고 '케이코 환영'이라는 문구가 내걸렸다. 어스아일랜드 연구소(Earth Island Institute)와 프리윌리재단 실장인 데이비드 필립스 (David C. Phillips)는 "케이코가 고래와 지구상의 돌고래가 처한 역경의 상징이 되었다. 우리는 케이코의 재활이 인간의 포획과 착취로부터 포유류를 보호하는 계기가 되길 바란다"고 말했다.

케이코는 1993년 영화 때문에 고래와 돌고래의 세계적인 상징이 되었다. 연기자가 영화를 흥행시키고, 영화가 연기자를 스타로 만들기 때문에 이러한 현상은 이해할 만하다. TV, 라디오, 신문, 서적, 영화, 그리고 인터넷에 연결된 작은 모니터가 이런 차이를 만든다. 이러한 미디어가 세계의 이미지를 대중에게 제공하고, 공중의 태도를 형성하고, 자신뿐 아니라 사람들이 다른 사람들을 어떻게 인식하는지에 대해 많은 기능을 한다. 또한 미디어는 자주 범죄와 폭력과 성과 소비주의를 부추기는 부작용을 낳기도 한다. 그러나 동시에 고래를 사람들이 인식하게 하는 매우 긍정적인 역할도 수행한다.

국제쥐보호기관(Bat Conservation International)에서 발행된 저널 ≪뱃츠(BATS)≫는 "어떤 방법보다도 미디어는 쥐의 보호와 BCI의 성공을 위해 중요한 기능을 했다. 오늘날 많은 사람들은 TV, 라디오, 잡지 등을 통해 쥐의 중요성과 그 보호의 필요성에 대해 처음으로 배운다"라고 했다.30)

그러나 항상 이런 식은 아니다. BCI가 창립되기 전 쥐에 대한 인식은 매우 좋지 않았다. 명성 있는 잡지인 ≪굿 하우스키핑(Good Housekeeping)≫의 "3년간의 테러: 고난의 현실"과 ≪패밀리 서클(Family Circle)≫의 "악몽의 집" 같은 기사에서 쥐로 감염된 집에 관한 놀랄 만한 스토리는 공포와 증오를 증폭시켰다. 텍사스 주 오스틴의 신문 헤드라인에는 봄에 돌아온 수많은 쥐에 대한 기사인 "쥐들이 도시(city)를 갉아먹고 있다" "쥐의 침입으로 인한 대중의 공포"가 보인다.

BCI가 설립된 초기 이런 기구에 대한 생각은 많은 편집자를 놀라게 했고 이 조직에 대한 기사를 원하게 만들었다. 그 후 많은 기사가 나오게 되었다. 이빨을 드러내고 사나운 모습을 하고 있는 쥐 대신에 쥐가 자연 생태계에서 오해받고 있다는 매우 호기심 끄는 사진들로 장식되었다. 부정적인 기사도 여전히 보이지만 이해의 수준이 상당히 높아졌다. 1990년 앤 랜더스(Ann Landers)는 쥐에 대해 부정적인 말을 했다가 많은 비판을 받았고 다시는 쥐에 대해 언급하지 않겠다고 맹세했다.31)

복수(plural)의 단어와 그림과 사운드를 의미하는 복수의 단어인 미디어는 좌익이든 우익이든, 매스, 주류, 대기업, 글로벌, 로컬, 전통적인, 대안적인, 상호적인 그리고 틈새(niche) 수용자에 이르기까지 커뮤니케이션의 전체를 담당한다. 누구나 미디어의 부분적인 잘못을 발견할 수 있다. 그러나 토마스 제퍼슨(Thomas Jefferson)이 일찍이 신문 없는 정부와 정부 없는 신문을 택하라고 하면 단호히 "정부 없는 신문을 택한다"고 했듯이, 제퍼슨의 원칙은 지금도 유효하다. 왜냐하면 미디어는 공무원이나 기관이 주의를 기울이게 하는 능력을 가지고 있기 때문이다. 미디어는 정치적·사회적·경제적 시스템을 지속적으로 검사하고 스스로 새롭게 한다.

내가 저널리스트로서 일을 시작했던 초반기에, 나는 모든 말이 기사화될 수 있다는 것에 의문이 들었다. 누가 내 기사들을 두 번 읽거나 기억하겠는가? 그것들이 어떤 차이를 만들 수 있겠는가? 그러나 나는 매우 좋은 인생 방식을 선택했음을 깨닫게 되었다. ≪아메리칸 포리스트(American Forests)≫에서 칼럼니스트로 일할 때 콜로라도 스프링스(Colorado Springs)를 갈라놓는 산에 대한 탄광 작업에 반대하는 한 여성의 편지를 받았다. 그녀는 "영어에서 가장 아름다운 단어는 희망입니다", "당신이 우리에게 그 의미를 주었어요"라고 썼다. 1968년에 썼던 칼럼은 멤피스(Memphis)의 중앙에 있는 아름다운 수림인 오버톤 공원을 구하기 위한 성공적인 운동을 시작하는 계기가 되었다. ≪아메리칸 포리스트≫은 당시에 주요 정기간행물이 아니었는데 다른 미디어들은 이를 무시하고 보도하지 않았기 때문에 성공할 수 있었다.[32]

마찬가지로 ≪앨버커키 트리뷴(Albuquerque Tribune)≫에 시리즈로 연재된 미국 정부가 자행한 인간방사선 실험에 대한 에일린 웰섬(Eileen Welsome)의 기사는 50년 된 스캔들을 파헤쳐냈다. 웰섬의 기사는 비슷한 주제로 ≪뉴욕타임스≫, ≪보스턴글로브(Boston Globe)≫ 그리고 네트워크가 전국적인 조사를 벌이게 했다. 후속 기사는 5개 주에서 235명의 신생아가 방사능에 감염되었음을 밝혀냈다. 18명의 환자에게 플루토늄이 무해하다는 정부의 주장에도 불구하고 소량의 주사로 인해 환자의 뼈 속까지 방사선 피해가 발생했음을 밝혔다. 국방장관인 레스 아스핀(Les Aspin)은 1940년 이후부터 이 실험에 이용된 사람들의 명단을 조사하라고 군과 핵방위국(Defense Nuclear Agency)에 명령을 내렸다. 에너지부(Department of Energy)에 의해 구축된 '인간 실험 핫라인'은 만 통의 전화를 받았다.

신뢰가 있어야 할 곳에 신뢰를 주는 것, 미디어는 주로 이런 종류의 일을 해왔다. 신문과 방송은 자녀들에게 멋진 야구장과 축구장을 지어줄 능력이나 의사가 없는 도시에 이런 것들을 건설하게 하는 촉매 역할을 할 수도 있으나, 미디어는 그 이상의 무엇이다. 예를 들어 1970년대 뉴욕주의 주요 일간지는 거의 모든 사설에서 애디론댁 공원(Adirondack Park)의 현재 1,200마일에 이르는 경치 좋고 자연적인 강과 시내를 보호하는 법을 제정할 것을 추진하라는 내용을 실었다. 이것이 끝이 아니었다. 1988년 ≪뉴욕타임스≫는 존 오크스(John Oakes)의 개발 초기부터 애디론댁 공원의 피해를 경고하는 기사를 실었다. "만약 쿠오모(Cuomo) 주지사가 그의 환경 관련 기록을 회복하고 싶다면 공원의 지속적인 피해를 중지할 때다." 이 기사는 관심을 끌었다. 주지사는 편집자에게 편지를 보내 이를 위해 최선을 다하겠다는 약속을 했다. 그는 9만 6,000에이커의 단지를 받기 위한 협상이 진행 중이며, 진행이 성공적이지 않을 때는 개인적으로 이 문제에 개입할 것이라고 썼다.[33]

시코 멘데스(Chico Mendes)의 살인이 일어난 날, ≪뉴욕타임스≫의 브라질 특파원 말리스 시몬스(Marlise Simons)는 그녀가 이끌고 있는 '산림 벌채를 실제로 방치할 수 있는 유일한 단체'인 고무수액채취 국가 위원회(National Council of Rubber Tappers)에 전화를 걸었다. 그녀는 브라질의 원시림을 파괴함으로써 이익을 챙긴 부유한 목장주인 멘데스의 폭력에 대한 책임을 제기했다. 그녀는 국제개발은행에 대해서도 다음과 같이 취재했다. "아마존 강 서부의 원시림을 개발한 혼도니아와 아끄리(Rondonia and Acre)로 가는 길을 건설하기 위해 세계은행과 미국개발은행이 브라질에 많은 돈을 빌려줬다. 그러나 브라질은 인디언과 지역 주민의 권리를 보호하는 모든 대여 조건을 이행하지 않았다. 또한 지주들은 지역 주민을 종종 폭력적으로 추방하기도 했다."34)

《타임스》는 시몬스의 기사를 1면에 실었다. 이 무렵 다른 영향력 있는 신문들도 이 열대 우림에 사는 지역민들의 투쟁과 고난에 대한 기사를 싣기 시작했다. 주류 신문들도 미국과 남미의 개발은행의 정책을 형성하는 데 있어 활동가들에게 균형감을 제공했다.

1993년 4월 밀워키(Milwaukee)는 미국 역사상 가장 큰 수해를 겪었다. 70명 이상이 사망했고 40만 명이 피해를 입었다. 3개월 동안 돈 벰(Don Behm), 제임스 라운(James Rown) 그리고 메릴린 마키온(Marilyn Marchionne)이 주도한 9개의 《밀워키 저널(Milwaukee Journal)》 기자는 의학 저널, 환경보호청(EPA) 기술 보고서, 내부 기록, 의회 보고서, 시민단체의 분석을 검색했다. 그들은 의사, 암 환자, 심장 질환자, AIDS 감염자 등을 인터뷰했다. 그들은 440명의 의학 전문가에 대한 메일 서베이와 858명의 수질 관련 전문가 그리고 밀워키 지역 주민에 대한 전화 조사를 분석하기 위해 데이터베이스를 이용했다.

이러한 연재 기사는 연방과 주정부 관리의 수급원에 대한 관리 소홀과 미생물을 무시한 연구의 우선순위 문제, 시민의 건강을 위험에 처하게 한 지방 개발 보조금 지원, 그리고 8년이 넘는 기간 동안 이러한 위험을 지적한 1,000여 건의 연구 보고서에 대한 구체적인 조사로 이루어졌다.35) 결과적으로 미 환경보호청은 밀워키의 주민들에게 사죄했다. 출판물은 1994년 의회가 식수에 대한 정책을 개정하는 동안 참고 자료로 이용되었고, 위스콘신(Wisconsin) 주는 물에 대한 조사를 강화했고, 기생충과 조류에 대한 감시와 예산을 늘렸다.

1993년 사우스캐롤라이나(South Carolina)에서는 재산세에 대한 문제가 뜨거운 쟁점으로 떠올랐다. 콜롬비아의 《스테이트(the State)》 편집인인 프리츠 맥아덴(Fritz McAden)은 트윌라 데커(Twila Decker)와 새미 프렛웰(Sammy Fretwell) 기자가 개발자들의 농장 세금 유용에 대해 취재한 몇 개의 피상적인 기사를 실었다. 그들은 이 지역을 취재하고 컴퓨터 자료를 조사하고 주와 카운티 주민 및 관계자, 입법가, 구의원, 개발자 그리고 대학의 농장 세금 관련 전문가를 인터뷰하는 데 4개월을 보냈다.

기자들은 리치랜드(Richland)와 렉싱턴(Lexington)에서 얼마나 많은 개발자가 재산세를 축적해 왔고 학교 부지가 없어졌는지를 판단하기 위해 데이터베이스를 이용했다. 그들은 상원의원의 집 근처와 쇼핑센터 부근의 300만 달러에 달하는 부지에 대한 놀라운 사실을 발견해 냈다. 세금 감면을 위해 지역에 따라 최고 80퍼센트에 달하는 토지 비율을 계산했다. 이 시리즈는 기본적인 서비스와 교육 정도가 열악한 사우스캐롤라이나 주에서 일부 영향력 있는 입법가들의 관리 소홀로 4억 달러 정도의 세금이 새어나갔음을 밝혀냈다. 이 주의 75퍼센트의 재산은 세금 면제를 받았고, 25퍼센트는 재산세가 과도하게 부과되었다. 이러한 노력 덕택에 1994년 주지사와 입법가들이 이 문제를 개선하기 위한 입법을 시작했다.[36]

많은 기자와 편집자들은 문제의 본질을 파헤치고 싶어 한다. 이것이 바로 다른 직업과 차별되는 점이고 단지 '파렴치한을 폭로하는 것'이 아니라 대중에게 진실한 면을 보여주는 것이 이들의 본업이기 때문이다. 1994~1996년 미국의 중간선거에서 하원의원장이었던 뉴트 깅그리치(Newt Gingrich)가 발표한 '미국과의 계약(Contract with America)'이라는 이름의 10대 정책공약에 대한 비판적인 사설은 깅그리치의 동조자들로부터 공격받고 있던 「대기오염방지법(Clean Air Act)」, 「멸종생물보호법」을 지켜냈고, 자연공원 및 야생생태계를 보호했으며 사람들에게 경각심을 불러일으켰다.

1996년 북서 지역 미디어는 지속적으로 국유지에 더 많은 벌목과 방목을 지지했던 동부 오리건 주를 대표하는 공화당 초선 상원의원인 웨스 쿨리(Wes

Cooley)에 주의를 집중했다. 그가 한국전에 참전했다고 병역관계 기록을 속인 일과 그의 결혼으로 대중에게 웃음거리가 되기 전까지 말이다. 기자들은 쿨리가 공화당 지도력에 당황하게 되고 경선 경주에서 낙마할 때까지의 모습을 집요하게 파헤쳤다. 1996년 캘리포니아에서는 ≪새크라멘토 비(Sacramento Bee)≫에 "위험에 빠진 시에라(Sierra)"라는 제목으로 벌목, 방목, 수자원 개발, 공기 오염, 도시화가 "빛의 산맥"을 심하게 훼손했다는 사실을 1991년부터 연재 보도한 탐 쿠드슨(Tom Knudson)의 시리즈 기사가 의회를 뒤흔들었고 650만 달러가 소요되는 시에라네바다(Sierra Nevada)의 생태계 프로젝트에 착수하게 만들었다. '요세미티(Yosemite)의 양심'인 ≪프레스노 비(Fresno Bee)≫의 진 로스(Gene Rose)는 은퇴 전까지 요세미티 공원 사용권을 계약한 MCA 임원들로부터 "저널리즘을 망치는" "환경 공동체의 끄나풀"이라는 비난을 받아야 했다.

때때로 기자나 작가들은 그들의 상사로부터 격려를 받고 어려운 일이 있을 때 그들의 지지를 받거나 리서치에 대한 자료를 건네받기도 한다.

제3장

환경 저널리즘은 단순한 취재와 작문이 아닌 삶의 방식 그 자체이다

19세기 말 존 뮤어(John Muir)는 캘리포니아 시에라네바다 야생에서의 삶을 사랑했다. 그것은 문명으로부터의 도피였고, 그곳에서 그는 '신성한 조화'를 발견했다. 그러나 뮤어가 기자로서 기고가의 생활을 시작한 이후 밖으로 나와야 했지만, 그는 매우 의욕적으로 신문과 잡지에 정기 기고와 함께 책을 출판하며 야생을 보호하기 위해 항상 애썼다. 그는 문명이라는 외부 세계와 신이 창조한 자연계와의 간극을 좁히기 위해 노력했다. 다행히 그는 시와 영혼을 두드리는 가슴과 과학의 언어를 겸비하고 있었다.

뮤어는 여전히 좇아야 할 역할 모델이다. 그는 오래전에 죽었지만 그가 책임을 지고 있던 서부 지역의 국립공원에 길이 남을 유산을 남겼으며, 시에라 클럽을 창립했고, 야생과 자연보호에 대해 극명한 메시지를 남겼다. 그가 ≪애틀랜틱 먼슬리(Atlantic Monthly)≫에 피력했듯이 "피로하고, 과민하고, 지나치게 개화된 문명에 지친 수많은 사람들이 산을 찾는 것은 고향에 가는 것과 같다. 야생은 필수적인 존재이고 산과 공원은 목재와 강의 터전으로서뿐만 아니라 생명의 근원으로서 중요한 것이다."[37]

우리 시대가 따라야 할 또 하나의 모델인 레이첼 카슨은 "내가 구하고자 하는 우리의 아름다운 세상은 언제나 최상의 모습으로 내 마음속에 있었다. 그리고 그것을 해치는 분별없는 행위에 대해서는 매우 화가 났다. 나는 내가 이러한 일을 하지 않았으면 더 이상 행복해질 수 없을 거라는 매우 신성한 의무감을 느끼게 되었다"고 기록했다.[38]

카슨의 『침묵의 봄』과 다른 책들을 함께 작업했던 호튼 미플린(Houghton Mifflin)의 편집장인 폴 브룩스(Paul Brooks)는 『야생의 추구(The Pursuit of Wilderness)』에서 이렇게 말했다. "자연보호주의자들은 그들이 하는 일이 계몽하고 정보를 제공하며, 근본적으로 사람들의 태도를 바꾸어야 하는 일이기 때문에 수없이 이야기해야 한다. 그러나 그들이 수없이 이야기해서가 아니라 이성적인 사람들을 변화시킬 수 있는 사실을 이야기하기 때문에 변화가 일어나는 것이다."[39]

이것이 바로 환경 저널리즘이다. 환경 저널리즘은 전통적인 저널리즘과 구별된다. 전통적인 저널리즘은 미국 사회에서 지배적인 것과 다른 양심에 근거한 일련의 법칙에 의해 이루어진다. 환경 저널리즘은 취재와 작성을 넘어 자신과 세계를 보는 생활 방식이다. 이것은 사회봉사의 개념으로부터 출발해서 투쟁과 요구의 목소리를 전하고 정직과 신용, 그리고 목적을 가지고 행해진다. 이것은 어떤 방식으로든, 어디선가에서 위험과 희생을 수반한다.

희생이란 말은 고난과 곤궁을 암시하는 것처럼 보이지만 세상 모든 사람들이 한 시간 혹은 하루, 또는 슈퍼볼을 하는 일요일에 텔레비전 코드를 빼버리거나, 운전을 하루 또는 며칠 중지시키거나, 또는 아예 못하도록 한다면, 짐은 가벼워지고, 이익은 커질 것이다. 자연자원과 가공품의 저장고는 조금 덜 가져갈수록 다른 이들이 더 많이 가져갈 수 있게 해준다. 인간을 소외시키고 파괴적인 모든 것들에 대한 의존을 포기하는 "희생"은 연구하고, 실천하고 그밖에 선호하는 다른 일들을 할 수 있는 시간과 기회, 비용을 제공한다.

　많은 사람들은 나누기보다는 부를 축적하고, 신용카드 구매와 마케팅과 광고 등에 의해 유용한 것과 함께 유용하지 않은 것을 생산하는 자원에 대한 착취와 초소비주의(superconsumerism)에 사로잡혀 있기 때문에 이러한 일들을 할 수가 없다. 고돈 게코(Gordon Gecko)는 영화 <월 스트리트(Wall Street)>에서 "탐욕은 좋은 것이다"라고 말했다. 아마도 실제 생활에서 그것은 탐욕이 아니라 돈을 벌게 해준다는 점에서 좋은 것인지도 모른다. 이런 편견은 매우 당연한 것으로 대부분의 미디어에 편재해 있다. 그들은 다른 방식으로 존재하려 하지 않는다. 광고 없이 버티고자 하는 많은 미디어가 힘든 시기를 겪고 있고 비판적인 언론은 그들의 조사보도 타깃이 아닌 기업에서조차도 광고를 얻지 못하고 있다.

　따라서 환경 저널리즘은 사실을 단순히 나열하는 기존 신문의 피라미드 스타일을 아는 것으로는 충분하지 않다. 이 피라미드는 중요한 내용을 요약하여 첫 문단에서 보여준다. 따라서 편집자는 마지막 문장부터 필요한 만큼 잘라낼 수 있다. 예를 들면, 지역 신문인 ≪벨링햄 헤럴드(Bellingham Herald)≫는 워싱턴 D.C.에서 온 개닛뉴스(Gannett News) 서비스를 받아 "백악관은 수요일, 강제 추방과 국경 경비를 강화하고 수혜를 줄이는 불법 이민을 막기 위한 법안 표결에 착수했다. 305 대 123으로 5명의 하원의원이 이 법안 통과에 찬성했고, 민주당 의원 117명과 무소속 의원 1명이 반대했다"는 기사를 보도했다.[40]

　몇몇 신문에서 거의 똑같았다. ≪헤럴드≫의 편집인이 만일 광고를 신경 써야 했다면 이어지는 다음과 같은 마지막 문단을 잘라낼 수 있었을 것이다.

　민주당은 이 법안이 구직을 원하는 이민자에 대한 제재를 강화하는 반면 이들의 신분을 알면서도 고용하는 고용주에 대한 입국 관리를 약화하는 방안에 대해 비판했다. 바니 프랭크(Barney Frank) 매사추세츠 주 민주당 하원의원은 "'불법 이민자가 적었으면 좋겠지만 이미 존재하고 있으니 이들을 통해 값싼 노동력을 충당하면 될 것이다.' 아마도 이것이 이 법안이 주장하는 바일 것이다"라고 말했다. 이 법안은 통과 여부가 불확실한 상태로 상원으로 넘어갈 예정이다. 민주당 지도부는 이 법안에 반대하고 있고, 수요일에 심사를 저지하겠다고 밝혔다.41)

환경 저널리즘 기사 작성은 시작, 중간 그리고 마지막이 통합적으로 연관되면서 기사에 깊이가 생긴다. 그것은 누가, 무엇을, 언제, 어디서, 왜, 그리고 어떻게라는 문제가 아니라 동물 대신 어떤 종(species)이, 나무 대신 숲이, 종과 숲이 함께하는 생태계에 대해 생각하며 다룬다. 그것은 생명의 모든 측면—과학, 식물학, 생물학, 경제학, 역사, 정치학, 윤리학, 종교—을 다루는 연관 구조를 검사한다. 이 분야를 모두 알 필요는 없으나 깊이와 관점을 토대로 질문을 던지고 이에 답할 수 있는 능력을 가질 필요가 있다.

이러한 능력은 감정과 상상력의 힘을 이해하고 사용하는 데 도움을 줌으로써 생명에 빛을 던지고, 계몽하고, 동기를 부여하고, 도전하는 단어와 문장과 문단을 통해 목적 있는 글쓰기를 돕는다. 윌리엄 스트런크 주니어(William Strunk Jr.)와 화이트(E. B. White)는 『스타일의 요소(The Elements of Style)』에서 존 뮤어의 교훈과 함께 "생명력 있는 글은 간결하다", "단조로운 단어는 가슴에 불을 지피지 못한다"라고 했다. 환경 저널리즘은 사람들의 의식을 깨우는 일을 해야 한다는 말을 기억해야 한다.

"생기 없고, 색깔 없고, 주저하거나 사명 의식 없는 언어는 회피해야 한다"고 스트런크와 화이트는 충고한다. "그림에 필요한 선과 기계에 필요한 부품만 있어야 하는 것과 같이 문장은 필요한 단어만 담아야 하고, 단락에는 불필요한 문장이 없어야 한다. 이러한 원칙은 무조건 문장을 짧게 써야 한다거나, 상세한 내용을 피하고 아웃 라인만을 쓰라는 말이 아니다. 표현한 모든 단어에 의미가 있어야 한다는 것을 말한다."42)

즉, 환경에 대한 글쓰기는 완전한 자료와 철저한 조사에 의해 이루어진 명료하고 이해할 수 있는 글이어야 한다. 반면 이와 동시에 작가의 상상, 깊은 통찰, 더욱 좋은 세상을 꿈꾸는 희망을 개진할 수 있어야 한다.

가끔 나는 내 수업을 수강하는 학생들에게 환경 저널리즘을 많은 미사여구가 아니라 이제 막 직업을 시작하려는 사람들이 이해할 수 있는 말로 정의해 보라고 요구한다. 게리 그레이(Gary Gray)는 "우리가 살고 있는 이 작은 행성과 화해와 타협을 계속한다면, 환경 저널리스트는 대중이 진실을 보는 눈을 통해 남을 것이다"라고 썼다. 사진에 관심이 많았던 그레이는 "환경 관련 사진작가의 책무는 환경의 양심을 일깨우는 것이다"라고 덧붙였다.43)

콜린 메이저(Collen Majors)는 "사람들이 알게 하라. 저널리스트의 임무는 대중에게 정보를 제공하는 것이다. 환경 저널리스트는 정보를 리서치하는 것이다. 이 두 가지를 합치면 우리 자신과 우리가 살고 있는 지구에 영향을 주는 이슈에 대해 정확하게 이해할 수 있는 글을 쓸 수 있다"라고 말했다.

재능 있고 희망에 차있던 그레이는, 그의 유망한 경력을 막 시작할 시점에 북부 폭포 지역에서 등반 사고로 목숨을 잃었다. 그의 죽음은 선생님이자 친구인 나에게 매우 깊은 상실감을 주었다. 나는 수업시간에 그를 매우 힘들게 했는데, 학생이 열심히 하면 그에게 더 많은 것을 요구하는 내 수업방식 때문이다. 메이저에게도 마찬가지였지만 그녀는 더 많은 일을 해서 나를 찾아오곤 했다. 그녀는 대학 방송국에서 <생태학적 관점(Ecological Perspectives)>이라는 주간 라디오 쇼를 제작하며 스스로 '환경교육/매스커뮤니케이션'이란 자신의 전공을 설계했다. 졸업 후 그녀는 환경과 사회문제를 매우 엄격하게 다루는 시청각 그룹을 조직했다. 환경 저널리즘을 창조하려는 그녀와 다른 모든 이들에게 이러한 작업은 단순한 글쓰기와 취재가 아닌 삶의 방식 그 자체였다.

제4장

열정 없는 객관성은 없다

솔 알린스키(Saul Alinsky)는『급진주의를 위한 규칙(Rules for Radicals)』에서 "모든 인생은 당파적이다. 열정 없는 객관성은 없다"라고 했다. 물론 그렇다. 무엇에 대해 쓸 것인지, 누구를 인터뷰할 것인지, 어떻게 스토리를 전개할 것인지, 언제 출판할 것인지와 같은 문제에 작가와 편집자, 발행인의 편견이 개입된다.

스트런크와 화이트는 『스타일의 요소(The Elements of Style)』에서 조금 다르게 "모든 작가는 언어를 사용해서 그가 생각하는 무언가와 습성, 편견과 능력을 표현한다. 이것은 즐거울 뿐만 아니라 불가피한 것이다. 모든 글쓰기는 커뮤니케이션이며 특히 창조적인 글쓰기는 자기 자신에게서 벗어나 열린 사고가 발현된 커뮤니케이션이다"라고 언급했다.[44]

이것은 저널리스트든, 수필가든, 소설가든, 자신의 삶과 일에서 성공하고 싶은 저자들에게 필요한 것이다. 이런 점에서 나는 버나드 드보토(Bernard DeVoto)를 인용하고 싶다. "나의 일은 미국에서 어떤 것이든 나의 관심을 끄는 것에 대해 쓰는 것이다. 이 작업은 언제나 나의 독자적인 판단에 따른 것이다. 이런 판단을 표현하는 것뿐, 그 이상은 없다. 그러나 여기에는 당신의 판단이 요구된다. 이것을 표현하는 것은 어떤 옹호와 지지로 귀결된다. 이는

사람들의 신념과 중요한 일에 대한 감정으로 연결되고, 그것들을 불타오르게도 한다"라고 했다.45)

이것이 드보토의 접근이자 방식이었다. 그는 1955년 세상을 떠날 때까지 보호라는 대의를 추구한 훌륭한 작가이자 역사가였다. 나는 그를 1953년 워싱턴 D.C.에서 미래를 위한 자원에 대한 학회(Conference on Resources for the Future)에서 만났다. 아이젠하워(D. Eisenhower)는 당시 정치적으로 보수적인 기간 동안 재임했던 대통령이었다. 주요 논쟁은 서부 지역의 국유지를 둘러싼 문제로, 이것이 주로 양도되어야 하는가, 아니면 목재와 목초 자원을 더욱 활발하게 개발해야 하는가였다. 그 당시 나는 드보토가 와이오밍(Wyoming)의 산업계 지도자였던 엘머 브룩(J. Elmer Brock)과 논쟁하고 있던 30여 명 정도가 모인 작은 회의장에서 그가 유명한 몬태나(Montana) 주 공화당 소속 상원의원인 웨슬리 드에워트(Wesley D'Ewart)를 공격하는 이야기를 들었다.

사실, 상원의원은 "서부 지역민들이 정부 관청보다 이 지역의 땅을 더 잘 관리할 수 없을까?"라고 질문했다. 이에 대한 대답은 "아니오, 신뢰할 수 없다"였다. 상원의원 드에워트가 영원히 보호해야 할 지역에서 특별히 제외해야 할 곳은 국립공원이다. 이는 의회에 계류 중인 엘스워스 법안(Ellsworth Bill)의 역사가 뒷받침해 주지 않는다. 이 법안은 만약 자기 땅을 돈이나 국유지 숲에서 나온 목재 같은 것으로 정부가 매입하면 목재업자에게 수확량 유지 기준으로 이에 상응하는 보상을 제공한다. 결국 매우 이상한 토지 관련 사기를 만연시키는 「삼림법(Timberlake Act)」에 동의하는 결과를 가져온다.

우연히 그 상원의원은 정부 부처의 고위직과 토지를 갈라놓고 있는 긴 거리에 대해 말할 때 산림청(Forest Service)에 대해 아주 배타적으로 이야기했다. 사실 그가 거주하는 주는, 차비 60센트로 2시간이면 도착할 수 있고, 워싱턴과 전혀 상관없이 입안할 수 있는 미졸라(Missoula) 시에 의해 효과적으로 관리되고

있다.[46)]

이것이 드보토가 말하고 쓰는 방식이었다. 그는 자신의 데이터를 통제했지만 그의 대담한 스타일은 편집자를 불편하게 만들었다. 그의 솔직한 자서전인 『불편한 의자(The Uneasy Chair)』에서 그의 친구 월리스 스테그너(Wallace Stegner)는 "≪새터데이 이브닝 포스트(Saturday Evening Post)≫의 편집자 벤 힙스(Ben Hibbs)는 로비스트와 연방 정부로부터 너무 많은 압력을 받아서 드보토의 간행물 발간을 중단하고 그 뒤로 다시는 발간하지 않았다"라고 기록했다. ≪하퍼스(Harper's)≫의 편집자는 언제나 해묵은 주제를 다루고 싶지 않았다고 했다. "그러나 드보토는 그들에게 정오까지 바리케이드를 넘지 말고 세 시간 동안 점심을 먹으러 가라고 충고했다."[47)]

주창주의적 글쓰기는 기존 미디어와 저널리즘을 가르치는 대학에서 분명히 환영받지 못한다. 그들은 상상과 개인적 느낌이 없는, 가치 판단에서 자유로운 글을 원한다. 모든 인용은 편견을 제거하기 위해 외부 자료에서 나와야 한다. 홍보 담당자나 회사의 사장이 거짓말을 할 수 있지만, 이는 그들의 주요 관심사가 아니다. 보상할 수 있는 요소는 오로지 그가 이런 말을 그 당시에 그 장소에서 했다는 것이다. 이것은 '누가, 무엇을, 언제, 어디서, 어떻게 했다'라는 의무를 만족시킨다. 그 외의 해석은 모두 의심의 대상이 된다. 기자는 절대로 자신을 기사에 개입시키면 안 된다. 개인적으로 관여하는 활동가가 되는 것은 바람직하지도 않고 부적절한 것으로 간주된다. 이것은 전문적이지 않을 뿐더러 신뢰를 감소시키는 것이다.

그러나 객관성을 고려해야 할 경우에도 드보토가 그랬듯이 나는 당신의 관점을 꼿꼿이 세우고 주창해야 한다고 충고한다. 물론 기자나 작가는 가능한 한 스스로를 투영시키지 않고, 최대한 사실에 근거해야 하며, 관점을 저울질해야 하고, 이를 통해 독자가 독립적인 결론에 이르도록 해야 한다.

20세기 초의 추문 폭로가 중 가장 대표적인 사람인 아이다 타벨(Ida Tarbell)은 객관성에 대한 분명한 예를 제공한다. 그녀는 1894년 《맥클루어즈(McClure's)》에 입사했고, 레이 스타나드 베이커(Ray Stannard Baker), 링컨 스테펜스(Lincoln Steffens)와 함께 스타가 되었다. 1902년 11월 그녀는 그동안의 모든 힘겨웠던 조사를 마치고 정확한 증거를 뒷받침으로 하는 역사적인 19개의 스탠더드 오일(Standard Oil) 관련 기사를 쓰기 시작했다. 그녀는 수년 후 "내 공격의 요점은 개혁가의 관점이 아니라, 항상 대의 옹호자로서 사실에 근거를 둔 저널리스트의 관점이었다"라고 적었다. "만약 내가 왜 그러하며 어떤 것이 그래야 하는지와 같은 문제인 좁고 곧은길로 빠져들면 곧 돌아왔다"고 했다.48)

이제 고인이 된 보호주의 저널리즘의 선구자인 에드워드 미맨은 "민주주의는 리더십을 필요로 하고, 이것은 신문에서 나와야 한다"고 했다. 그러나 그는 사설과 뉴스를 구별했다. "이러한 신문의 리더십은 사설이나 칼럼에 실려야 한다. 그리고 공정하고 객관적이지만 기자나 탐사가, 과학적 해설자 등에 의해 심층적이고 세밀하게 분석된 시리즈 기사나 주요 기사를 실음으로써 이에 대한 연구와 탐사에 목적이 있음을 보여주어야 한다"고 말했다.49)

내가 존경하는 많은 사람들이 이런 관점을 가지고 있다. 존 오크스(John B. Oakes)는 《뉴욕타임스》의 사설 주간으로 근무를 시작한 1961년부터 15년 후 은퇴할 때까지 탁월한 환경 관련 에세이를 썼다. 그는 《워싱턴포스트》와 《타임스》의 일요판 편집자를 거쳤다. 1992년 나는 그의 경력과 직업에 대해 인터뷰를 했다.

나는 객관 보도의 전통 속에서 성장했고 아직도 뉴스는 가능한 한 객관적이고 비사설적이어야 한다고 믿는다. 쓰는 사람의 의견은 특수한 잡지와 사설의 경우를 제외하고는 자제되어야 한다. 나는 한 번 이상 이런 기사를 본 적이 있어 즐겁긴 했지만 이것은 뉴스 분석이나 사설이나 의견 기사가 되었어야 한다고 생각했다. 나는 스트레이트 뉴스를 제시할 때는 객관성을 중요시했다.

사실이 스스로 말하게 하는 것이 올바른 방식이다. 언론은 주창적이어야 하나 뉴스 기사에서는 그렇지 않다. 대중은 스스로의 의견을 결정하는 데 자유로워야 한다.

이는 매우 어려운 문제다. 나는 배경을 제시하며 사실을 도출하는 심층 보도를 좋아한다. 이것은 기자의 의견이 기사의 일부로 스며들 때도 있고, 내가 받아들이기 힘든 의견을 주창할 때도 있다. 더욱 어려운 일이긴 하지만 기자가 철저히 조사하고 이슈의 맥락과 전후 관계를 잘 이해하고 효과적으로 의사소통 한다면, 변화를 추구하는 데에도 효과적이다.[50]

오크스는 의견이 없는 기사 작성이 쉽지 않다는 걸 인정한다. 그가 주장하는 가장 좋은 방법은 정직하고, 정보 지향적이고, 객관적이되 주창적인 심층 정밀조사 취재이다. "학교에서는 뉴스 분석과 함께 정밀조사 저널리즘을 가르친다. 환경적인 관점에 대해 기본적인 감정이입 없이 뉴스 칼럼을 쓴다는 것은 불가능하다. 반환경적인 행위를 지적하지 않고 무슨 일이 일어나고 있는지에 대해 쓰는 것은 불가능하다"고 했다.[51]

댄 에반스(Dan Evans)는 워싱턴 주 상원의원이자 주지사로서 오랫동안 미디어를 다루었다. 벨링햄(Bellingham)에서 열린 북서 미디어와 환경 회의에서 다음과 같은 주제 발언을 했다.

객관성은 달성하기 어려운 목표이고, 기자는 정말로 잘못된 페이지에서는 사설가가 되기도 한다. 그러나 나는 웹스터 대사전에 쓰인 그대로, 기사는 "사실적이고 직접 목격된 자세한 설명이나 자세히 문서화한 사건에 대한 기록 또는 글쓰기"이며, "개인적인 감정이나 편견에 의한 왜곡이 없는, 사실에 대한 표현과 관여"라는 목표를 가지고 있다고 본다.

이것은 우리가 개인적인 감정과 편견을 가지면 안 된다는 것을 뜻하는 것이 아니라, 객관성은 개인적인 감정에 의해 왜곡되지 않은 사실에 대한 유포를 요구한다는 걸 의미한다. 우리 모두 개인적인 감정을 가지고 있지만, 개인적인 믿음에 상관없이 객관적이고자 하는 사람도 매우 많다. 심판과 중재인은 항상 이런 작업을 한다. 좋은 판사는 개인적 감정이 아니라 법에 의해서 판결해야 할 책임이 있다는 걸 인식한다.

뉴스에 있어서의 환경 주창주의는 비즈니스 주창주의, 교육 주창주의, 스포츠 주창주의만큼 타당하지는 않다. 우리는 이러한 문제를 많이 보아왔고 그 결과에 대해 개탄하게 된다. 어쩌면 우리는 신문이 정당이나 정치적 조직에 소유되었던 시대나 국가의 일반적인 관행으로 되돌아가야 할지도 모른다. 당신이 알고 있는 신문을 구입한다는 건 그 의견을 사는 것이다.[52]

아마도 그럴 것이다. 그러나 비즈니스는 항상 비즈니스의 관점에서 해석된다. 비즈니스보다 더욱 비즈니스다워진 스포츠도 마찬가지다. 비즈니스와 스포츠는 신문의 모든 섹션과 저녁 뉴스를 장식하지만 환경 관련 스토리는 무언가 심각한 일이 생겼을 때만 나온다. 사실과 사설 의견의 엄격한 분리는 오해를 가져온다. 독자는 사실의 정글에서 그들을 안내해 줄 수 있는 해석을 필요로 한다. 서유럽 언론(The Western European Press)은 뉴스와 사설을 성공적으로 결합시키고 있다. 저널리스트들은 국제 뉴스에 대해 사실에 근거한 기사를 제시하고, 직접적인 경험과 사건에 대한 철저한 이해를 바탕으로 한 기자의 견해를 통해 균형을 잡는다.

존 오크스는 뉴스에 있어 객관성에 의존해야 한다고 말했다. 하지만 ≪뉴욕타임스≫의 티모시 에간(Timothy Egan) 북서 지역의 큰 이슈를 다루었던 1995년 1면 기사는 아마도 그에게 기사가 어디서 끝나고, 해석이 어디서 시작되는가에 대해 재고해 볼 수 있는 계기를 주었을 것이다.

켓첨(Ketchum, Idaho)은 어니스트 헤밍웨이의 무덤이 있는, 해발이 높은 지역으로 목초와 야생마와 높은 산이 있는 미국에서 매우 아름다운 지역이다. 연방토지관리국(Federal Bureau of Land Management)이 감독하는 이곳의 표식은 '다양한 사용'의 땅이라고 방문객에게 말하고 있다. 그러나 의회는 목장주들에게 이에 대한 감독권을 이양하고, 이미 방목 허가권이 있는 약 2억 7,000만 에이커의 국유지에 대해서도 감독권을 주려 하고 있다. 사냥, 낚시와 하이킹을 하는 사람들은 공적인 땅에 대한 공유와 사용이란 의미가 특정 이익을 위해 훼손당하고 있다고 말한다.[53]

이 기사는 기자의―당신이 그렇게 부르고 싶다면―편견을 보여준다. 분명히, 그는 가축과 목초보다는 꽃과 야생과 경치 같은 장소의 아름다움을 강조했다. 나는 《뉴욕타임스》와 다른 신문들이 이러한 경향에 더 가깝기를 원하지만 이런 기사는 예외적인 것이다.

능력 있는 일부 저널리스트는 독립적인 심층조사를 통해 힘들게 결과를 얻어냈다. 필립 프래드킨(Philip Fradkin)은 그중 하나로, 베트남전을 취재하고 돌아온 1970년에 《로스앤젤레스 타임스》에서 환경 기자 생활을 시작했다. 그는 당시 《메트로(Metro)》의 편집자였던 빌 토마스(Bill Thomas)에게 그를 환경 관련 전문 기자로 특화시킬 수 있겠는가를 물었다. 토마스는 처음에는 거절했으나 프래드킨은 계속 요구했고, 결국 환경 전문 기자라는 타이틀을 얻게 되었다.

그는 서부를 돌면서 매우 좋은 시간을 보냈고 기사를 작성했다. 물론 필연적으로 걸림돌에 부딪치기도 했다. "1975년 이른 봄, 《LA 타임스》의 메트로폴리탄 편집인인 마크 머피(Mark Murphy)는 내게 전화를 걸어 나를 환경 관련 취재에서 제외시킨다고 말했다. 그는 내가 객관적이지 않아서 편집자가 더 이상 내 기사를 신뢰할 수 없고, 최근 내 기사가 매우 좋지 않았다고 말했다. 더 이상 호전은 없었고 나는 그 일을 더 할 수 없게 되었다. 나는 머피가 내게 배신당했다는 말을 했을 때 매우 충격을 받았다……"고 말했다.

스티브 스튜브너는 1991년 아이다호의 ≪보이스 스테이츠맨(Boise Statesman)≫에서 몇 번 수상했고, 1988년 옐로우스톤 국립공원 화재에 대한 취재로 개닛(Gannett) 그룹의 임원으로부터 칭찬을 들었다. 그러나 갑자기 그는 편향되었다는 말을 듣고 환경 뉴스에서 시정 뉴스로 전보되었고 결국 이 직업을 떠났다.

최고 편집자는 나를 너무 환경 옹호적이라고 비난했다. 나는 이에 대한 증거 제시를 요구했고, 그들은 무표정하게 얼굴을 붉히며 "스튜브너 당신이 그렇다는 건 모든 사람이 안다"고 했다. 그래서 나는 "왜 내 기사가 편집 데스크에까지 올라가지 않느냐? 왜 나를 지나친 환경 옹호론자라고 생각했는가?"라고 물었다. 그들은 아무런 증거를 가지고 있지 않았다.

나중에 그들이 나를 전보시킨 진정한 이유를 듣게 되었다. 마케팅 이사가 발행인과 편집인에게 부정적인 환경 관련 기사가 너무 많다고 불평했고, 편집자는 그 불평을 듣기 싫어했으며, 앞으로 그가 적극적인 기사를 삭제하거나 무기력한 기사로 만들어 버릴 것이 너무나 뻔한 일이었으므로, 여기를 떠나야 한다는 생각은 내게 매우 쉬운 도덕적 결정이었다. 그래서 ≪스테이츠맨≫은 산산조각이 났다.

환경 관련 기사 작성이라는 매우 특수한 영역에서 수년을 보내며 환경 파괴에 대해 자세히 조사한 사람들은 공중의 신뢰를 얻을 수 있고 균형 잡힌 시각을 제시할 수 있다. 그러나 이것은 마치 전쟁터를 기어 다니는 것과 같다.[54]

≪미줄리안(Missoulian)≫의 정밀조사 기자인 리처드 매닝은 몬태나 미졸라의 일간신문 기자로서 몇 주 동안 몬태나 산림 훼손에 대해 조사하고 강력한 시리즈 기사를 써왔다. 그런자 목재 산업 쪽에서는 불평을 하기 시작했다. "편집자가 내가 객관성을 상실했기 때문에 재배치되었다고 얘기한 것을 기억한다. 그들은 내가 목재 산업 쪽에서 하는 말들은 쓰지 않고, 환경의 측면에서만 글을 썼다고 주장했다. 그들은 틀렸다. 하지만 그들은 상업 이익만을 위할 뿐이었다."55)

1989년 ≪포틀랜드 오레고니언(Portland Oregonian)≫에서 마약과 소수자 문제와 갱에 대한 기사를 취재한 이후 카티 더빈(Kathie Durbin)은 환경 전담 기자로 일하게 되었다. 폴 코베스테인(Paul Koberstein)과 팀을 이루어 서부 해안의 수목 지역을 취재하고 많은 사람들을 인터뷰해 1990년 6개의 시리즈를 내보냈다. 목재 산업 측에서는 80쪽의 성난 편지를 편집자에게 보냈고 더빈은 특별한 타깃이 되었다. "나는 오리건 토지 조합의 공격을 받았다. 그들은 신문사에 전화를 걸어 내가 거짓말을 하고 있다고 편집자에게 항의했다. 편집자는 노심초사했지만 내 기사는 정확했다. 이런 경험을 통해 숲에 대한 나의 개인적인 정열에 대해 조심하게 되었고, 물론 환경 관련자의 파티에 가거나 모임에 가입하지 않았다. 내 일은 위험을 감수할 만큼 매우 중요한 것이었다. 그리고 나의 책임을 모든 면에서 심각하게 받아들였다. 나는 전문 저널리스트이다. 나는 대의 주창자일 수 없었다."56) 결국 더빈은 이 일을 그만두게 되었다.

필립 샤베코프는 동남아시아의 특파 통신원을 포함해서 ≪뉴욕타임스≫ 기자로 32년간 일했다. 14년 동안 워싱턴에서 환경문제를 취재하는 기사를 썼다. 그러나 어느 날 편집자는 "당신은 너무 앞서가고 있고, 진부하고, 편향되어 있고, 너무 환경론자에 가깝다"는 말을 들었다. 그는 내무재정국으로 전보되자 그만두었다.57)

1960년 진 로즈는 자유 개방적인 매클라치(McClatchy) 그룹에 의해 발행되는 ≪프레스노 비≫에 입사했다. 12년 후 많은 주요 기사를 취재한 이후 요세미티와 세쿼이아/킹스 캐년 국립공원(Sequoia/Kings Canyon National Parks)과 주변 산림에 대한 기사를 쓰게 되었다. 몇 년 후 그는 이 지역 산악에 능통한 백과사전이자 환경 관련 기자로 알려지게 되었다. 요세미티에서 그는 '공원의 양심'이었다. 그는 개척지에 대한 입법을 자극했고, 캘리포니아 환경을 위한 여론에 영향을 주었고, 나라의 수목개발 계획의 실수를 파헤쳤다.

그러나 그는 또한 몇 명의 적을 만들었다. 특히 1987년 요세미티 공원과 MCA의 계열사인 커리사(Curry Company)가 8,700만 달러의 독점 계약을 했으나 불과 58만 5,000달러의 개발 사용료를 지불했다는 사실을 기사화한 이후였다. MCA의 관계자들은 그를 "저널리즘을 망친 인물"로 비난했고, 환경공동체와 대치했다. 1990년대 초반 매클라치는 자유주의적인 회사 철학을 약화시키면서 오랫동안 봉직했던 편집자인 조지 그루너(George Gruner)를 퇴임시켰다. 로즈가 안팎에서 공격의 목표가 되었을 때 그는 퇴직을 선택했다.[58]

* * *

주제, 출처, 단어의 선택은 편견을 반영한다. 그리고 옹호와 주창도 이와 함께 한다. ≪칼리스펠 데일리 인터레이크(Kalispell Daily Interlake)≫의 기자이자 칼럼니스트인 벤 롱(Ben Long)은 이에 아무런 문제를 제기하지 않는다. "첫째, 가장 중요한 점은 기자는 관심을 가져야 한다. 나는 카레이싱에 관심이 전혀 없기 때문에 내가 카레이싱에 관해 좋은 기자가 될 수 있는지 의심스럽다. 나는 내 정열이 바로 환경에 있기 때문에 좋은 환경 전문 기자다.

어떤 부분이든 상관이 없다. 즉, 교육 관련 기자는 좋은 학교를 원하고, 경찰과 법원 출입처 기자는 정의를 원하고, 환경 관련 기자는 독자가 환경을 바르게 평가하게 만들고 환경에 어떤 일이 일어나고 있는지에 대해 알려주길 원한다."59)

결국 환경 저널리즘은 단순히 능력 있는 기자를 의미하는 것이 아니다. 환경 저널리즘에 대한 글쓰기와 보도에 많은 경험이 있는 몬태나 주립대학교(Montana State University)의 왓킨스(T.H. Watkins) 교수는 "당신이 진정으로 원하고 그럴 준비가 되어 있지 않다면 이 분야에 진출할 생각을 하지 말라"고 경고한다. "이것은 회계나 판매나 컴퓨터 프로그래밍 같은 것이 아니다. 강력한 개혁운동이나 헌신에 훨씬 더 가깝다. 인간 외의 것에 대한 깊은 애정과 관심이 없다면 어떤 재능이나 물욕도 당신에게 부족한 것을 채워줄 수 없다."60)

신문은 중요한 사회문제와 환경문제를 무시하거나 적게 다루면서 날마다 비즈니스와 개발 소식과 두꺼운 광고 전단지와 함께 배달되는 부동산 섹션을 통해 편향된 시각을 전달한다.

좋은 저널리즘은 철저하고 상세하고 정직하고 스스로의 일에 대해 방어할 수 있는 저널리스트를 필요로 한다. 객관주의에 대한 비평은 증거나 실체가 없이 "내가 생각하고 느끼는 어떤 것"과 같은 글을 합리화하기 위해 사용하면 안 된다. 객관성은 정보를 모으는 수단이고, 감정을 정당화시키는 현실의 기초다.

위에서 내가 언급한 저널리스트들은 모두 고통에 시달렸으나 하나의 문이 닫혔을 때 또 다른 문이 열렸다. "세상에는 도끼로 악의 뿌리를 내려치는 사람이 한 명 있다면 악의 가지를 치는 사람은 천 명이 있다"고 말한 소로우(Thoreau)와 20세기 미국 저널리즘의 양심인 스톤(I. F. Stone)이 나아갈 길을 보여줄 것이다. 스톤은 대학을 자퇴하고 독학으로 그리스어를 배웠고 워싱턴의 통신원과 편집자로 일했다. 1941년 그는 프레스 클럽(National Press Club)에서 그의 점심 손님으로 흑인 판사를 초대했다는 이유로 추방당했다. 1953년 그는 ≪아이 에프 스톤 위클리(I. F. Stone's Weekly, 후에 I. F. Stone's Bi-Weekly)≫를 창간했고, 19년 동안 세계 정치와 워싱턴에 대해 많은 분석 기사를 실었다. 그는 FBI의 추적을 당했고, 국회는 그를 통렬히 비난했으며, 동료들의 비웃음을 사기도 했다. 스톤은 스스로를 '거만한 세계에서 꺼져가는 촛불'로 칭했다. 그는 "어떻게 타자기를 사용하는지"를 아는 인력을 배출해내는 저널리즘 스쿨이나 직업 교육에 대해 의미를 두지 않았다. 1971년 그가 일을 그만두었을 때 스톤은 다음과 같이 말했다. "압제당하는 것들에 약간의 편안함을 주고, 내가 본 그대로를 쓰고, 스스로의 불완전함 때문에 생겨난 것 외에는 타협하지 않고, 나의 정열 외에는 추종하지 않으며, 내가 그린 이상적인 신문쟁이로서의 이미지를 따라가면서, 가정을 부양할 수 있다면 남자로서 더 이상 무엇을 바라겠는가?"[61]

제5장

객관성을 넘어 열정을 추구하다

환경 저널리스트는 객관성을 뛰어넘어 세상과 우주의 가슴부터 머리까지 조사하고자 한다. 사실을 추구하되 스스로의 감정과 함께 글을 쓴다.

이러한 생각은 1994년 4월 네바다 주 르노(Reno)에서 열린 전미언론학회에 참석해 카티 더빈(Kathie Durbin)의 얘기를 듣고 나서부터 가지게 되었다. 그때는 카티가 ≪포틀랜드 오레고니언≫에서 맡고 있던 환경 관련 취재 일을 그만두기 얼마 전이었다. 카티는 무분별한 벌목에 대해 그녀의 감정을 억눌러 왔다며 "이러한 압력이 강해지면서 나는 예전의 울창한 산림을 떠올리게 되었다. 나는 「객관성」이라는 시(poem)와 같이 나의 감정을 시처럼 썼고, 그것이 출판되어 목재 산업 로비스트가 본다면 내 열정적인 감정 표현에 대해 공격할지도 모른다고 생각하며 그것을 억눌렀다"고 말했다.

그러나 열정은 역시 중요하다. 그것은 차이를 만들어내는 것으로써, 억압되거나 금지되어서는 안 된다. 아마도 카티는 편집실에는 어울리지 않았을지 모른다. 트라피스트회(Trappist)의 수사(monk)인 토마스 머튼(Thomas Merton)은 사회에 대한 그의 비판적 관찰에서 우리에게 제공된 뉴스는 우리 마음의 새로운 잡음에 불과한 것으로 보았다. 뉴스는 그 전의 것을 다음 잡음이 대체하고 결국에는 모든 것이 똑같이 단조로운 소문으로 뒤섞여버리는 것이다. "세상에는 시류를 반영하는 뉴스 외에도 많은 뉴스가 있다. 좋은 뉴스는 커다란 즐거움이다."62)

환경 저널리스트는 이런 좋은 뉴스를 찾고 느끼며 복음(gospel)처럼 그것을 전파하길 원한다. 그것은 당신 인생의 힘을 행사하는 방식이고, 정책과 역사의 결정에 동참하는 힘이다. 이런 힘은 인권과 개인의 정치적 자유에 대한 새로운 인식을 가져온다.

레이첼 카슨(Rachel Carson)은 이러한 일을 추구하기 위해 자신의 전문 교육의 한계를 넘은 사람이다. 그녀는 거의 모든 주류 매체로부터 비난받고 조롱당했다. 그럼에도 불구하고『침묵의 봄』과 강인한 성격을 통해 그녀는 한 개인이 학회와 전문 분야를 넘어 부패한 체제에 대항하여 사회를 변화시킬 수 있음을 보여주었다.

르노에서 카티 더빈은 더 이상 나무들이 잘려 나가는 것을 보고 싶지 않았고, 벌목의 상처를 가진 올림픽 반도(Olympic Peninsula)를 운전하는 걸 참을 수 없었다고 말했다. 그럼에도 불구하고 그녀는 스스로 "대의 주창자"가 될 수 없었다.

왜 그렇게 되지 못했을까? 최선의 저널리즘은 대의를 추구한다. 스톤은 조사와 정치 기사를 통해 워싱턴에서 이러한 외로운 길을 걸었다. 그러나 그는 자신의 인생과 일, 양면에서 기억되고 있다. 그가 요약했듯 "당신이 이르는 곳은 권력이 부정을 낳고, 당신에게 승산이 없는, 그러나 승자에 대항해 패자를 방어하는 것이 군중과 함께 안전하게 흘러가는 것보다 더 희열 있는 그런 곳이다. 내가 믿는 철학은 결국 신의로 귀결되는데, 근본적인 것은 증거를 초월하고, 그 신의는 아름다움과 조화에 대한 미학적 감각을 말한다. 나는 모든 사람이 그만의 피그말리온이며 그의 인생을 스스로 재단하며 사는 것이라고 생각한다. 그리고 그것이 좋든 나쁘든 그는 인류와 인류의 미래를 재단한다."63)

동일한 생각이 다른 방식으로 여러 사람들에 의해 표현되었다. 랄프 왈도 에머슨(Ralph Waldo Emerson)은 세상의 가치 중 지고의 가치는 적극적인 영혼이며 항상 "방해받거나 아직 발현되지는 못했더라도" 모든 사람은 그것을 내부에 가지고 있다고 우리에게 가르쳤다. 윌리엄 포크너(William Faulkner)는 1950년 노벨 문학상을 받을 때 고통과 땀의 가치를 지닌 인간 내면의 갈등만이 좋은 글을 만들 수 있다고 했다. 그는 작가와 작가 지망생에게 두려움 없이 용기와 영광, 희망과 자부심, 연민, 동정, 그리고 희생을 통해 인류가 앞으로 나가는 데 도움을 줄 것을 촉구했다. 나는 산타페 미술관(Fine Arts Museum in Santa Fe) 벽의 명판에서 1907년부터 1912년까지 미국연구학교(School of American Research) 위원회 의장이었던 앨리스 커닝 플레처(Alice Cunning Fletcher)의 다음과 같은 말을 발견했다. "인디언 친구와 사는 것은 내가 이 땅에서 이방인인 것처럼 느끼게 했다. 시간이 흐르면서 자연의 외양은 변하지 않았으나 내게 변화가 생기기 시작했다. 나는 하늘을 포함해 모든 살아 있는 것들이 목소리를 가지고 있다는 것을 알게 되었고, 시간의 메아리를 듣는 것을 배우게 되었다. 이것은 아메리카 대륙의 고대인들이 마음으로 듣는 목소리였으며, 나도 다른 사람들에게 이 목소리를 들려주고 싶었다."

이런 모든 사람들은 객관성의 이면을 보여주는 방법과 전문성의 한계가 무엇인지를 보여준다. 나는 전문주의(professionalism)가 타당하다는 것을 부정하지 않는다. 그러나 더욱 개방된 표현을 위해 재평가되고 의미를 분명히 해야 할 필요가 있다고 생각한다. 전문가로서 정제된 법칙에 의해 수련하고 열중하며 사회의 체제에 발맞추는 것은 중요하지만, 그 체제에 도전해야 할 때마저 사회에 봉사할 수 있게 하는 방식을 가르치는 것은 또 다른 중요한 문제다.

직업은 돈이 살 수 있는 것보다 더욱 크고 좋은 사상의 표준적인 견지물

(standard-bearers of ideas)이 되어야 한다. 이런 의미에서 직업은 옛날부터 법, 의약, 종교, 저널리즘, 임학(forestry), 교육 같은 것들이어야 했다. 그러나 시간은 이것들을 연약하게 만들었다. 전문 학위는 두려움이나 혜택 없이 공동체와 인류에 봉사하는 것이라기보다는, 채용에 더욱 필수적인 것이 되었다. 이러한 징후를 거의 모든 분야의 전공에서 확인할 수 있으나 저널리즘과 대학 교육, 환경학 부문에서 가장 뚜렷하게 발견할 수 있다.

임업 분야에서 나의 공부는 미국 최초의 임업 전문가인 기포드 핀촛 (Gifford Pinchot)의 사회적인 개혁 차원에서 시작되었다. 핀촛은 영세민 구제 사업에 대한 사회적인 일을 경력으로 생각했으나, 그의 전원에 대한 애정은 이와 달랐다. 그는 외국에 나가 수련을 쌓았고 돌아와서 대기업에 의해 고갈되고 황폐화되고 있는 국가의 산림을 보호하는 운동을 전개했다. 책임주의는 그의 신앙이었다. 백악관의 그의 친구인 루스벨트(Theodore Roosevelt)의 지원으로 핀촛은 분수령을 보호하고 지속적으로 나무를 공급하기 위한 국가 산림 체계를 성공적으로 구축했다. 그러나 핀촛의 원칙은 위원회에 의해 오래전에 사라졌다.

책임주의는 관리(management)에 길을 비켜주었다. 전원에 대한 사랑에 의해 동기를 부여받아 입학한 학생들은 졸업할 때 마치 작황에 관심 있는 농경학자와 같이 산림을 다루는 관리자, 기술자가 된다. 수년간 나는 공적·사적 수목인과 함께 숲에 있었는데 그들은 대체로 상업적 종(species)이나 목재의 종류에 대해서는 지식이 있었으나, 생태계 전체를 구성하는 잡초의 종류에 대해서는 매우 무지한 편이었다.

핀촛 아래서 임업을 시작한 알도 레오폴드(Aldo Leopold)는 직업으로서 야생 생물에 대한 책무에 관심을 돌렸다. 위스콘신 대학교에서 강의하던 초창기에 그는 관리의 개념에 대해 강조했지만 저서인 『모래 군의 열두 달』에서 '토지 윤리'에 대해 관심을 촉발하는 방향으로 나아갔다. 그러나 거의 대부분은 임업이 그의 직업인 바와 같이 사냥꾼에 의한 게임이나, 수확과 같은 작물 생산에 집중했다.

야생 이슈 전문가인 미국동물애호협회(Humane Society of the United States)의 수잔 해굿(Susan Hagood)의 논문은 다음과 같은 내용을 담고 있다.

> 많은 야생동물보호위원회와 단체가 비록 사냥되지 않는 종이 실제로 무시된다는 것을 알고 있고, 사냥을 하지 않는 대중이 돈을 내 야생동물을 지원해야 한다고 선언하지만, 그들의 기부를 이끌어낼 방법을 찾지 못했다. 만약 이런 방법을 찾았다면 위원회와 단체는 그들의 정책과 초점을 변경했을 것이다. 그들은 사냥하지 않는 사람들의 관심을 의미 있게 받아들여야 한다. 그것이 사냥용 동물에 대한 수요를 감소시키고, 불쾌한 사냥 습관을 금지시키며, 공공 지역에서 사냥을 제한하는 등 현 상태에 대한 변화를 가져올 것이다.[64]

이 말은 절대적으로 옳다. 많은 문제가 책임주의와 관련 없는 '자연자원 관리'의 영향 때문에 발생하는데, 이는 자연을 조종하고 자연을 인간의 이용과 소비를 위한 수단으로만 보는 것이다. 많은 대학의 자원 관리 교과 과정은 감성과 거의 관련 없는 객관성을 가르친다.

그러나 연민은 가치 혁명이 기저에 깔려 있어야 한다. 나는 앞에서 에머슨이 적극적인 영혼에 대해 가르쳤고 모든 사람은 그것을 내재하고 있다고 가르쳤다고 언급했다. 교육은 창조의 완전성을 탐험하는 것이고, 내부의 자아에 대한 사랑을 불러일으키는 것이고, 적극적인 영혼을 자유롭게 하고 풍성하게 고양시키는 통로가 되어야 한다. 그러나 직업 전문가를 위한 교육 과정 속에서는 연민과 감정이 억압될 수 있다. 과학자와 교육자는 증거와 문서화, 통계, 계량화, 객관주의를 요구한다. 이런 것들은 필수적이지만 여기에는 그 이상의 것들이 있어야 한다.

나는 가르치는 것을 좋아했지만, 갈수록 교육은 인식을 강조하는 것이라고 느낀다. 인식은 사실에 초점을 맞추어 분석하고, 계산하고, 기억하고, 정보를 구하는 실제적 수단을 제공하는 것으로서, 대체로 제도적·윤리적 그리고 정신적인 것들을 생략한다. 페이지 스미스(Page Smith)는 고등교육에 대한 그의 책 『영혼 죽이기(Killing the Spirit)』에서 앨런 블룸(Allan Bloom)의 베스트셀러의 부제(subtitle)인 "미국인의 마음의 폐쇄는 고등교육이 민주주의와 학생들의 영혼을 황폐하게 만드는 방법이다"를 반복하고 있다.[65]

1978년 버몬트 대학의 환경학 방문교수로 반년 동안 초빙 제의를 받았을 때 나는 가르치는 것에 대해 거의 무지했다. 나는 그저 나 자신을 포함하여 사람들의 정신을 윤택하게 하는 것에 대한 희망을 가지고 시작했다. 나는 이곳저곳에서 강의를 했고 1970년 첫 번째 지구의 날에 캠퍼스에서 강연을 했다. 그러나 학문의 세계는 매우 달랐다. 나는 환경 저널리즘과 환경정치학 이렇게 두 과목을 맡았으나 어떻게 학생들을 이해하고 상호 관계를 맺을지 그들이 누구이고 무엇을 원하는지에 대한 상식이 없었다. 첫 강의에서 20분 정도를 얘기하고 자료가 바닥나 더 이상 얘기할 수 없게 되었을 때 나의 한계를 실감했다. 학생들은 전문가의 경험에서 나올 수 있는 지혜를 기대하며 눈을 동그랗게 뜨고 필기할 준비를 하고 있었으나 내가 유일하게 생각할 수 있었던 것은 '내가 지금 무엇을 하고, 다른 무엇을 가지고 있는가'였다.

난 학생들이 실제로 대학에 왜 입학하고 그들이 학위 외에 무엇을 가지고 나가고 싶어 하는지에 대해 무지했다. 그리고 교수에 의한 동기 부여, 재임용, 재임용 절차, 캠퍼스 정치 등 다른 세계와 분리되는 무수한 것들에 대해서도 마찬가지였다. 나는 교수들이 학생들을, 문을 닫아놓은 채 강의 시간 외에는 만나지 않고 약속에 의해서만 주로 만나며 거의 사귀기를 꺼려한다는 것을 알았다. 버몬트 교수들은 그들의 분야에서는 전문 용어를 쓰는 전문가지만 아이디어에 대한 상호 교류가 부족하다고 느끼기도 했다. 많은 동료 교수들을 만날 수 있었지만 이와 동시에 대학 교육이 상업적이고 냉정하며 영혼이 없다는 사실도 깨달았다.

심리학자 칼 로저스(Carl Rogers)는 그의 저서 『사람이 되어가는 것(On Becoming a Person)』에서 오하이오 주립대학에서 정교수 제의가 왔을 때를 회상한다. 그는 "나는 이 수준의 학계에서 출발하기를 진심으로 권한다"라고 쓴 후 다음과 같이 덧붙인다. "나는 매번 유일한 교훈으로 너무 자주 위험을 자초하지 말라는 것을 배우며, 매우 비인간적인 승진 과정을 거쳐야 하는 대학 교수의 과정을 생략한 것에 대해 매우 기쁘게 생각한다."66)

나는 또 교육이 사람들의 협력보다는 경쟁을 우선시하고, 담백한 공유나 봉사보다는 고용주와 기관의 필요에 봉사하는 경력과 직업에 더 충실하다는 것도 알게 되었다. 따라서 고도로 교육받은 개인이나 기관이 감정을 뚜렷이 표현하고 마음을 열기보다는, 감정을 억누르게 하고 상상력을 부정하게 한다는 사실은 당연하다. 간호학 교육자들이 학생들에게 환자가 고통을 호소하거나 죽어갈 때 환자와 거리를 두고, 객관적이고 효율적으로 대처해야 한다고 교육시킨다는 것을 들었다. 아마 감정을 연루시키지 않는 자세는 직업적인 전문 의식에서는 필요하겠지만, 내가 만약 고통받는 자의 손을 잡지 못하고 그들을 껴안아주지 못한다면 차라리 다른 곳에서 일하는 게 낫다고 본다.

나는 동정과 슬픔 또는 잘못된 행동에 대한 분노를 억제하는 것, 그리고 이견에 침묵하는 것과 같이 '전문적인 것'에 대한 부름을 들었다. 파괴적인 산림 관행에 대한 시민의 우려는 평가절하되고 있다. 시민들은 최악의 숲을 만드는 것을 합리화하려는 임업 전문가로부터 "당신은 이해하지 못한다. 당신에게는 전문적인 배경지식이 없다"는 소리를 듣는다. ≪아메리칸 포리스트≫의 칼럼니스트를 그만둔 1971년, 미국임업인회의 회장이었던 예일 대학교(Yale University)의 케네스 데이비스(Kenneth P. Davis)는 내가 직업적인 자격이 부족하기 때문에 이런 일을 하면 안 된다고 말했다.

아니다, 나는 저널리스트는 물론이고 어떤 시민이든 사회와 환경에 영향을 주는 이슈에 대해 질문하고 비판적으로 논평할 권리가 있다고 생각한다. 전쟁은 너무 중요해서 일반론에 머물 수 없다는 옛 속담처럼, 산림과 환경 또한 너무 중요해서 기술적이고 지엽적인 것에만 집착하는 기술자나 임업자에게만 맡길 수 없다. 우리는 지속적으로 새로운 정보와 타당한 과학적·기술적 자료가 필요하지만 이것보다 더 중요한 감정과 철학, 생명과 지구에 대한 사랑이 필요하다는 걸 느낀다.

전환은 그것이 개인적인 것이든 사회 전체인 것이든 사람의 가슴과 정신에 보이지 않는 가치를 행사한다. 다른 말로 표현하면, 개인적인 능력은 감정, 독립적 사고 그리고 사회적인 관여를 통해 배운 것으로부터 나온다. 주관적인 사람들은 권력을 구현하고, 더 이상 구시대의 기관과 전문가가 중요한 용어와 방법론을 정의하는 걸 허락하지 않는다. 나의 충고는 당신이 쓰는 것과 쓰는 방식에 감정과 상상의 힘을 사용하라는 것이다. 레이 스타나드 베이커(Ray Stannard Baker)와 업톤 싱클레어(Upton Sinclair), 아이다 타벨(Ida Tarbell), 링컨 스테펜스와 그 외의 추문 폭로가들이 기존의 미디어보다는 대안 신문과 책, 잡지 등을 통해 그들의 종적을 남겼듯이 말이다.[67] 카티 더빈은 ≪오레고니언≫을 떠난 후 대안적 정기간행물로 자리를 옮겼다. 그 후 1996년 5월 그녀는 집필 중인 그녀의 책 『나무를 껴안는 사람들: 북서 고대림에서의 승리, 패배, 그리고 재개(Tree Huggers: Victory, Defeat, and Renewal in the Northwest Ancient Forest Campaign)』에 대한 소식을 전했다. 그녀는 주창 저널리즘에 대한 우리의 대화를 기억하고 생각했으며, 이 책은 그녀의 "중립적인 톤을 가진 일간신문에서 더욱 강하고 직접적인 목소리로의 진화"를 보여준다.

르노에서 카티는 오리건 산림에 대한 태생적인 열정을 가져왔다고 말했다. 그리고 지금은 대안매체에서 마음을 열고 그렇게 하고 있다고 했다. 그녀는 그녀의 시 「객관성」을 읽어주었고, 점심을 같이 한 후 이 시를 내게 선물로 주었다. 나는 이 시의 제목을 「객관성 이후」로 다시 붙이고 싶으나 그건 또 다른 시가 될 것 같다.

    사랑이 뚜렷하다는 사실의 깨달음은
    가능합니다. 철쭉은 여기
    탁 트인 언덕에서
    빽빽하게 자라납니다,
    그루터기를 숨 막히게 하면서.
    솔송나무는
    트랙터의 상처로부터 솟아나
    손톱만한 크기로 빛납니다.

    뚜렷한 것은 숲보다 더
    화려합니다. 자줏빛 잡초와
    붉은 그림붓은
    활기찬 묘목들 가운데서 소리치고
    당신은 하늘을 볼 수 있습니다.

    휴식을 주는 것은 광활한 경치
    소나무의 가장자리로 두른
    민둥산의 어깨,
    갈색과 녹색의 퀼트는 등성이
    곳곳에 흩어져 있고, 진정한 그리고
    본래의 숲의 진초록이 여기저기
    그것을 잘게 나눕니다.

이렇게 살아남은 생명들이 서 있는
곳을 운전하며 지나칠 때, 만약 당신이 속력을 늦추고
그 안을 응시한다면, 볼 수 있을 것입니다
어떻게 미세한 빛으로 고사리가 타오르는지를
어떻게 시냇물이 이끼 덮인 통나무와 호박돌 위를
유리처럼 깨끗하게 굴러가는지를
어떻게 초록이 모든 것을 가득 채우는지를.

그리고 당신은 고통받을 것입니다
우리의 무모한 정복의 돌진이 가져온
값비싼 대가를 깨닫게 되면서.

제6장

읽고 쓰는 능력을 갖추고,
위험을 감수하는 자가 되어야 한다

한 학생이 자기는 화재와 잔인한 살인 사건들이 마치 쇼핑 리스트처럼 전달되는 뉴스를 볼 때마다 소리를 지르고 싶은 심정이라고 말한 적이 있다. 뉴스가 냉정하고, 무관심한 성격을 가지고 있다는 걸 생각하면 그녀의 말은 일리가 있다. 그녀는 창조적으로 글을 쓰고 싶었고, 환경에 가치 있는 일을 하고 싶지만 뉴스는 그렇지 않았다. 그리고 그녀는 저널리스트라는 이름으로 불리고 싶지도 않았다. "당신이 저널리스트라면 사실에 한정해야만 한다"고 그녀는 말했다. "당신은 당신의 상상력을 충분히 발휘할 수 없다. 어떤 방식으로든 관여해야 하고, 그것이 당신의 독립성과 창조적인 표현을 제한할 것이다. 나는 야생에서 내가 경험한 것을 쓰는 즐거움을 공유하는 것이 더 생산적이고 만족스럽다"고 밝혔다.

나는 그녀의 생각을 이해할 수 있었고, 만약 당신도 그렇게 느낀다면 당신의 생각도 이해할 수 있다. 분명히 자연스러운 글쓰기와 자연보호에 대한 글쓰기에는 차이가 있다. 애니 딜라드(Annie Dillard), 배리 로페즈(Barry Lopez)와 같이 재능 있는 작가는 관찰하고 해석하고 철학적으로 보고자 하지만, 정책적 문제의 구체성에 대해서는 거리를 유지한다고 생각한다. 이것이

하나의 방법이기는 하겠지만, 나는 좋은 저널리스트가 되기 위해 사실에 한정해야 한다는 점에는 동의하지 않는다. 사실이란 것은 작업에 상상력을 동원하기 위한 시발점이자 기초이다.

학생들의 코멘트는 문학사에 있어 유명한 두 명의 존(Johns)인 1837년 태어난 버로스(Burroughs)와 그 다음해에 태어난 뮤어(Muir)를 비교하게 한다. 이들은 야외에 대한 관심을 공유하고 있었으나 그것을 다루는 방식은 정반대였다. 버로스는 즐거움을 위해 글을 썼다. "나는 독자에게 교훈을 주기 위해 글을 쓰지 않고 좋은 시간을 제공하기 위해 작업을 한다."[68] 반면 뮤어는 그의 설교를 정치적 행동으로 옮긴 복음 전파가였다.

『세월의 정점(The Summit of the Years)』에서 버로스는 "모든 종류의 투쟁에서 회피하고자 하는" 그의 구성적인 연약함에 대해 인정했다.

> 나는 세상의 투쟁과 열기, 그리고 비즈니스와 정치의 소용돌이로부터 거리를 두었고, 조용한 물과 장소를 찾고자 했다. 그리고 나의 삶은 감미롭고 유익했다. 고요한 은둔 속에서 나는 정치적·사회적 투쟁과 산업적으로 혹독한 논쟁으로부터 너무 멀리 있는 것이 아닌가 하고 자책하기도 했다.
>
> 나는 도무지 투쟁가가 될 수 없었다. 종종 책임 회피자가 된 걸 두려워하기도 했으나, 좀 더 나의 의무를 다할 수 있었던 것으로부터 피해 다녔다. 도망자이기도 하다.[69]

뮤어는 초반기에 그의 산악 경험을 통해 독자를 계도하기 위한 글을 썼다. 1874년부터 1875년까지 ≪석간 샌프란시스코 데일리(San Francisco Daily Evening Bulletin)≫에 발표되었던 급진적 방식으로 독자가 보고 듣고 믿게 했던 그의 논설들—1세기 후『시에라에서의 여름(John Muir Summering in the Sierra)』이라는 책으로 발간된—은 마치 문명에게 보내는 편지 같기도 했다.

로버트 엥버그(Robert Engberg)는 그의 책 서문에서 "뮤어는 그의 메시지를 전파하기 위해 새로운 윤리 중심적인 리포팅인 야생 저널리즘을 개발했다. 현장에서 작성하여 사후 편집 없이 최고의 글을 만든 자율성과 신선함을 가지고 있다. 사람과 장소에 대한 그의 모든 글 이면에는 왜 그가 고독한 방황을 그만두고 미국 자연보호 운동의 지도자가 되었는가에 대한 그 자신의 이야기가 깔려있다"고 적었다.[70]

≪센추리(Century)≫의 편집자인 로버트 언더우드 존슨(Robert Underwood Johnson)은 뮤어에게 요세미티에 대해 쓰라고 당부했고, 이들의 공조에 의해 1890년 요세미티 국립공원이 만들어졌다. 뮤어의 글은 그의 전 생애에 걸쳐 계속되었으나, 헤치헤치(Hetch Hetchy) 계곡을 살리기 위한 정치적 투쟁이 실패하면서 중단되었다. 그 투쟁은 대체로 성공적이었지만 투올룸 강(Tuolumne River)의 댐이 요세미티의 일부 지역을 수몰시키면서 결국 헤치헤치 계곡을 살리려는 그의 노력은 물거품이 되었다.

뮤어와 버로스는 1899년 알래스카로 가는 헤리만 탐험(Harriman Expedition)에 손님으로 동행했고, 10년 후 요세미티와 그랜드캐니언(Grand Canyon)에서 다시 동행했다. 뮤어는 1914년에 죽었고, 버로스는 6년을 더 살았다. 버로스는 국가의 저명인사가 되었고 그의 이름은 일반 명사처럼 쓰이게 되었다. 그는 산업시대의 가장 유명한 미국인인 헨리 포드(Henry Ford)와 토마스 에디슨(Thomas Edison)의 여행 친구였고, 그의 에세이는 교과서에서 매우 중요하게 다루어졌다. 그러나 오늘날에는 대체로 버로스가 간과된다. 나는 초등학교 때처럼 아직도 버로스의 글을 즐겨 읽고, 그의 글을 종종 인용하긴 하지만 활력 있고 도전적인 뮤어의 글에 비해 그의 글은 심약하다.

존 뮤어가 스스로를 창조적인 작가나 저널리스트로 생각했는지는 알 수 없다. 그는 이 작업을 후세의 해석에 넘겼다. 그러나 모든 글쓰기는 작가의 창조성과 상상력을 담고 있으며, 이해될 수 있어야 한다. 저널리즘 또한 그렇다. 사망 기사에서 정치 기사에 이르기까지 모든 기사는 독자가 반응하고 작가가 자랑스러울 만한 질을 가져야 한다.

이것은 새로운 생각이 아니다. 1897년 링컨 스테펜스가 ≪뉴욕상업광고(New York Commercial Advertiser)≫의 편집인이 되었을 때 그는 사실에 너무 충실한 기존의 직원을 배제했고 시인, 에세이 작가, 또는 소설가가 되고 싶은 사람들을 골랐다. 그는 직업적인 신문인이 되는 데 무의식적인 공포가 있었음을 인정했다. "나는 기존의 직원을 원하지 않았다. 나는 도시의 생명에 대해 남들에게 보여줄 신선하고 젊고 정열적인 기자를 원했다. 이것은 개인적인 스타일을 의미하고 과거의 신문기자는 그들의 신문에 맞는 스타일을 추구한다."

주류 매체에서 흔히 발견할 수는 없지만 이러한 시각은 아직도 분명 존재한다. ≪시애틀 위클리≫는 독자를 성인같이 다룬다. 그리고 누트 버거(Knute Berger)와 같은 편집자는 문학적 산문을 쓰는 작가들을 좋아한다.

≪시애틀 위클리≫에서 우리는 텔레비전과 같아져서는 안 된다. ≪위클리≫는 하루에 5,000개의 단어 이상을 읽는 독자를 위한 것이다. 우리 목표가 단순함보다는 조금 복잡한 세상 얘기일지라도 사려 깊고, 이해하기 쉬운 글쓰기는 우리 독자들의 이해를 돕는다. 이것이 우리와 다른 매체와의 차이다. 우리는 그들이 생각하는 특별한 주제가 더욱 다양한 측면을 가지고 있다는 것을 생각할 줄 아는 사람을 원한다. 그러나 우리 신문의 독자는 다른 신문이 가정하는 것보다 오래 집중할 수 있고 그래서 더욱 지적이라는 것을 안다.

나와 ≪시애틀 위클리≫가 관심을 가지는 이슈는 사람을 포함한다. 우리는 환경을 인간의 입장에서 다룬다. 사람들이 올림픽스(the Olympics)나 레이니어 산(Mount Rainier)에서 창밖을 내다볼 때 그들은 자원이 아니라 쾌적한 환경으로 그것들을 바라보게 된다. 그들은 환경을 보호하기 위한 희망으로 교외에 산다. 이제 교외 지역은 환경문제의 전방이 되었다. 갈등과 딜레마를 다루는 것은 매우 멋진 일이고, 우리가 환경을 다루는 방법의 큰 부분 중 하나다.[71]

아마도 가장 중요한 것은 시궈드 올슨(Sigurd Olson)의 감각과 같이 열정을 느끼고 믿는 주관적인 문제를 가지는 것이다. 그는 "야생생태가 인류의 행복에 매우 중요하고, 이해할 수 있고, 분명한 것으로 만들어 소수의 존재로 치부될 수 없도록 하라. 만일 그것이 만인에게 영향을 끼친다면—나는 그렇게 믿고 있다—우리는 왜 그것이 만인의 문제인지 설명하는 방법을 찾고야 말 것이다. 그렇게 야생생태를 거시적으로 바라보는 것이 가능할 때 우리는 환경을 구할 가장 좋은 기회를 가지게 될 것이다"라고 했다.[72]

나는 학생들에게 딱딱한 이슈를 다룰 때도 시궈드 올슨, 에드워드 아베이(Edward Abbey), 폴 브룩스, 레이첼 카슨, 버나드 드보토, 알도 레오폴드, 존 뮤어, 그리고 문학을 하는 다른 사람들의 글을 읽고 인용하라고 가르친다. 이들의 작품은 환경 저널리즘과 주창을 공부하는 데 매우 중요하다.

폴 브룩스는 레이첼 카슨의 편집인이었고 호튼 미플린(Houghton Mifflin)을 위해 오랫동안 일했으며, 마침내 부편집인이 되었다. 제2차 세계대전 동안 그는 전시정보국의 책 섹션 주간을 맡았다. 조지 오웰(George Orwell)과 같이 그는 "물론 전문가는 대중에게 비밀을 제공하는 것이 자신의 권력을 위험에 빠뜨린다는 것을 알고 있었고, 그래서 더욱 나쁘게는 비밀이 없다고 실토하기도 했다. 이러한 격언은 오늘날도 군, 연방정부, 그리고 마법사에게서 발견되고 있다. 비밀에 의해 증폭되고 현대의 설득의 기술에 의해 지탱되고 있는 이러한 전문가의 신화는, 환경을 조종하고 감언이설의 결과를 받아들이도록 만드는 공적·사적 운용자에게는 귀중한 자산이다"고 했다.[73]

1991년 나의 학생 중 하나인 사라 올라슨(Sara Olason)은 폴 브룩스의 글에 대해 공부했는데 그녀는 그의 작품이 "두 종류 글쓰기의 기술적인 혼합으로, 해석적 그리고 개인적이며 서술적인 방법으로 실천을 강하게 요구하는 것"이었음을 알았다. 그녀는 수업의 리포트로, 브룩스가 정치적 변화는 감정적 원천에서 발생하는 것이고 시민들은 행동의 근거로서 야생과 개인적인 교류를 필요로 하고 있음을 지적했다고 썼다. 따라서 올라슨에 의하면, "강을 부담스러워 하지 않는 독자는 해롭지 않은 수력발전 계획을 받아들일 확률이 낮고, 순록이 있는 북극의 툰드라를 여행해 본 사람은 그곳을 전망 있는 정유 개발 지역으로보다는 대지로 바라보게 된다. 자연에 대한 개인적 지식에는 분명히 힘이 있다"고 했다.

『생명의 집(In the House of Life)』에서 브룩스는 레이첼 카슨의 작품 중 중요한 두 특징을 인용했는데 "자연 세계를 해석하는 문학의 중요한 역할과 희생적인 개인이 사회에 영향을 행사하는 지속적인 능력"이 그것이다. 카슨이 사망하고, 『침묵의 봄』이 베스트셀러가 된 뒤에 나온 판의 서문에서 브룩스는 다음과 같이 썼다. "카슨은 현실적이며 동시에 시인의 감수성과 영감을 가진 잘 훈련된 과학자였다. 그녀는 스스로도 설명할 수 없는 자연에 대한 감정적 반응을 가지고 있었다. 더 많이 배울수록 경이의 감각이라고 스스로 부른 이 부분이 더욱 커졌다. 그래서 그녀는 생명의 축복인 죽음에 대한 그의 책을 성공시킬 수 있었다."[74]

카슨은 존스홉킨스 대학교(Johns Hopkins University)에서 석사학위를 받고, 워싱턴의 야생 어류 및 동물 협회(Fish and Wildlife Service)에서 15년간 일했으며, 라디오 대본을 쓰는 등 생물학에 방대한 지식을 가지고 있었다. 1962년 『침묵의 봄』을 출판했을 때 그녀는 이미 『우리를 둘러싼 바다(The Sea around Us)』, 『바닷바람 아래서(Under the Sea Wind)』, 『바다 연안(The Edge of the Sea)』으로 유명해져 있었다. 그녀는 진정한 활동가는 아니었지만, 야생에서 생활하며 경험한 것을 나누는 기쁨을 통해 다작을 원했던 학생과도 같았다. 그러나 그녀가 DDT와 기타 유독 성분에 의한 야생생물과 생태계에 대한 대대적인 파괴를 보았을 때 『침묵의 봄』을 쓰게 되었다. 이 유명한 책에서 의학, 과학, 농업, 산업적인 증거를 모아서 하나의 전체적인 그림을 제시했고, 이것들의 문제와 목표와 최상의 길을 제시했다. 그녀는 나중에 법원과 의회에서 설득력 있는 정보가 된 살충제에 대한 거시적인 자료를 개발해 냈고 생태학을 전면에 대두시켰다.

카슨과 그녀의 책은 비판받고 매도당했다. 한 예로 그녀는 과학 공동체의 일원이 될 수 없었다. ≪뉴욕타임스≫는 이 책이 전적으로 부정확하며 독자를 괜히 놀라게 할 수 있다고 평가했다. ≪타임스≫는 살충제의 부작용은 거의 없다고 주장했다.

그러나 그녀는 침착하게 과학적 근거를 제시하며 이러한 악평에 대처했다. 이러한 증거는 환경 저널리즘의 역사에 있어 역사적인 증언인 1962년 12월 4일, 그녀의 책이 출판된 지 4개월 후 여성기자클럽(Women's National Press Club)에서 연설한 그녀의 테이프가 분명히 보여준다. 그녀는 ≪베들레헴 글로브 타임스[Bethlehem(Pa) Globe Times]≫의 기사를 인용했다. 이 기사는 두 지역의 농업연합회에 대한 기술로 시작하는데, "이 지역의 관리들은 아무도 그 책을 읽지 않았지만, 모두들 진심으로 비난했다"고 했다. 그녀는 또한 버몬트(Vermont) 주의 ≪베닝톤 배너(Bennington Banner)≫를 인용하여 "증언을 반박한 초라한 반응이 있었다"고 했다. 이것은 『침묵의 봄』이후 출간된 『조용하지 않은 가을(unquiet autumn)』의 시끄러운 논평으로 이어졌다.

연설 중에 그녀는 뉴요커의 외관에서 시작하며 대중의 반응을 추적했다. 이 책이 출간되기 전에 이미 여러 사설과 칼럼을 통해 이 책은 논쟁을 일으켰다. "늦여름까지 이 책의 출판은 살충제 산업을 압박했고, 이들의 교역 단체는 팸플릿과 책을 언론에 쏟아 내었고, 여론 지도자들은 대중을 달래고자 했다."

전달자를 공격함으로써 그 메시지를 평가절하하는 것은 개혁하고자 하는 사람의 신뢰를 약화시키는 매우 잘 알려진 방법이며, 많은 개혁가에게 일어나는 전형적인 공격이다. 그녀의 경우 새와 물고기 그리고 고양이를 좋아하는 사람으로 묘사되었고, "비평가들과 상관없는 우주의 법에서 다루어야 할 미스터리한 종파의 광신자"로 취급되었다.

산업계는 그녀의 입장을 오도했다. 그녀는 화학제의 사용을 무조건 반대한 것이 아니라 그 사용이 비효율적이고 악영향을 줄 수 있고 심각한 부작용이 있음에 대해 경고했던 것이다. "그들의 과학적 사고는 매우 낮은 수준에 있었고, 『침묵의 봄』에 대한 평가는 몹시 부정확했다"고 그녀는 말했다. 한 예가 일람 자료를 네임 드라핑(name dropping, 이름 들먹이기)이라고 부른 화학저널이다. 55쪽에 달하는 완전하고 구체적인 참고문헌은 "길이로 비경험자를 감동시키기 위한 불필요한 어구"였다.

그녀는 비판적인 리뷰와 미디어의 공격 그리고 과학자의 논평 뒤의 화학업계의 영향을 보여주었다. 제조업체의 지원을 받은 연구는 현재 관행에 불리한 사실을 밝혀내는 방향으로 진행될 확률이 적다. 이러한 일은 그때도 지금도 마찬가지이다. 그녀는 『침묵의 봄』을 반박하기 위해 업계가 빈번히 인용하는 야생생물에 대한 전미과학아카데미의 1962년 보고서를 인용했다. 위원회의 연구는 일부 야생생물에 대한 어느 정도의 피해만을 서류를 증빙하지 않고 언급한 것이었는데, 이것은 국가농업화학협회와 같은 상업 조직이 감수한 것이었다. 카슨은 "우리가 듣고 있는 것이 과학의 목소리입니까? 아니면 산업의 목소리입니까? 산업계는 사실을 걸러내고 이로 인해 무해하고 하찮은 것들만 허용되고, 자명하고도 불편한 진실은 비밀로 간직되고 있지 않습니까?"고 질문했다.

레이첼 카슨은 1964년 56세의 일기로 세상을 떠났다. 모든 책은 이후 그녀의 인생을 해석하며 씌어졌다. 나는 그녀가 환경 저널리스트라는 자각을 가지고 살았다고 생각하지는 않지만 그녀보다 더 좋은 예는 없다고 생각한다.

머조리 스톤맨 더글러스(Marjory Stoneman Douglas)는 태도를 바꾸기 위해 언어를 사용한 또 하나의 영감 있는 인성을 가진 인물이었다. 그녀의 펜과 열정으로 우리가 현재 알고 있는 에버글레이즈(Everglades) 국립공원을 창조했고, 발전의 장애를 길들여지지 않은 자연의 세계적인 보물로 전환하여 이 장소에 대한 대중의 이미지를 재건했다. 더글러스는 《마이애미 헤럴드》에서 사회 뉴스와 논평을 쓰면서 일을 시작했고, 수감시설의 실태를 고발하고, 여성 참정권을 주장하며 도덕적 논쟁을 제기한 칼럼니스트가 되었다. 그녀는 마이애미에서 자신의 갈 길을 알았으나 마이애미의 감춰진 야생성은 그리 많이 알지 못했다. "하비 알렌(Harvey Allen)이 책에 대해 요청했을 때, 남부 플로리다에 수년간 살아왔지만 그 과거가 어땠는지 별 생각이 없었고 어디서부터 시작해야 할지 난감했다."[75]

그녀의 산문 속에 시와 정신적인 힘을 통해 에버글레이즈를 물 고인 습지 이상의 진정한 자산과 "초목의 강"으로 변화시켰다. 1947년 『에버글레이즈: 초목의 강(Everglades: River of Grass)』 출판 이후, 이 책은 많은 이에게 희망을 주고 가슴을 적셨으며, 에버글레이즈 국립공원을 살리는 데 인용되었다. 1985년 국립공원보호연합은 '머조리 스톤맨 더글러스 상'을 제정해 매년 국립공원을 대신해 수여하고 있다. 그녀는 이 상의 첫 번째 수상자였다.

1991년 4월 더글러스는 그녀의 101번째 생일을 맞았다. 큰 밀짚모자와 짙은 선글라스를 착용하고 그녀를 위해 이름 지은 마이애미의 자연센터에 나무를 심으며, 그녀는 두 번째 세기에도 고향인 플로리다 자연을 위해 계속 노력할 것을 기원했다. 그녀는 거의 듣지도 보지도 못하는 상황이었지만 아무도 그녀를 중단시키지는 못했을 것이다. 그녀는 "이것은 대단한 기회이며 미래는 우리의 것이다"라고 힘주어 말했다. 그리고 그녀는 108세를 일기로 1998년 세상을 떠났다.

시궈드 올슨 역시 단순한 작가가 아닌 바운더리 워터스 카누 지역(Boundary Waters Canoe Area: BWCA)의 옹호자이자, 보이저스 국립공원(Voyageurs National Park)을 설립한 선구자이자 국립공원 보호자이자 활동가이며 참여자였다. 그의 『싱잉 와일더니스(Singing Wilderness)』, 『리스닝 포인트(Listening Point)』 그리고 『고독한 대지(The Lonely Land)』와 같은 책을 통해 더글러스가 행동한 바와 비슷하게 북쪽 지역에서 활동했다. 그의 인생도 그의 이웃 대부분이 광산, 벌목, 모터보팅, 스노모빌에 관심 있던 걸 생각해 보면 평탄치 않았다. 1930~1940년대에 그는 교수에서 해임되었고 미네소타 주 엘라이(Elly) 대학의 학장에서 해임될 수 있다는 협박을 받기도 했다. 공식적인 청문회와 회의에서 조롱당하고 비난받았다.

그러나 그는 그의 길을 거부하지 않았다. 『고통받는 물: 바운더리 워터스 카누 지역의 야생을 위한 투쟁(Troubled Waters: The Fight for the Boundary Waters Canoe Area Wilderness)』에서 작가들은 올슨이 1977년 엘라이에서 청문회에 섰을 때 "비난이 물결을 이루었다"고 밝혔다. 마침내 몇 번의 비난 후 그는 말을 시작했다. 그는 78세였지만 강했고, 그의 분명한 어조는 마비된 오른손에 관심을 두지 못할 정도로 홀을 가득 채웠다.

나는 BWCA에서 모든 악용을 제거하고 완전한 야생생태를 보전하는 목적을 가진 프레이저 법안(Fraser Bill)을 지지한다. 지금은 행동해야 할 시점이다.
나는 BWCA를 종횡무진했었고 쿠에티코 지역공원(Quetico Provincial Park)을 카누를 타고 수없이 지나다녔다. 이곳은 미국에서 가장 아름다운 호수이다. 우리는 이곳을 보호하고 간직해야 한다.
몇몇 곳은 인간에게 위안과 소속감과 시각을 제공하기 때문에 개발과 이용에서 보호되어야 한다. 결국 우리는 고요와 완전함, 영적인 교감을 주는 자연으로 돌아간다.[76]

올슨은 야생생태학회와 국립공원보호연합의 국가위원회에서 아주 유명한 존재였다. 그는 스튜어트 우달(Stewart L. Udall) 내무장관의 고문으로 워싱턴에 왔다. 그는 1982년 엘라이에서 눈 속을 산책하다 82세의 나이로 세상을 떠났다. 나는 올슨을 신념 있는 대중이 반응하게 만드는 메시지를 가진 능력 있는 사람으로 생각한다. 그는 50세까지는 그리 심각한 작가가 아니었다. 그는 가이드이고 선생님이자 지역 대학의 학장이었다. 그는 인내를 가지며, 그의 글이 목적 있고 감정을 불러일으켜야 한다고 생각했다. 이것이 그의 9권의 책이 아직도 읽히고 인용되는 이유일 것이다.

에드워드 아베이는 1968년 『고독의 사막(Desert Solitaire)』을 시작하며, 남부 유타 주의 슬릭록(Slickrock) 지역에 대해 상세히 기술했다. 그 후 『멍키렌치 갱(Monkeywrench Gang)』과 다른 작품에서도 더욱 많은 일을 했다. 그는 웃겼고, 불경했고, 냉소적이었으며 동시에 감각적으로 환경운동에 대해, 특히 젊은 세대의 많은 독자를 감동시켰다. 열정이 없는 작가는 그가 보기에 영혼이 없는 인간과 같았다. In One Life at a Time, Please에서 그는 말했다. "작가는 정치적이어야 하는가? 나는 그렇다고 생각한다. 정치적이란 관여와 책임과 헌신을 다하는 것을 말한다. 작가의 의무는 진실—특히 대중적이지 않은 진실—을 말하는 것이다. 특히 권력 있고 부유하고 이미 구축되어 있는 것과 전통적이고 신화적이고 감상적인 것에 도전하는 것이다. 그리고 필요할 때 사회의 신성불가침의 영역을 공격하는 것이다. 내가 말하는 신성불가침은 소고기 산업이나 군사, 국가주의, 종교, 자본주의, 사회주의, 보수주의, 자유주의 등을 뜻한다."[77]

이런 사람들이 가진 이력의 공통점은 영어 구사 능력에 있는 것이 아니라 단호한 자세를 취하고 소신 있게 말하는 그들의 의지력에 있다. 이들은 모두 신이 창조한 대지와 하늘, 그리고 실내에서의 시간에서 "균형이 있었다." 내가 느낀 교훈은 대학에서 배우는 바와 같이 창조적인 글쓰기를 회피하지 않는 것이다.

창조적인 글쓰기는 일반적으로 문학을 다루고 특히 소설과 시, 드라마, 그리고 어느 정도의 논픽션을 다룬다. 이러한 분야의 강의는 많은 도움을 줄 것이다. 한 예로 1989년 제프 레니크(Jeff Rennicke)는 내게 편지를 썼다. 그는 5권의 책을 쓴 저자였고, 잡지와 ≪백패커(Backpacker)≫, ≪카누(Canoe)≫ 와 ≪리버 러너(River Runner)≫의 편집인이었다. 우리는 그가 미국자연보호구역연합에 합류하기 전에 몇 번 만났다. 그는 웨스턴워싱턴 대학교의 내 강의 프로그램을 읽었는데, 이것이 그에게 위스콘신 대학 시절을 생각나게 했다.

1976년 위스콘신 대학의 창조적인 글쓰기 과정을 듣고 있을 때, 나는 이러한 프로그램의 선구자였다. 논픽션에 대한 글쓰기가 합당한 문학적 장르라는 것이 나의 신념이었고, 더 중요하게 생물학자, 지질학자, 생태학자와의 간극을 좁히는 작가는 환경 교육에 있어 중요한 역할을 한다고 생각했다. 아마도 그것은 너무 시기가 일렀을 수도 있다. 아직 창조적 글쓰기에 대한 아무런 프로그램이 없었고 나는 생태학과 야생생물 강좌까지 함께 들으며 좌충우돌할 수밖에 없었다.

사회 비평가이며 구술사가인 스터즈 터켈(Studs Terkel)과 그의 친구이며 존경하는 사람인 ≪시카고 선 타임스(Chicago Sun-Times)≫의 마이크 로이코(Mike Royko)는 아마도 조금 다르게 생각했을 수 있다. 1984년 터켈은 『더 굿 워(The Good War)』로 퓰리처상을 받았으나 그의 책은 학자들에 의해 혹평을 받았다. 이것이 로이코가 '더 프로페서즈(The Professors)'라는 칼럼을 시작한 계기가 되었다.

교수들이 스터즈의 상에 대해 평할 때였다. 노스웨스턴의 한 사람은 "나는 그의 글에서 재미를 느끼지 않는다"라고 말했다. 물론 그는 그렇지 않았다. 이유는 이러한 넋두리를 하는 사람이 영어 교수이기 때문이다. 스터즈는 영어 교수같이 글을 쓰지 않았다. 만약 그렇게 했다면 그는 제2차 세계대전의 구술사(oral history)를 전쟁을 겪은 사람들이 말한 대로 쓰지 못했을 것이다.

대신에 그는 어느 대학 영어 교수에 대한 소설을 썼을 것이다. 소설 속의 영어 교수는 만인이 재능 있는 작가에게 기대하는 대단한 소설을 완성하기 위해 고군분투한다. 하지만 그는 슬럼프에 빠지고, 결혼생활은 지루해지고, 매력 있는 대학원생과 사랑에 빠지고, 발기 불능에 걸리고, 10대 소녀인 딸이 자신을 존경할지 걱정스러워진다. 그래서 그는 파리로 가서 아름답고 눈부신 누군가를 만난다.

마이크 로이코에게 감사한다. 그러나 나는 아직도 환경 저널리스트를 희망하는 사람은 감정의 폭을 배양하기 위해 소설, 시, 그리고 스터즈 터켈의 작품을 포함한 훌륭한 논픽션을 읽어야 한다고 생각한다. 학식과 문학적 소양을 갖추고, 또한 위험을 감수하라고 말하고 싶다.

제7장

저널리스트가 권력에 대한 진실을 얘기할 때

1844년 어느 더운 여름날 《뉴욕 이브닝 포스트(New York Evening Post)》의 편집자인 윌리엄 컬렌 브라이언트(William Cullen Bryant)는 아직 개발되지 않은 지역에서 미래의 공원 부지를 찾아 도시를 걷고 있었다. 그는 돌아와서 「뉴욕 공원」이라는 제목의 사설을 쓰기 시작했다. 맨해튼 조성계획이 레크리에이션과 위락을 위한 공간 확보의 마지막 기회를 상실한다는 경고를 담은 이 글은 7월 3일 신문에 실렸다. 브라이언트의 기안은 대중의 관심을 불러일으켰고, 당대의 유명 건축가인 앤드류 잭슨 다우닝(Andrew Jackson Downing)의 특별한 지원을 받았다. 결과적으로 1851년 일부 지역의 땅을 인수하는 작업이 입법화되었고, 몇 년 후 유명한 건축가이자 공원 개척자인 프레더릭 로 옴스테드(Frederick Law Olmsted)에 의해 개발되지 않은 곳으로는 미국에서 땅값이 가장 비싼 센트럴 파크(Central Park)가 완성되었다.

이것은 자연보호운동에 있어 브라이언트의 가장 중요한 기여였지만, 이것뿐만이 아니었다. 《포스트》의 오랜 편집자로서 그는 델라웨어 워터 갭(Delaware Water Gap)과 팰리사이드(Palisades)와 캣스킬즈(Catskills) 등 뉴욕의 중요한 자연 지역에 대한 글을 많이 썼다. 브라이언트는 독자들로 하여금 미국을 소중하고 보존해야 할 땅으로 여기게 했다. 그는 조지 퍼킨스 마시

(George Perkins Marsh)의 생태학을 처음으로 인정한 사람 중 하나이기도 하다. 그보다 먼저 인정한 사람이 있을 수도 있지만 브라이언트는 최초의 환경 저널리스트로 내게 기억된다.

브라이언트는 17세 때 매사추세츠에서 미국 시(詩)의 신시대를 연「죽음에 대한 명상(Thanatopsis)」을 쓰며 그의 경력을 시작했다. 그는 초기 공화국의 음유 시인이자 '미국 노래의 아버지'이다. 그는 시인으로서 숲 속의 고독과 시간의 흐름에 젖었고, 들판의 작은 숲과 그에게는 '신의 첫 번째 신전'이었던 인디언들의 오두막에 매료되었다. 워즈워드(Wordsworth)를 처음으로 읊으면서 "수천의 봄이 그의 가슴에서 한순간에 솟아났고, 자연의 얼굴은 갑자기 경이로운 신선함과 생명으로 변화하는 듯하다"고 표현했다. 반 윅 브룩스(Van Wyck Brooks)는『더 월드 오브 워싱턴 어빙(The World of Washington Irving)』에서 그 이전에도 많은 시들이 쓰여졌지만 영국 앤 여왕 시대의 딱딱하고 고전적인 분위기를 벗어난 작품은 매우 드물었다고 지적했다.

그는 나라의 감정과 분위기에 완전히 동조한 미국 최초의 시인이었다. 그는 마치 미국 자체가 그를 통해 말을 하듯이 미국의 경치와 숲과 들판에 대해 그의 내적인 감정을 표현해 냈다. 근엄하고 엄격하며 감각적인 브라이언트는 미국의 정신과 경치에 대한 완전한 기쁨을 성실하게 표현했다. 유럽, 특히 영국에 있으면서 미국적인 정신적 지주를 잃지 않은 작가는 거의 없는데 브라이언트는 미국인으로서, 그리고 시인으로서 자유로웠다. 그는 고향에서 사랑했던 야생의 경치가 없을 때만 유일하게 자신이 외국에 있음을 느꼈다.[78]

브라이언트는 다면적인 성격을 가지고 있었고, 식물과 그리스어를 알고 있었으며, 호머(Homer)를 번역하기도 했다. 그는 31세에 변호사로 뉴욕에 와서 ≪이브닝 포스트≫에 책을 소개하며 합류하게 된다. 1829년 그는 주

편집자가 되었고 많은 개혁과 이상을 추구하며 거의 50년간을 재직했다. 그는 자연 예술가의 친구로 특히 허드슨강 화파(Hudson River School)의 주요 인물인 토마스 콜(Thomas Cole)과 후일 오듀본 공원이 된 맨해튼 북부에 살았던 존 오듀본(John J. Audubon)의 친구였다. 브라이언트는 때때로 ≪브룩클린 이글(Brooklyn Eagle)≫의 젊은 편집인 월트 휘트먼(Walt Whitman)과 어울렸다. 휘트먼은 브라이언트를 존경했고 『미국의 표본적인 시절(Specimen Days in America)』에서 "지고의 보편 진리에 접근하는 열성과 의무의 견지자 …… 강과 나무의 시인"이라 칭했다.

    휘트먼 또한 자연을 칭송했다. 그는 개방된 공간에서 바다 소리를 들으며 위대한 시를 낭송하는 것을 즐겼다. 그가 "바다 같다"고 부른 그의 시형은 폭풍과 같이 사납고 파도를 연상하게 하는 운율과 높낮이를 가지고 있었다. 『미국의 표본적인 시절』에서 휘트먼은 1879년의 철도 여행을 기록했다. 이때의 시각은 그가 "서부 사람들은 그들이 최상의 예술을 가지고 있다는 것을 알고 있는지 궁금하다. 그리고 그것이 그들의 미래의 인간성과 폭넓음, 애국심 등에 얼마나 영향을 주는지 말이다"라고 했다. 그는 "멀고, 크고, 광활한 등의 표현으로는 부족한 미국 서부를 표현하는 새로운 단어를 쓰길 원했다."79)

    브라이언트와 휘트먼은 이 시대에 우리가 아는 것과 같은 취재 기자(newsman)가 아니었다. 그러나 그들은 내가 공부하고 읽기를 추천하는 저널리스트였다. 시대의 차이를 가져온 사람들의 작품과 생애를 공부해야 한다. 시대와 기술은 변할 수 있으나 근본적인 철학과 표현은 그대로 유지된다. 좋은 글은 시대를 초월하여 오래 지속된다. 이는 연구와 리포팅에도 그대로 해당되며 그 무엇으로도 이를 대신할 수는 없다고 생각한다.

    스스로의 기술과 용기, 공익과 건강한 환경에 대한 역할 모델을 발견하라. 그 출발로 브라이언트와 내가 좋아하는 사람들을 추천한다. 이들 중 일부는 저널리스트로 교육받은 사람들이었고 일부는 이와 상이한 분야에서 온 사람들이었으나 모두 스스로의 이익보다는 공익을 도모한 공통의 동기를 가지고 있었다.

브라이언트가 죽기 2년 전인 1876년, 또 한 명의 뉴요커인 조지 버드 그린넬(George Bird Grinnell)이 ≪숲과 시내(Forest and Stream)≫에 자연사 담당 편집자로 합류했다. 그의 나이는 27세였고 박사학위 과정을 밟고 있었다. 그는 자연사에 대한 정규 교육을 존 오듀본의 미망인이 설립한 사립학교에서 시작했다. 그린넬은 서부 지역을 여행하며 인디언, 특히 샤이엔 족(Cheyenne)에 대한 두 권의 책을 발행했다. 그는 후에 ≪숲과 시내≫의 편집장이자 주요한 소유자가 되었으며, 이를 통해 대규모 캠페인을 꾸준히 전개했다. 그중 하나가 국립공원에서 밀렵을 금지한 1894년 「레이시법(Lacey Act)」을 통해 옐로우스톤을 보호한 것이었고, 다른 하나는 수익을 위한 시장성 사냥을 방지하는 것이었다. 이것은 매우 혁신적인 생각이었으나 1990년 주법에서 사냥 위반에 대한 주(state)끼리의 배송에 대한 연방의 개입을 담게 되었다. 그린넬은 보호주의 시각을 같이하던 루스벨트와 친했고, 거의 모든 보호 기구에서 유명한 사람이었다.

그린넬은 원래 사냥 게임과 스포츠에 관심이 많았으나 나중에 보호주의로 입장을 돌리게 된다. 그는 오듀본 클럽이라는 조류보호연합을 조직했는데 ≪숲과 시내≫를 통해 5만 명 이상의 회원을 확보했으며 이들 중 대부분은 어린 학생이었다. 후일 그는 글레이셔 국립공원(Glacier National Park)을 설립하기 위한 운동을 이끌었다. 캘빈 쿨리지(Calvin Coolidge)가 1925년 백악관에서 그에게 루스벨트 기념 메달을 수여했을 때, 대통령은 그린넬에게 "경치 좋은 광활한 지역을 보호하기 위한 야생생태를 위해 당신보다 많은 일을 할 수 있는 사람은 아무도 없을 겁니다"라고 얘기했다. 그린넬은 1938년 89세의 나이로 세상을 떠났다.[80)]

1880년부터 1915년까지 그린넬의 전성기는 환경운동이 태동하고 성장한 시기였고 국립공원과 산림 그리고 산림 관리가 성립된 시기였다. 또한 여성 참정권, 시민 복지, 지방자치, 교도소 개혁, 아동 보호 등 포퓰리즘과 진보주의의 시대였다. 또한 추문 폭로가가 활약하고, 역사에 영향을 미친 시기였다. 그러나 그들이 일하던 공간은 주로 주류 일간신문이 아니라 대개 주간지, 월간지 그리고 대안 매체였다.

그의 동료들과 함께 링컨 스테펜스는 추문 폭로가의 수장이었다. 그는 기자를 위한 기자였고, 목재와 땅 사기를 파헤치고, 도시의 취약점을 드러내고 국가 정치를 해석하여 궁극적으로 세계의 정치 지형에 대한 정보를 공유했다. 그는 기자로 출발하지는 않았다. 부유한 집안의 아들로 태어나 버클리 졸업 이후 주로 유럽에서 공부했다. 그가 돌아왔을 때 그의 아버지로부터 "이제부터는 네가 인생의 이론에 대해 모두 알아야 한다. 그러나 이외에도 실제적인 측면도 있다. 그것 또한 알 만한 가치가 있다"는 내용의 편지를 받았다. 그의 아버지는 젊은 스테펜스가 직장을 구할 때까지 쓸 수 있도록 100달러를 동봉했다. 그는 신문사에 지원했다. 다른 신문사는 그를 받아주지 않았으나, 윌리엄 컬렌 브라이언트의 오래된 신문인 ≪이브닝 포스트≫만이 그를 받아주어 자유기고가로 시작해 마침내 대기자가 되었다.

스테펜스는 뉴스에서 그 이상의 뉴스를 발견해 낼 만큼 에너지가 넘쳤고 상상력이 충만했다. 1897년 그는 발행 부수가 2,500부밖에 안 되는, 별 영향력이 없었던 ≪뉴욕상업광고≫ 인수에 합류했다. 사회부장으로서 그는 새롭고 참신한 인력을 채용했다. 그리고 그는 ≪맥클루어즈(McClure's)≫에서 일했고, 그 후 ≪아메리칸 매거진(American Magazine)≫에서 활동했다. 둘 다 나라의 부패를 고발한 폭로 저널리즘의 대표지였다. 스테펜스는 환경 저널리스트가 아니었지만 정치적인 부패에 대해 끈질기게 추적했다. 그래서 철도와 목재 산업이 정부 관료와 결탁했던 오리건의 목재 사기에 대해 취재하게 되었다.

　유명한 목재 사기 기소는 내무성의 정책과 법무부 부패방지법에 따라 루즈벨트 대통령에 의해 진행되었다. 개인과 기업들은 오리건, 워싱턴, 캘리포니아, 그리고 기타 서부 지역에 근거하고 있었으며 지역 관리와 정치인들이 이에 관여했다. 상원의원, 하원의원 그리고 주정부 공무원 등은 이 사기를 비호하기 위해 정부를 이용했고 따라서 이 사건은 지역 관리와 주와 연방정부가 함께 연관된 것이었다. 철도위원회의 경우에서 보았듯이, 그것이 연방 차원이든 주정부 차원이든 결국은 철도를 대표하는 문제로 귀착된다. 공익사업위원회가 일반 소비자보다 관련 회사를 옹호하거나 범죄를 예방하는 경찰이 부패하여 범죄자가 허가받는 것같이, 연방 부처는 공익을 위해 땅, 목재, 광산 관련법을 만들고는 부동산 사기꾼, 목재 도둑, 광산 도굴꾼의 조직적인 뇌물에 매수되어 그들에게 이것들을 팔아넘긴 것이다.[81]

　오늘날도 마찬가지지만 당시의 주류 저널리스트들은 이러한 뇌물 수수와 부패를 잘 다루지 않았다. 운 좋게도 스테펜스는 대담했고 독립적이어서 정치개혁의 약점을 고발하는 데 주저하지 않았다. 그는 "TR(루즈벨트)은 개혁자가 아니라 정치가에 가깝다. 그는 이슈에 대한 깊은 지식이 없는 출세주의자이자 기회주의자다"라고 공개적으로 얘기했다. 그리고 우드로우 윌슨(Woodrow Wilson)은 "그는 이상을 가지고 있었고, 그것은 높고 진실했으나 너무 높아서 실현하기 힘들었다. 그는 이를 위해 일했으나, 실용주의자로서 그는 사실을 생산할 수 있었다. 그리고 그가 최선을 다했음을 느꼈을 때 만족해했다. 나는 이러한 형태의 다른 미국인을 인용했다. 그들은 정의를 위해 싸우고 악당을 몰아낸 뒤 권력을 장악했다. 그리고 스스로는 추락했으나, 결코 그 사실을 몰랐다."[82] 이 내용은 『자서전(The Autobiography of Lincoln Steffens)』에서 발췌한 것으로 저널리스트가 풍부한 지식을 갖고, 두려움 없이 그리고 사실대로 말해야 함을 가르친다.

어빙 뉴턴 브란트(Irving Newton Brant)는 또 하나의 좋은 예이다. 그는 독자와 체제에 도전했다. ≪새터데이 이브닝 포스트≫에서 브란트는 "애리조나의 화석화된 산림은 약탈당하고, 미국의 자동차족에 의해 훼손되고 있다. 미국 정부는 약탈자의 편에 있다"[83]고 말했다. 1885년 태어난 브란트는 학창 시절에 그의 아버지가 소유하고 있던 아이오와(Iowa)의 조그만 신문사에서 기자 생활을 시작했다. 그 후 30여 년을 기자로 보냈고 외신 통신원, 주필, 그리고 ≪디모인 레지스터(Des Moines Register)≫와 ≪세인트루이스 타임스(Saint Louis Star Times)≫ 그리고 ≪시카고 선(Chicago Sun)≫을 포함한 신문의 편집장을 역임했다.

브란트는 1930년대와 1940년대 보호운동의 위대한 인물이었는데 로젤리 에지(Rosalie Edge)와 윌라드 반 네임(Willard Van Name)과 비상보호위원회(Emergency Conservation Committee)를 통해 협력했고, 루즈벨트 대통령과 내무부장관 해롤드 익스(Harold L. Ickes)의 고문이기도 했다. 반 네임은 미국 자연사 박물관의 선배들과 계속해서 충돌을 벌이던 생물학자였지만 비상보호위원회의 동료들에게는 많은 존경을 받았다. 에지 부인은 그를 "그가 가진 모든 것을 줄 줄 아는 성 프란시스(St. Francis)의 가난을 진정으로 실천한 사람"으로 보았다. 브란트는 "영감과 선견지명으로 반 네임은 1920년대 거의 모든 자연자원에 대해 대중의 관심을 자아낸 인물이다. 그는 근시안자들과 개발론자들에게는 항상 인기가 없었다"라고 평했다.[84]

에지 부인은 부유한 뉴요커에서 사회운동가로 변신한 인물이다. 그녀가 가장 선호한 프로젝트는 사냥 지역을 구입해서 호크마운틴 보호구역(Hawk Mountain Sanctuary)으로 전환한 것으로, 밀렵꾼으로부터 동부 펜실베이니아의 매(hawks)를 보호하기 위한 것이었다. 세 개의 원칙이 비상보호위원회를 이끌었다. "그것은 이사회와 다양한 회원에 의해 상충되는 이해를 가감 없이 주장할 수 있었다. 이것은 특히 나라의 많은 보호주의 단체가 부유한 스포츠맨과 무기 회사 또는 목재인들의 수중에 있었을 때였기 때문에 더욱 빛났다."85)

에지 부인은 브란트를 비상보호위원회의 주요한 시사 논평가로 대우했다. 그래서 그는 30년이 넘게 전국적인 자연보호 투쟁에 헌신했다. 이후 1932년 루즈벨트의 선거 때 브란트는 새롭고 큰 기회를 발견했다. 루즈벨트는 자연보호정책에 특히 관심이 있었고, 익스가 그러했던 것처럼 브란트는 연설문과 전략문을 썼다. 『루즈벨트와 함께한 보호의 모험(Adventures in Conservation with Franklin D. Roosevelt)』을 보면 그의 영향력을 알 수 있다. "1936년 1월과 2월 2주간의 체류 기간 동안 농림부 장관인 월리스(Henry A. Wallace)와 국립공원 국유림지에 대한 양도 허가를 반대하는 산림국의 문제에 대해 이야기를 나누었다. 그는 산림청장인 실콕스(Silcox)와 점심을 같이하며 3가지 방향을 제안했다. 그 후 나는 루즈벨트에게 이 건에 대해 보고하기 위한 약속을 했다."86)

그가 가지고 있던 계획은 워싱턴 주의 올림픽 반도(Olympic Peninsula)에 국립공원을 조성하는 것이었다. 브란트의 자서전과 이어 1938년 비상보호위원회에 의해 발간된 「국립공원을 위한 올림픽 산림」과 그가 대통령에게 끼친 영향력은 올림픽국립공원 조성으로 증명되었다. 자서전에서 그는 다음과 같이 쓰고 있다.

만일 올림퍼스 산 국립공원이 이 반도의 나무 보호에 적합하게 만들어진다면 루즈벨트 순록을 보호하게 될 것이다. 만약 순록이 제대로 보호된다면 더글러스 전나무와 시트카(Sitka) 가문비나무와 히말라야 산목과 북 아메리카 솔송나무가 보존되고, 순록은 그로부터 덩굴단풍, 나무딸기, 양치류, 이끼, 버섯을 얻을 수 있을 것이다.

올림픽 반도의 사람들은, 시원한 북서 지역이며 대륙에서 마지막 남은 포유류의 유일한 서식처인 이곳의 야생생태계를 보존하고자 하는 다양하고 공통적인 이해를 가지고 있다. 이 땅을 도끼와 톱 그리고 사냥꾼의 총으로부터 지켜내자. 그러면 우리는 우리의 환경을 보존하게 되고, 더 이상 파괴될 여지가 없이 그루터기만 있는 산보다 나은 번영을 물려주게 될 것이다.

브란트는 여러 가지 사회문제에 개입하게 된다. 미국자유인권협회(American Civil Liberties Union)는 그를 자유의 옹호자이자 영원한 친구로 칭송했다. 편집인으로서 그는 미국 초기 역사에 관심을 가졌고, 이는 1965년 메디슨(Madison)의 6권의 전기인 『권리장전: 기원과 의미(The Bill of Rights: Its Origin and Meaning)』로 이어지게 된다. 그는 1976년 오리건 유진(Eugene)에서 91세의 일기로 세상을 떠날 때까지 한결같이 적극적이었다.[87]

브란트의 중요한 작품이 제2차 세계대전 전에 나온 데 이어, 버나드 드보토는 전후(戰後) 그 뒤를 이었다. 1940년대 후반부터 1955년 58세의 나이로 세상을 떠날 때까지 그는 매우 다작을 했던 영향력 있는 환경 저널리스트였다. 1957년 리처드 노이버거(Richard Neuberger) 오리건 주 상원의원은 그를 20세기의 가장 영향력 있는 보호주의자라 불렀다. 윌리스 스테그너는 "그의 보호주의 작품은 현재에도 진행 중인 논쟁에 대한 기록으로, 여기에는 어떤 개인적인 이득이나 자기합리화의 충동도 개입하지 않았다. 젊은 열정으로 분노하던 때부터 그의 논쟁은 공익과 서부의 미래를 위한 고귀한 것이었다"고 평했다.[88]

드보토의 글 중 가장 많이 읽히는 것은 아마도 ≪하퍼스≫에 실린 그의 칼럼인 "편한 의자(Easy Chair)"일 것이다. 그러나 그는 1948년 『광활한 미주리를 가로질러(Across the Wide Missouri)』로 퓰리처상을 수상하며 역사가로 더욱 유명해졌다. 비록 고향 유타를 떠나 대부분은 동부의 캠브리지와 매사추세츠에서 살았지만, 그는 "걱정스러운 서부(The Anxious West)", "서부:

약탈된 지방(The West: A Plundered Province)"과 "스스로를 거스르는 서부(The West against Itself)"와 같은 칼럼을 썼다. 그는 폭넓은 자료를 인용한 강인하고 비판적인 칼럼과 기사로 다이노소어 국립기념공원(Dinosaur National Monument)에 건립될 댐에 대해 알렸다. 종전 후 위기에 빠진 국립공원의 상태와 산림의 악용을 부추기는 서부 증권가의 정치적 캠페인에 대한 이 기사를 통해 그는 보호주의자들에게 미디어의 가치를 보여주었다. 메인 주 연안을 '아웃도어 메트로폴리스(Outdoor Metropolis)'라고 조롱한 "날림 공사로 건설된, 네온등이 밀집된 슬럼"이라는 칼럼으로 ≪하퍼스≫에서 메인(Maine) 관광청이 광고를 철회하게 만들었을 때도 그는 대중의 화를 마다하지 않았다.

나는 동부 지역의 편집자들이 드보토의 서부에서의 개혁운동에 대해 제대로 통찰하고 있었는지 의심스럽다. 아마도 그 편집자들은 ≪트루(True)≫에서, 마티니 만드는 방법에 대해 그가 쓴 훌륭한 글을 더 잘 이해할 수 있었을 것이다. 그럼에도 불구하고 1955년 하버드의 니맨 장학재단 이사인 루이스 리온스(Louis Lyons)는 기념식에서 드보토에게 그의 241번째이자 20주년 기념 에세이가 실린 11월호 ≪하퍼스≫를 주었다. 거기에는 다음과 같은 편집자의 헌사가 담겨있었다. "버나드 드보토에게. 저널리스트의 재능을 실천한 사람, 능력 있고 마감시간을 정확히 지키고, 그가 싫어하는 것만큼 좋아하는 것에도 기준이 강하며, 건전한 감각을 가지고 위선을 비판하고 공유지의 친구이며 김빠진 마티니의 적으로, 그는 칼럼 '편한 의자'를 20년 동안 신선한 글로 채워왔다."[89] 그는 개인적으로나 출판 쪽에서나 언제나 지루한 문장을 쓰지 않았다. 나는 그를 몇 번 만났었는데 리온스가 묘사한 바와 같았다. 그는 항상 열정을 가지고 스스로를 주장했다.

리처드 노이버거 또한 상기할 만한 환경 저널리스트이다. 1912년 포틀랜드에서 태어난 그는 오리건 대학의 학생 기자였고 학생 편집자로 의무 병영

교육과 학생 수수료 폐지 운동을 전개한 바 있다. 그의 성적은 좋지 않았고 졸업을 못했으나 이것이 그가 《뉴욕타임스》와 《포틀랜드 오레고니언》을 포함한 주요 잡지—《에스콰이어》, 《하퍼스》, 《홀리데이》, 《리더스 다이제스트》, 《네이션》 등—에서 글을 쓰는 데 장애가 되지는 않았다. 그는 제2차 세계대전 전에 북서 지역에서 가장 유명한 환경 저널리스로 활동했다. 그는 처음에 1941년 오리건 하원의원으로 출발해 군 제대 후에는 1949년 주의원이 되었다. 그리고 오리건에서 공화당의 독점을 깨며 아이젠하워 행정부에 반대하며, 보호주의 노선을 견지하면서 1954년 상원의원으로 정치인이자 실천가가 되었다.

1960년 죽기 전 워싱턴에 있는 동안 노이버거는 많은 환경 관련 입법에 참여했으며 '미스터 보호주의자'로 알려졌다. 그러나 그는 스스로를 의회기록(Congressional Record)에 의미 있는 다수의 기사를 기고한 작가로 생각했다.

"아무것도 말하지 마라, 그리고 잘 말해라." 노이버거는 그의 활동 초기 선배 상원의원에게서 이러한 조언을 들었다. 그는 자신이 정치에 속해 있는지, 그래서 그의 경력이 정치 후보와 병행될 수 있을지에 대해 회의를 가졌다. 그러나 "오리건의 선생님들이 가장 낮은 급료를 받는 것을 보았을 때, 보네빌(Bonneville)의 댐에서 발전된 전기를 사설 사업체가 파는 것을 보았을 때, 그리고 41번의 수혈을 했던 일본계 미국 군인이 호텔에서 숙박하는 것이 거부되는 것을 보았을 때, 퇴역 군인들은 집을 소유할 수 없으나 수만 달러의 경주장이 생기는 걸 보았을 때, 나의 혈압은 올라갔고 이런 일을 참아내야 하는 이들을 위해 어떤 것이 필요한지 알게 되었다"고 말했다.[90]

에드워드 미맨은 전쟁 이전 및 이후에 활약한 또 한 명의 저널리스드이다. 그는 보호에 대한 문제를 일간신문의 1면에 올린 몇 명 안 되는 편집장이다. 그는 1889년에 태어났고 사회주의 지도자인 유진 뎁스(Eugene Debs)의 영향을 받아 인디애나에서 일을 시작했다. 1921년 그는 남부인 테네시로 가서

≪녹스빌 뉴스 센티널(Knoxville News Sentinel)≫의 편집자가 되었다. 이후 그는 스모키 마운틴 국립공원 설립에 중요한 역할을 했다. 그의 신문도 이를 1면에 실으며 함께 선봉에 섰다. 그는 몇 년만 지속되는 벌목과는 달리 국립공원은 영원할 수 있고, 보존할 가치가 있다고 보았다. 그의 자서전인 『디 에디토리얼 위(The Editorial We)』에서 그는 "그렇다, 우리의 신문은 많은 일을 했다. 그러나 이것은 신문이 해야 할 일이다. 시민이 공중을 위해 일할 때, 그들은 자원자이다. 그들은 그들의 원래 직업을 초월하는 것이다. 그러나 신문의 공공 봉사는 부분이다."[91]

1931년에 미맨은 멤피스로 옮겨 ≪프레스 시미터(Press Scimitar)≫의 편집자로서 두 건의 기억될 만한 일을 벌였다. 그중 하나는 멤피스를 장악하고 있었던 크럼프(E. H. Boss Crump)의 정치세력에 도전했던 것이다. 에드윈 하워드(Edwin Howard)에 의하면 미맨은 크럼프 자신보다 그의 정치에 대한 대중의 무관심을 공격했다. "그의 전략은 멤피스 시민이 자유롭다고 설득하는 것이었는데, 온정주의보다는 민주주의를 자유롭게 선택하도록 하고, 기계보다 나은 정부를 만들고, 효율성이 있다고 가장하는 것보다 자유를 스스로 행사하도록 하는 시민을 만드는 것이었다."[92]

이렇게 만드는 데 17년의 세월이 소요되었다. 승리는 크럼프의 지지 없이 상원에 출마한 1948년 에스테스 케파우버(Estes Kefauver)의 당선으로 달성되었다. 캠페인 기간 중 크럼프는 케파우버를 멍청이라고 조롱했으나, 자신은 크럼프의 멍청이가 아니라는 선언으로 케파우버는 지지를 받았다.

미맨은 또한 멤피스에서 1만 2,500에이커의 주립공원을 만드는 운동을 주도했다. 1958년의 주립공원 국가위원회에서 미맨은 "대도시에 인접한 곳에 주립공원을 만드는 문제의 어려움에 대해 다시 거론하지 않겠다. 그러나 이것은 좋은 방법에 의해 극복될 수 있다. (1) 앞에 있는 목표를 꾸준히 추구하고, (2) 한발 한발 진행하고, (3) 신뢰할 수 있는 자들과 협력하는 것이다"93)라고 말했다.

미맨은 1966년 별세할 때까지 스크립스하워드 계열사의 모든 신문이 환경문제를 중요한 쟁점으로 다루고 환경 기사에 대해 매년 수상하도록 만들었다. 그의 지도 원칙은 "혼자 행동하는 시민은 많은 일을 할 수 있고, 신문도 그러하나, 둘이 협력하면 어떤 일이라도 가능하다"였다.94)

1960년대와 1970년대에 미국의 어떤 저널리스트도 ≪뉴욕타임스≫의 사설 담당 편집자였던 존 오크스보다 환경문제에 많은 영향력을 행사하지 못했다. 나는 그의 작업을 1950년대에 처음 접했다. 그가 '보호'라고 명명한 ≪월간 선데이≫ 칼럼을 ≪타임스≫ 뒷면의 여행란에 기고할 때이다. 오크스는 1946년 워싱턴에서 4년 동안 정치부 기자 생활을 하고 제2차 세계대전 참전 후 ≪타임스≫에 합류했다. 그는 주간 동향에 대한 편집자로 처음 일을 시작했다. 그가 다룬 자연보호에 관한 문제는 측면 기사에 불과했지만, 그 비중은 작지 않았다. 오크스는 국립공원서비스 국장인 뉴턴 드루어리(Newton B. Drury)의 사임 소식과 함께 유타 주의 다이노소어 국립기념공원에 건설하려는 댐 문제에 착수했다. "만일 정부가 이 댐을 허가해야 한다면 그랜드캐니언과 글레이셔 등 위협받고 있는 많은 국립공원에 파급 효과가 일어날 것이다. 드루어리의 사임은 우리의 공원과 기념물에 대한 조직적인 파괴의 전조다. 손상되지 않은 야생생태와 자연적인 아름다움을 보호하려는 관심이 감소될 것이다"95)라고 했다.

1956년 그의 칼럼은 국가의 자연보호구역 보존 시스템을 설립하기 위해 후버트 험프리(Hubert Humphrey)가 제안한 새로운 입법을 지지했다. 이것은 1964년 「환경보전지역법(Wilderness Act)」의 제정으로 이어지는 기나긴 정치역정의 시작이었다.

1961년부터 시작해 15년간 사설란을 관리하며 오크스는 시민권, 대통령제, 외교 문제, 정치, 그리고 「환경보전지역법」에 대한 사설을 다루었다.

"광활한 미주리를 따라(Along the Wide Missouri)"란 사설은 포트 벤턴(Fort Benton)과 카우 크리크(Cow Creek) 댐 건설에 엔지니어링 회사의 참여를 중지시키는 데 큰 역할을 했다. 그가 은퇴했을 때 동료들은 "그는 경관을 아름답게 하려고 하지 않았다. 그러나 그는 단호한 기준과 양심을 가졌고, 만일 제대로 된 정보가 전달된다면 시민들은 공익을 추구하고, 진실에 대해 옳고 그름을 판단할 수 있다는 확고한 믿음을 가지고 그것을 신성시했다"[96]고 회고했다.

오크스는 은퇴 후에도 제임스 와트(James G. Watt)의 상원의원 지명이 지연되고 있을 때 "와트는 매우 옳지 않다"를 포함한 사설과 의견란을 통해 여론에 영향을 주었다. 또 "프라임 돼지고기"를 통해 잘못된 테네시 톰비그비(Tombigbee) 운하와 수로에 대해 비판하고, "일본, 꾹 참고 고래잡이를 중단하라", "알래스카 공원에 대한 공격"도 썼다. 그리고 앞서 언급한 마리오 쿠오모(Mario Cuomo) 주지사가 ≪타임스≫ 편집자에게 보낸 편지인 아디론댁을 보호하고자 청원한 "아디론댁 SOS" 등이 있다.[97]

기자들도, 스스로 기회를 잡고 주도하기가 힘들긴 하지만, 훌륭한 일을 할 수 있다. 딕 스미스(Dick Smith)는 1948년 ≪샌타바버라 뉴스 프레스(Santa Barbara News Press)≫의 스탭으로 합류했는데, 카메라와 노트를 들고 다니며 로스 파드레스 국유림(Los Padres National Forest)에 대해 특별한 목소리를 냈다. 그는 지치지 않는 야생생물의 보호자였다. 그는 캘리포니아 콘도르에 대해 연구했고, 이것이 특수한 보호를 받아야 할 조류임을 강조했다. 1964년 「환경보전지역법」 이후 처음으로 조성된 샌 라파엘(San Rafael) 야생생물보호구역을 지정하는 데 많은 노력을 했고, 이를 위해 더 많은 공간을 마련하기를 원했다. 그가 1977년 세상을 떠났을 때 시장은 딕 스미스의 주간을 선포했고, 시 전체는 슬픔에 잠겼었다. 샌타바버라의 모든 단체와 관리들도 딕 스미스 보호구역이 된 보호구역의 연장을 원했고 지지했다.

또 하나의 예는 러브 운하(Love Canal)와 유독 폐기물 투기의 결과에 대해 알린 마이클 브라운(Michael Brown)이다. 그는 《나이아가라 가제트(Niagara Gazette)》의 기자로서 후커(Hooker) 화학회사의 막대한 화학물질 매립에 대해 100개가 넘는 기사를 썼다. 그의 조사와 그가 제기한 유산, 출생률 저하, 암, 그리고 기타 심각한 의학 문제는 뉴욕 주로 하여금 1978년 200개의 주택을 철거하고 비상을 선포하게 했다. 그는 전국을 다니며 러브 운하는 많은 시한폭탄 중 하나라는 것을 보여주었다. 그리고 『쓰레기 버리기: 화학물질에 대한 미국의 위치(Laying Waste: The Positioning of America by Toxic Chemicals)』라는 책으로 마무리했다.

《스포츠 일러스트레이티드(Sports Illustrated)》의 편집인이자 기고가인 로버트 보일(Robert H. Boyle)은 허드슨 강과 허드슨 계곡의 보호를 위해 그의 능력을 바쳤다. 1969년 처음 출간된 그의 책 『허드슨 강: 자연과 비자연의 역사(The Hudson River: A Natural and Unnatural History)』는 미국의 축복받은 강 중 하나의 특성을 상세하게 묘사한 데 불과했지만 결과는 그 이상이었다. 이 책은 스톰 킹 산(Storm King Mountain)의 외관 손상을 막기 위한 공중의 성공적인 노력과 주정부와 연방정부의 「공해방지법」에 대해 상세히 기록하고 있다. 보일과 그의 글은 허드슨 강의 미래와 이와 같은 모든 노력에 집중되어 있었다.

그러나 모든 환경 저널리스트가 저널리즘을 배경으로 하지는 않는다. 해리 카우딜(Harry Caudill)은 많은 사설과 5권의 책의 저자로 원래 변호사였다. 그는 1922년 켄터키의 렛처(Letcher)에서 태어났고 그 지방에서 활발히 활동했으나 동시에 입법자이기도 했다. 그는 켄터키 대학의 애팔래치안 학(Appalachian studies) 교수로서 이와 관련된 글을 썼다. 그의 가장 중요한 작업인 『컴벌랜드에 밤이 오다(Night Comes to the Cumberlands)』를 보면, 헨리 데이비드 소로우는 "카우딜의 풍부한 정보와 컴벌랜드의 아픔에 대한 그의 충실한 기술은, 그의 연구뿐 아니라 이 지역과 사람에게 매우 중요한 지식이 되었다"고 평가한다.[98] 카우딜은 주민의 역경과 이 지역 땅의 역경을 연결하는 작업을 반복했다. 그는 남부 애팔래치아 지역에 사는 100만 명의 미국인이 부족한 교육과 석탄 채굴 문제로 불결함과 질병 속에서 무시당하며 살고 있음을 보여주었다.

이 책은 애팔래치아를 살리기 위한 연방정부의 계획으로 연결되었다. 그러나 카우딜은 이 계획이 아무런 효과가 없이 실패한 데 매우 상심했던 것으로 보인다. 그러나 링컨 스테펜스가 지적했듯이 지역, 주, 그리고 연방의 공조는 사기를 조장하는 체계에 불과했다. 카우딜은 파킨슨병에 시달리다 권총 자살로 1990년 세상을 마감했다. 1년 후 렛처 군 도서관은 해리 카우딜 기념 도서관 건립에 착수했다. 이것은 그의 교육과 독서에 대한 확신에 비추어볼 때 아주 적절한 조치였다. 그는 전국적 규모의 상업적 회사가 이 지역 고유의 자연적 아름다움을 끊임없는 착취의 굴레에 복속시키고자 하는 애팔래치아의 딜레마를 해결하는 기반으로 교육과 독서를 꼽았던 것이다.

도로시 데이(Dorothy Day)는 조금 다른 스타일의 저널리스트였으나 환경에 대한 영감과 타당성을 볼 때 또한 거론할 만하다. 그녀는 1920년대의 젊은 작가로서 사회행동주의와 그린위치 지역(Greenwich Village)에 대해 관심을 가졌다. 그녀는 한때 사회주의 성향의 ≪콜(Call)≫에서 일했고, 이후에는 ≪매시스(Masses)≫라는 급진 성향의 잡지와 가톨릭 관련 잡지에서 일했다. 1932년 그녀는 빈곤층의 직업과 주거, 의료에 대한 문제를 제기하며 워싱턴으로 향한 금식 행진에 대해 보도했다. 주류 매체는 이 행진을 급진세력의 누더기 행진으로 폄하하고 무시했다. 다음해 그녀 나이 35세에 ≪가톨릭 근로자(Catholic Worker)≫를 발행하기 시작했다. 이것은 2,500부 인쇄에 57달러가 들었고, 1페니에 판매되었다. 목적은 뉴스의 전달이 아닌 뉴스의 창조에 있었다.

30년 동안 연재된 「순례의 시대에(On Pilgrim age)」라는 제목의 에세이는 모든 사회행동주의자와 대의 형성에 기본적인 메시지를 주었다. 그녀의 딸 케이트 헤네시(Kate Hennessy)는 도로시의 100세 생일에 "그녀는 아무것도 가진 것 없는 이들의 가난한 인생을 매우 역동적이고 윤택한 계기로 전환시켰다"99)고 했다. 데이에게는 '어디서 어떻게 바라볼 수 있을까' 하는 것이 유일한 문제였다. 그녀는 맨해튼 시내의 대중을 바라보며 태양 빛과 이른 새벽안개 속의 넓은 거리를 즐기는 방식에 대해 썼다. 그녀는 검정 모자를 씻어 말린 뒤 독감을 위해 따뜻한 고약을 바르는 남자와 늙은 말을 위해 침대 모포를 벗겨 덮어주던 남자에게서 성 프란체스코의 정신을 보았다.

세상에는 가난과 기아와 전쟁이 존재한다. 그리고 우리는 더 많은 전쟁을 준비한다. 아무런 희망이 없는 절망적인 고통도 있다. 우리가 해와 달과 별들과 만(bay)을 따라 부는 선선한 바람과 함께, 신이 선사한 은혜로 받은 음식과 우리가 사는 지역을 따라 흐르는 강이 주는 기쁨을 느낄 수 없다면, 불행과 세상에 대한 절망에서 위안받을 수 없다.

사랑, 그리고 더 많은 사랑은 발생하는 모든 문제의 유일한 해결책이다. 우리가 서로를 충분히 사랑한다면 서로의 결점과 책임에 대해 견뎌낼 것이다. 우리가 충분히 사랑한다면 타인의 마음에 불을 밝힐 수 있을 것이다. 그리고 우리의 죄와 우리를 슬프게 하는 증오는 사라질 것이다. 우리가 서로에게 큰일을 하게 만드는 것은 바로 사랑이다. 그렇게 되면 어떤 희생과 고통도 그리 커 보이지 않을 것이다.100)

데이가 세상을 등질 무렵 그녀는 많은 인정을 받았지만, 그녀는 이에 개의치 않았다. "너무 많은 찬사는 당신이 해서는 안 될 일을 하게 만들 수도 있다."101) 1980년 83세로 그녀가 사망했을 때 ≪뉴욕타임스≫는 "빛나는 인성의 비폭력적 급진주의자"라고 그녀를 표현했다. 아직도 계속 인용되는 ≪가톨릭 근로자≫는 주류 매체에 비하면 중요하지도 않고 큰 영향력이 없어 보였지만 그것은 물질적인 시각으로 평가했을 경우다. 도로시 데이는 가장 중요한 사건은 역사의 가장자리, 뜻하지 않은 외진 곳에서 일어난다는 것을 복음을 통해 배웠다. 사회문제에 대한 영적인 반응을 담은 그녀의 작품은 자아실현의 길잡이로서도 많은 의미를 가진다.

마지막으로 사무엘 데이 주니어(Samuel H. Day Jr.)가 있다. 나는 1960년대 후반 그가 보이세(Boise)에서 격주 간행되던 ≪인터마운틴 옵서버(Intermountain Observer)≫의 편집인으로 있을 때 만났다. 그곳에서 그는 감옥과 모자사회보장(welfare mothers)과 피트 헤널트(Pete Hennault)와 같은 환경운동가에 대한 기사를 취재하고 있었다. 그러나 내가 데이를 진정으로 알게 된 것은 1991년 그의 자서전인 『경계를 넘어(Crossing the Line: From Editor to Activist to Inmate, A Writer's Journey)』를 읽었을 때였다. 나는 이 책에서 데이가 1926년 외교관의 아들로 태어났다는 것을 알았다. 그는 아버지의 뒤를 따라 국무성에 들어가려 했으나 대신 샌프란시스코의 연합통신(Associated Press)에서 일하게 되었으며, 그 후 아이다호로 와서 기자와 편집자가 되었고 ≪옵서버(Observer)≫를 창간했다.

당시의 구독자로서 나는 이 신문이 해박한 지식을 담고 있었으며 혁신적이었다고 기억한다. 이 신문은 1973년에 4,000부의 발행 부수를 달성했으나 광고 수주에 실패해 결국 문을 닫았다. 그는 아이다호를 떠나 ≪원자과학자회보(Bulletin of the Atomic Scientists)≫의 편집자가 된다. 그는 이때 과학과 기술과 학계와 핵무기 연구소에 대해 알게 되었다. 원자력은 세계의 구세주이자 안전하고 쉽고 값싼 에너지로 알려졌다. 그러나 시간이 지나면서 이것은 스리마일 섬(Three Mile Island)이나 체르노빌(Chernobyl)과 같은 사건·사고와 암과 질병을 유발할 수 있음이 밝혀졌고, 현재는 아무도 핵폐기물을 어떻게 어떤 장소에 처치하는 것이 좋은지 모르는 문제가 되었다.

핵에너지위원회는 원자로 사고는 100만 년 동안 거의 발생할 확률이 없으며, 홍수나 지진보다 덜 위험하다고 주장했다. 그러나 사무엘 데이는 핵문제의 안전에 대해 의문을 제기했고, 《원자과학자회보》를 운영하던 자유주의 과학 공동체에 무장 해제를 넘어 완전한 핵 해제를 주장했다. 그는 이 잡지가 '정치적인' 잡지가 아니라며 그의 길을 계속 갔다. 1977년 그는 매디슨에서 《프로그레시브(Progressive)》에 합류했다. 그는 편집 주간으로서, 중요한 비밀을 간직하고 있던 하워드 모랜드(Howard Morland)에 의한 기사로 그의 일을 계속했다. 정부는 이 기사가 원자핵 무기의 건설에 대한 청사진이라 부르며 발간을 방해했다. 그러나 《프로그레시브》는 이에 굴하지 않았다. 데이와 동료들은 기본적인 과학 지식이 이미 대중에게 알려져 있다며, 정부가 국가 안정을 구실로 H폭탄 계획에 대해 비밀로 하는 것을 중지해야 한다고 주장했다. 정부가 결국 이 계획을 그만두게 된 후 이 기사는 핵무기 프로그램에 대한 비밀을 공개하며 1979년 게재되었다.

데이는 1981년 핵무기 해체 단체인 뉴크워치(Nukewatch)의 주요 활동가가 되면서 본격적인 비핵화 행동주의자가 되었다. 그들은 CIA와 군의 대학 내 사찰과 시민적 불복종에 대한 체포에 항의했다. 사실 그의 자서전은 핵미사일 발사를 방해한 혐의로 6개월 징역이 결정된 후 옥중에서 집필되었다. 그는 자라면서 먼 길을 돌아다녔고 전통적인 저널리즘으로부터도 또한 멀리 떨어져 있었다. 그는 첫째로 내적인 투쟁, 그리고 이어지는 깊은 공포 뒤에 찾아오는 확신을 통해 결과를 불문하고 희열이 생기고, 퀘이커스(Quakers)가 말했듯이 "권력에 대해 진실을 말했을 때" 때때로 고통스러운 만족을 갖게 된다고 했다.

저널리스트는 권력에 진실을 말해야 한다. 그것은 쉬운 일이 아니다. 그리고 이것은 특별한 사람에게만 가능하다. 사무엘 데이, 도로시 데이, 해리 카우딜 그리고 위에서 언급한 사람들이 이와 같은 특별한 사람들이었다. 이것은 전문적 기술 이상을 요구한다. 사무엘 데이는 "처음에 나는 관찰자에서 활동가로 선을 넘었다. 실망에서 열정으로, 적대자에서 믿는 사람으로 말이다. 장담하건데, 당신은 이런 일을 특정한 종교 없이는 오랫동안 할 수 없을 것이다. 나는 신을 믿지는 않지만, 신을 믿는 사람들을 믿게 되었다. 신성한 정신의 부름을 행동으로 옮긴 깊은 신앙적 신념을 가진 사람들 말이다."102)

개인적으로 나는 사무엘 데이에 동의하지만, 여기서 어떤 종류의 종교나 신념을 규정하지는 않겠다. 나는 그저 이것을 듣는 사람에게 성장하고 깊어지는 여유를 줄 수 있는 정신의 부름이라고 칭하고 싶다.

제2부 경력으로부터 나온 교훈

제8장 | 계란을 깨지 않고서는 오믈렛을 만들 수 없다

제9장 | 교실에서 희망을 찾다

제10장 | 경력이 된 이야기

제11장 | '전체 기사'를 쓰는 데 도움이 되는 역사와 윤리

제8장

계란을 깨지 않고서는 오믈렛을 만들 수 없다

환경 전문 기고가가 된 것은 예전에 내가 계획했거나 공부했던 것처럼 특별한 일이 결코 아니다. 지금 와서 회상해 보면, 이런 가치 있는 학문 분야를 공부하게 된 것에 감사한다. 첫 칼럼을 쓴 것이나 처음 책을 펴낸 것, 교직에 있는 것, 모두 꿈 이상의 성과다. 그렇다고 결코 꾸미거나 계획해서 만든 결과는 아니다. 운 좋게도 새로운 아이디어를 찾았고, 그 아이디어가 예전에는 생각지도 못했던 기회와 장소와 시야를 발견할 수 있게 해주었다.

경험은 내게 마술 같은 공식은 없다는 것을 가르쳐주었다. 내가 성취한 거의 대부분의 일들은 아주 힘든 방법 속에서 이룬 것이다. 작가가 되는 것은 사람들이나 단체, 이슈를 포함한다는 점에서 단순한 관찰자가 아니라 참여자이며 지지자가 되어야 함을 뜻한다. 그 이슈에 좀 더 많이 관여하게 될수록 글은 더 많은 의미를 갖게 된다. 지금은 내가 쓰는 이슈와 글을 따로 분리해서 생각할 수 없다. 이것이 내가 중요하게 생각하는 대의명분이다.

저널리즘 분야에서 나의 첫 경력은 제2차 세계대전이 일어나기 전 주급 15달러를 받고 일했던 ≪워싱턴 포스트(Washington Post)≫의 원고 담당 사환이다. 그 다음에는 조금 나은 주급 18달러의 ≪허스트 인터내셔널 뉴스 서비스(Hearst International News Service)≫에서 일했는데, 이 일들은 밑바닥부터 시작한다는 의미에서 내게 아주 훌륭한 경험이 되었다.103) 그러고 나서 펜실베이니아에 있는 주간신문의 편집자가 되었다. 당시 내 나이는 21살이었고, 주급 25달러에서 시작해 나중에는 35달러까지 받았으며, 그 일은 젊은 저널리스트에게 좋은 훈련이 되었다. 어쨌든 곧 공군에 입대해 항법사(navigator)로 훈련받다가 전쟁 기간에는 대양과 대륙을 오가며 군인으로서의 일들을 수행했다.

전쟁 후, 다시 기자로서 ≪포스트(The Post)≫로 돌아왔고 지역 뉴스의 부고란을 썼다. 그러던 어느 날 기회가 찾아왔다. 오후에 윌라드 호텔 로비를 걷고 있을 때 군대에서 알고 지내던 두 명의 비행사와 우연히 만나게 된 것이다. 그 사람들은 물론 군인이 아니었으며, 유엔 구제부흥사업국의 일을 수행하기 위해 민간인으로서 다음 주 프라하로 떠날 준비를 하고 있었다. 그들의 전세 비행기는 체코의 농업 재건을 돕기 위해 부화 중인 계란(hatching eggs)을 가지고 이륙을 준비하던 참이었다. 그들에겐 경험 많은 항법사가 필요했고 나는 이 일에 기꺼이 참여하게 되었다.

물론 고용주에게 허락을 얻기란 쉬운 일이 아니었다. 다행히 ≪포스트≫의 사장인 유진 마이어(Eugene Meyer)는 개인적으로 유엔 구제부흥사업국 초창기에 개인적으로 관여한 사람으로, 그 단체를 돕고 있었다. 그래서 나는 부고란 쓰는 것을 잠시 그만둘 수 있었다. 내가 현장에서 기자 생활을 시작한 것은 그때 프라하가 처음이었다. 1946년, 프라하에서 처음으로 부활절 일요일판에 들어갈 기사를 송고했다. 체코 사람들은 계란을 좋아했고, 워싱턴에 있는 편집자들은 내가 쓴 기사를 좋아해서 신문 첫 면의 제일 상단에 내 사진과 함께 올려주었다. 나는 프라하의 인상 깊은 또 다른 면들에 관해서 썼고 몇 주가 흐른 후에는 바르샤바로 가게 되었다. 바르샤바에서는 정부의 수반과 야당 당수와 인터뷰를 했고 그 인터뷰는 1946년 6월 ≪워싱턴 포스트≫에 5개 시리즈로 연재되기도 했다.104)

그런데 내 일이란 게 어떤 때는 좀 괜찮은 일을 하다가도 또 어떤 때는 다시 지역 시민단체나 부고란 관리로 돌아가야 해서 헷갈렸다. 인내심이 부족해서인지 아니면 승진에 대한 열망이 컸기 때문인지, 난 다른 자리로 옮기기로 결심했다. 내가 떠나기 전, ≪포스트≫의 편집국장인 벤 길버트는 나와 점심식사를 하면서 "사장님은 자네가 남기를 원하시네. 만약 자네가 원한다면 월급도 올려주고 승진도 시켜주겠네"라고 제안했다.

하지만 난 그 말을 듣지 않았고, 새로운 직장으로 갔다. 사우스캐롤라이나(South Carolina)의 스파탄버그(Spartanburg)에 있는 일간신문의 편집 주간 일이었다. 하지만 그 일은 결과적으로 좋지 않았고 나는 워싱턴으로 돌아왔다. 그리고 AAA(the American Automobile Association)라는 회사에서 홍보업무를 10년 동안이나 했다. 그러나 인생은 한 번뿐이므로 어떤 경험이든 어느 정도 긍정적인 효과가 있다고 생각한다.

어느 날 저녁, 콘서트를 보던 중 쉬는 시간에 ≪포스트≫ 발행인의 딸인 캐서린 그레이엄(Katherine Graham, 후에 아버지의 경영권을 승계함)을 만나게 되었다. 그녀는 내가 하는 일이 무엇인지 궁금해 했고, 내가 하는 일을 설명하고 나자 그녀는 그 일이 ≪포스트≫를 그만두게 한 일이냐며 킬킬거리며 비웃었다.

그녀는 많은 이야기를 했는데, 모든 경험은 작가의 경험에 플러스가 되기도 하고 마이너스가 되기도 한다고 말했다. 내가 AAA에서 홍보를 담당한 분야는 여행이었다. 그중에는 고속도로 주변의 광고판 금지법안을 추진하고 병충해로부터 노변의 식물을 보호하기 위한 캠페인을 널리 알리는 일이 포함되어 있었다. 그러다 보니 자연보호단체에 관심을 가지게 되었고 그들과 연락을 주고받게 되었다.

나라의 이곳저곳을 여행하면서 많은 것을 배우게 되었는데 특히 국립공원의 문제점을 발견하게 되었다. 국립공원은 물론 관광지이기는 하지만, 전후

(戰後)에는 보호를 할 수 없을 만큼 그 인기가 치솟았다. 버나드 드보토는 1953년 10월호의 ≪하퍼스≫에 "국립공원의 문을 닫읍시다"라는 주제의 글을 쓰기도 했다.105) 나는 버나드를 비롯해서 국립공원고문회의 회장인 출판업자 알프레드 크노프(Alfred Knopf)와 같이 국립공원 정책 결정의 중요한 역할을 하는 정부 관료들, 자연보호에 관심이 있는 월리스 스테그너(Wallace Stegner), 시귀드 올슨 같은 작가들도 만났다. 그리고 곧 ≪뉴욕타임스≫에 칼럼을 쓰게 되었는데, 그 칼럼은 일요일판의 여행란에 속했기 때문에 뒤 페이지에 묻혀 있었다. 하지만 미국이 가야 할 방향을 제시하는 살아 있는 뉴스였고 다른 어느 곳에서도 볼 수 없는 그런 뉴스였다.

AAA에서 일한 10년 동안, 관광과 여행 분야에 관한 전문지식이 많이 쌓였다. 편집자들과 작가들이 기사 아이디어라든가 현재 경향에 대해 물어오기도 했다. 전후에 발간된 고상하고 큰 규모의 ≪홀리데이≫라는 잡지에서 편집자를 보내 어떻게 하면 자동차 관광에 관한 특별한 시리즈 기사를 쓸 수 있을지 자문을 구하기도 했고, 첫 번째 시리즈의 기사 세 개를 써달라고 요청했다. 나는 AAA의 허락 아래 그것을 써주었다. 그런 후에 ≪우먼스 데이(Woman's Day)≫에서는 여행 계획을 세우는 코너를 맡아달라고 요청했다. 이런 길들이 열린 후에, 나는 자동차 클럽의 프로모션이나 출판보다 더 특별한 일을 할 수 있다는 것을 깨닫게 되었다. 1950년대 말, 나는 내가 가야 할 길을 알게 되었고, 그 후에는 뒤돌아보지 않았다. 초창기에 ≪홀리데이≫, ≪우먼스 데이≫, ≪퍼레이드(Parade)≫, ≪체인징 타임스(Changing Times)≫ 같은 존경할 만한 잡지들로부터 여행 기사 요청을 받은 데 이어, ≪뉴욕타임스≫, ≪크리스천 사이언스 모니터(Christian Science Monitor)≫, ≪시카고 트리뷴(Chicago Tribune)≫의 여행 섹션 기사도 쓰게 되었다. 나는 또한 더블데이(Doubleday)에서 나의 첫 번째 여행 안내서 2권을 발행했다.106)

나는 원래 스스로를 여행 작가로 생각했으나 글을 쓰면서 국립공원의 숲이나 자연보호에 관한 많은 얘기들을 알게 되었다. ≪퍼레이드≫에 "게티즈버그를 위한 전쟁(The Battle for Gettysburg)"이라는 기사를 쓰기도 했다. 그 기사는 리처드 노이버거(Richard Neuberger) 상원의원이 "우리 해안선에 무슨 일이 일어난 것인가?"라는 또 다른 제목으로 연방회의 의사록에 소개하기도 했다. 국회의원이 의사록의 부록에 어떤 문제의 적정성과 부당성을 수록하는 것은 당연한 일이지만 나는 그를 자신의 주장을 공적 영역에서 펼친 작가로서 존경한다. 나는 위스콘신 주 상원의원이었던 게일로드 넬슨(Gaylord Nelson)의 아주 인상적인 연설을 들은 적이 있다. 그는 국가가 당면한 가장 위급하고 중대한 국내 문제는 숲, 호수, 강을 비롯한 자연자원의 보호라고 경고했다. 이 리포트는 ≪워싱턴 포스트≫에 실리기는 했으나 맨 아래 구석에서 발견할 수 있었다. 그때 깨달은 것은 미디어가 환경 관련 기사를 일시적인 얘깃거리로만 다룰 뿐이며, 그렇다면 대중은 올바른 지식을 가지고 의사결정 과정에 참여할 수 없다는 사실이었다. 나는 이러한 공백을 보았고 그것을 채워야겠다는 도전의식을 느꼈다.

하나의 일은 또 다른 일로 이끌었다. 서부 와이오밍 지역 국립공원의 숲과 야생 지역을 여행한 나는, 『이것은 누구의 숲인가(Whose Woods These Are)』라는 책의 출간을 더블데이에 제안했고 1962년에 출간되었다.[107] 카워드 맥칸(Coward McCann)은 8~12살의 아이들을 위한 아동용 도서를 써달라고 요청했는데, 하나는 내가 살던 버지니아에 관한 이야기고 다른 하나는 『해로운 것들: 우리의 원치 않는 야생생물들(The Varmints: Our Unwanted Wildlife)』이라는 책이었다. 그 후에 더블데이의 편집장은 노스캐롤라이나와 테네시 지역의 그레이트 스모키 마운틴(Great Smoky Mountains)에 관한 책을 요청했다. 나는 처음에 역사나 여행 안내서로 쓰려 했는데, 국립공원서비스 측이 산을 가로질러 자연을 붕괴하는 길을 건설하고자 했기 때문에 야생 동식물을 보호, 보전해야 한다는 얘기를 쓰게 되었다. 1966년 『고원의 이방인(Strangers in High Place)』이 출판되었을 때, 공원 관료들은 공원 내에서 책 판매를 금지했다. 그러나 길은 건설되지 않았고, 나의 책은 30년이 넘게 지금까지 출판되고 있다. 이 일은 내가 옳은 일을 하고 있고, 관찰자가 아닌 참여자가 옳다는 것을 확신하게 해주었다.

1966년은 내게 아주 큰일이 일어난 해였다. 전미산림학협회에서 운영하는 월간지 ≪아메리칸 포리스트≫의 칼럼니스트가 되어, 천연자원의 보존과 정책에 관해 의견을 말할 수 있는 기회가 주어진 것이다. ≪홀리데이≫의 편집장은 자연미운동(natural-beauty movement)을 지적하면서, 워싱턴을 비롯해 전국에 걸쳐 그 내용을 분석해 보라고 했다. 백악관에서 존슨(Lyndon B. Johnson) 대통령을 관찰하기도 했고, 각료들, 상원의원, 하원의원, 산업계의 수장들과 인터뷰도 하고 그랜드캐니언과 삼나무 숲을 찾아가기도 했다. 그런 일들은 글 쓰는 데 훌륭한 경험이 되었다. 편집자들은 내가 탈고한 원고를 두 번이나 돌려보내 문제점을 지적하고 주제에 대해 더 연구할 것을 요청했다. 특집 기사는 점점 심각해져가는 환경위기와 이에 대응하는 정치인들 및 공인들의 부적절한 사탕발림 식 행동에 대해 다루었고, 이는 "보존정책(The Politics of Conservation)"에 대한 대중의 요구를 불러일으켰다.

기사가 나오고 나서 얼마 후, "언제쯤 우리를 위해 그런 특별한 글을 써 주실 수 있죠?"라는 내용의 편지를 받았다. 발신자는 워싱턴에서 만난 적이 있는 ≪필드&스트림(Field & Stream)≫의 편집장인 클레어 콘리(Clare Conley)였다. 난 사냥꾼도 낚시꾼도 아니었으므로 그냥 ≪필드&스트림≫에 대해 조금 아는 정도였다. 하지만 그 일로 나는 야외생활(outdoors)과 관련해 중요한 독자들과 만날 수 있는 좋은 기회를 얻게 되었다.

얼마간의 연구와 두 개의 기사를 쓰고 난 후, 보존분야의 편집장이 죽자 콘리는 나에게 후임자가 되어달라고 했다. 나는 편집장으로서 집에서뿐만 아니라 뉴욕의 사무실에 진을 치고 일했다. 더불어 수입도 좋아지고 권한도

강해졌다. 1967년에서 1974년 사이에 75개의 환경보호 관련 칼럼을 썼고, 12개 이상의 특집 기사를 썼다. 나는 야외스포츠에는 문외한이었지만, 사냥꾼이나 낚시꾼 같은 사람들은 보존에 대한 메시지를 긍정적으로 받아들인다는 것을 알았다. 그들은 어떻게 순록을 죽일 수 있는가에 대한 것보다 사냥할 장소의 급격한 감소에 대해 걱정하며 내게 편지를 썼다. 사냥할 장소가 줄어들고 낚시할 강이 줄어드는 것에 대해 누가 책임져야 되는지 알아야 할 필요를 느낀 것이다.

나는 야생식물의 벌채로 인한 영향, 북부 대초원 오리 서식지에 방류된 하수, 아이다호-오리건 외곽 지역 헬스(Hells) 협곡 지역에 세운 댐의 위협, 위험한 플로리다 운하, 알래스카 지역의 환경적인 이슈에 관해 글을 썼다. 와이오밍 지역의 불법 독수리 사냥을 조사해서, 오클라호마 지역의 생물학자들을 비열한 정치적 방해로부터 지켜주기도 했다. 나는 불평등을 겪으며 도움을 구하는 독자를 위해, 정치와 관료제, 상업적 권력을 비판하는 글을 썼다. 콘리는 내게 용기를 북돋아 주었다.

1968년, 1970년, 1972년, 선거 전인 가을에 《필드&스트림》에서는 "후보자들을 평가하세요"라는 특집 기사를 내보냈다. 그 기사는 중대한 환경문제에 대해 국회의원들과 후보자들이 얼마나 관심을 갖고 있는지 평가해 보여주는 것이었다. 1972년 기사는 상·하원 모든 의원들의 행동을 평가해 보여 주었고, 그것은 후에 대통령이 되는 미시간 주 국회의원 제럴드 포드(Gerald Ford)와 후에 대통령 선거에 출마하는 캔자스 주 상원의원 밥 돌(Bob Dole) 등이 낮은 등급을 받은 것을 두고 떠들썩하게 불만을 토로하게 만들기도 했다.

그러나 불만으로 소리친 사람들도 기꺼이 받아들여야 한다. 표현의 자유는 당연히 주어진 것 그 이상의 목표가 있어야 한다. 토마스 제퍼슨도 끊임없는 노력을 필요로 한다는 것을 인정했다. "우리가 지금 시도하려는 것보다 더 재미있는 실험은 없다. 우리가 믿는 것은 사람들이 이성과 진실에 의해 통치받는다는 것이다. 따라서 우리의 첫 번째 목표는 모든 진실의 창구를 열어두는 것이다. 지금까지 가장 효과적인 것은 언론의 자유다. 그것은 자신의 행동을 조사하는 것에 두려움을 느끼는 이들의 입을 다물게 한다."

1971년에 나는 아메리칸 포리스트 사와 갈등을 빚게 되었다. 나는 독창적인 아이디어가 들어있는 칼럼은 독자들에게 인기가 있다고 믿는다. 제임스 크레이그(James B. Craig)는 끊임없이 나를 후원해 주었다. 경영이사인 윌리엄 토웰(William E. Towell)도 마찬가지였다. 그러나 벌목과 목재 산업에 대해서 비판을 시작했을 때는 시련에 직면했다.

크레이그(Craig)는 몇 번이나 내가 쓴 글을 방해하고 싶지 않다고 말했지만 경영진의 압력이 점점 심해져서 결국 내게 당분간 다른 주제로 써보라고 요청했고 난 받아들였다. 찰스 코노톤(Charles Connaughton) 사장은 결국 산림청의 고위 관료(태평양 북서부의 지역 산림학자)가 되었다. 그리고 산림학자, 산림학 교수들, 목재업자들로 폭넓게 구성된 이사진을 조직했다. 난 아무 생각도 없었다. 《솔트레이크 트리뷴(Salt Lake Tribune)》의 전 주간이자 와이오밍 대학의 저널리즘 학과장인 어니스트 린포드(Ernest H. Linford) 교수의 전화를 받기 전까지는 말이다. 그는 토웰이 이사들에게 보낸 "미국의 산림청, 산림 관련 산업, 산림학 관련 문제들에 대해 비판적인 글을 쓰지 말라"는 지침 내용을 내게 보내 주었다. 저널리스트인 린포드에게 이것은 검열이었고, 그는 내가 승인했는지 확인하고 싶어 했다. 나는 토웰에게 화가 났다. 난 항의의 편지를 토웰과 크레이그에게 보냈다. 난 검열을 받아들일 수 없었고 결국 해고당했다. 다음은 1971년 3월 4일 토웰이 보낸 지침이다.

To: 제임스 크레이그
From: 윌리엄 토웰 부사장

안건: ≪아메리칸 포리스트≫에 실린 마이크 프롬(Mike Frome)의 칼럼에 관해

이 형식상의 절차는 ≪아메리칸 포리스트≫에 실리는 마이크 프롬의 칼럼에 대해 결정된 사항을 명확히 해두기 위해서다. 당신은 이 결정을 읽고 그대로 행해야 한다. 이런 행동을 취하게 된 이유나 배경을 굳이 되새길 필요는 없다. 마이크의 칼럼은 개인적이고 선동적인 태도를 자주 취하는데, 특히 '산림서비스협회(The Forest Service)'에 관해서 더욱 그렇다. 부정확하고 빈정거리는 내용들이다. 협회 보호 차원에서 앞으로 마이크에게는 어떤 편집 제한이 필요하다. 앞으로도 계속 ≪아메리칸 포리스트≫에 칼럼니스트로 남고 싶다면 이런 제한을 받아들이는 데 동의하리라고 생각한다.

1. 당신은 편집장으로서 전미산림협회(the American Forestry Association: AFA)의 이해에 상충되지 않도록 프롬의 칼럼을 검열해야 한다.

2. 앞으로도 프롬은 전미산림서비스협회(U. S. Forest Service)와 산림 관련 기업체에 관해 그리고 논쟁의 여지가 있는 산림 문제들에 대해 비평적인 글을 써서는 안 된다.

3. 이를 포기하면 프롬은 칼럼니스트로서 칼럼을 계속해서 쓸 수 있을 것이다.

이사진의 일원으로 프롬이 이 검열에 동의하고 결정을 받아들여 앞으로도 우리를 위해 계속 글을 써준다면 대단히 기쁠 것이다. 그는 매우 영향력 있는 인기 작가이고, 앞으로도 계속 우리 잡지의 큰 자산이 될 것이기 때문이다.

CC: W.E.T. 공무원, 임원진

이 일은 즉각 언론에 알려졌고, ≪LA 타임스≫에 칼럼을 쓰는 스튜어트 우달과 제프 스탠스버리(Jeff Stansbury)는 다음과 같이 썼다. "보호 기구를 죽이는 방법 — 우리는 오늘 전미산림협회의 사망기사를 쓰게 되어 심히 유감이다. 말 그대로 죽었다는 얘기가 아니라, 리더십이 바닥났고 앞으로 우리의 관심을 필요로 하게 될 것이다."[108]

리빙 와일더니스(Living Wilderness) 사에서는 "산림 애호가이자 제재 산업 혐오자인 마이클 프롬의 아주 이상한 사건"이라는 기사를 썼다. 다음은 그 서두 부분이다.

우리는 마이클 프롬이 1959년 간헐적으로 칼럼을 쓰다가 전적으로 칼럼을 쓰기 시작한 1966년부터 전미산림협회(AFA)을 항상 신뢰하고 있었다. 하지만 이번 경우는 협회가 자체적으로 감시했고, 이것은 정부와 업계의 변화를 위한 투쟁이 필요하다는 설득력 있는 증거이다. 적어도 7개 기업체 대표와 전직 전미산림서비스의 공무원들은 이런 종류의 독립을 보여줄 필요가 있다.

우리는 이번 일 때문에 매우 슬프며, 이제 우호적인 관계는 끝이다. 특히 이것은 전미삼림협회의 내부 문제이지만 '보존'에 대한 강한 목소리를 생각하면 더욱 슬픈 일이다.[109]

협회는 실질적으로 나보다 더 많은 상처를 받았다. 많은 사람들이 조사와 방어의 편지를 썼으나 어떤 합리적인 대답도 들을 수는 없었다. 예를 들어 지구의 친구들(Friends of the Earth: FOE)의 보존팀장인 게리 소우시(Gary Soucie)는 토웰(Towell)에게 이런 폭로에 의해 그가 받은 충격에 대해 글을 써서 보냈는데, 토웰은 "당신의 의견은 감사합니다. 공공문제나 그 밖의 것들에 대해 검열이 아주 심각하다는 것은 알고 있습니다. 그러나 이 상황은 신문에 낼 수 없습니다. 그리고 난 당신이 전체 내용을 안다면 생각이 달라질 것이라고 확신합니다. 어쨌든 난 문제를 일으키지 않기 위해, 이미 폭로된 AFA의 내부 사건이 연장되는 것을 막기 위해 한 일입니다." 또 LA에 사는 벨라 에드미스톤(Beulah Edmiston)에게는 다음과 같이 썼다.

≪아메리칸 포리스트≫의 마이크 프롬의 칼럼에 대한 당신의 의견은 감사합니다. 마이크는 검열을 받지 않았습니다(검열이 있다는 것을 믿을 수 없습니다). 그러나 이제 그의 칼럼은 더 이상 실리지 않을 것입니다.

에드미스톤 양, 기억하세요. ≪아메리칸 포리스트≫는 신문사가 아닙니다. 이사진이 만든 정책에 의해 운영되는 협회의 회원 서비스입니다. 마이크를 비롯해 협회에서 일하는 사람들은 누구라도 협회의 기본 정책과 철학을 따라야 합니다. 마이크는 그것을 따르지 않았고, 그렇게 때문에 그의 칼럼은 중단된 것입니다.

협회의 한 임원으로서 당신에게는 유감이지만, 누구도 자신이 속한 조직으로부터 완전히 독립적일 수는 없습니다.[110]

해고통지는 내게 아주 큰 가르침을 주었다. 난 다시 일어나서 계속 그들을 감시했고, 그들이 한 나쁜 일을 증명했다. 결국 ≪필드&스트림≫의 딕 스탄스(Dick Starnes)라는 내 동료가 경의를 표하는 글을 썼는데 "벌목자(Clearcutter)들은 어떻게 마이크에게 재갈을 물렸나"였다.

≪필드&스트림≫은 더 크고 영향력이 있었으나, 거기에도 변화는 일어났다. 소유주인 CBS 사가 경영을 뒤흔든 것이다. 콘리는 해고되었고, 새로운 편집장인 잭 삼손(Jack Samson)이 그 뒤를 이어 편집장이 되었는데, 그는 내게 콘리 때와는 다른 지침을 내렸다. 그는 이전에 개인들이 해야 되는 일과 해서는 안 되는 일을 알려주거나, 계류 중인 규정에 관해 내가 쓰던

것 대신에 아주 일반적인 것들만을 쓰라고 했다. 그를 비롯해 잡지의 소유주들은 그런 식의 생각을 가지고 있었던 것이다. 그런 종류의 야외 레저 잡지들, 즉 《필드&스트림》, 《아웃도어 라이프(Outdoor Life)》, 《스포츠 어필드(Sports Afield)》 등은 야외 레저에 대한 근본적인 내용 없이 속임수를 쓰는 복합 기업들이었다. 그런 잡지들은 여성 잡지들이 행복한 상상을 자극해 화장품이나 패션 의류를 광고하는 것처럼 무기나 낚시 도구의 광고를 통해 판매에 도움을 주었다.

1974년 초에 삼손은 예비 선거전에서 "당신의 후보를 평가하세요"라는 특집 기사 계획을 제외했는데, 그 이유로 그는 "올해는 환경문제가 아니라 에너지 위기로 인해 야기되는 것들이 더욱 심각하다……"라고 썼다. 이것은 이스라엘을 지원한 미국에 대한 보복으로 중동의 산유국들이 1973년에 발의한 아랍석유수출금지에 대한 것을 말한다. 석유회사들은 알래스카에 있는 자원을 포함해 새로운 에너지 자원을 탐사·개발했다. 나와는 별 상관이 없는 것이었다. 그해 10월 삼손은 내게 '편집 경향에 대한 수정'을 원했다. 그때부터 《필드&스트림》에서 환경주의는 "오일과 물: 과연 섞일까?" 같은 문제에 긍정적인 답변을 하게 되었다. 1975년 1월에 삼손이 쓴 사설은 내게 꼭 엑손(Exxon) 사의 연보와 같은 느낌을 안겨주었다. "우리나라는 에너지 문제를 가지고 있다. 이런 중대한 석유산업은 우리나라 수억 명의 복지를 좌우하는 산업이다. 환경을 보호하자는 것은 이런 산업을 완전히 중지시킬 수도 있다. 우리는 지금 심각한 불경기에 있다. 그러나 보호라는 이름으로 모든 자원개발을 막음으로써 수백만의 일자리가 없어지는 것도 고려해야 할 것이다."

내가 왜 일자리를 잃었는지에 대해서는 다양한 추측이 나왔다. 《타임》에 실린 "광야에서 외치는 자의 소리(A Voice in the Wilderness)"라는 기사에서 클레어 콘리는 다음과 같이 인용했다. "CBS는 방송규제에 관할권을 가진

분과위원회의 회장이자 로드아일랜드의 상원의원인 존 패스토어(John Pastore)와 문제를 일으키길 원하지 않는다." 그 말은 "네가 해야 할 일은 해라. 그러나 쉽게 생각해라"라는 뜻이다. 거기에 더해 "프롬은 이것을 거부했고, 그래서 결과적으로 일자리를 잃은 것이다"라고 썼다.111)

많은 친구들과 많은 조직에서 나의 해임에 대해 항의했다. ≪하이 컨트리 뉴스≫의 톰 벨(Tom Bell)은 다음과 같은 글을 썼다. "우리 조직의 자유에 관해 말하고 싶다. 특히 표현과 연설의 자유에 대해 말이다. 그(프롬)의 경험은 우리가 가지고 있다고 생각했던 자유가 거짓임을 보여주었다." 그것은 고려할 만한 비판이긴 하나 완전히 맞는 것은 아니었다. 나는 자유롭게 표현할 권리를 잃은 것이 아니다. 한 출판사에서 해고당했지만 그 경험으로부터 많은 것을 배우고 이익을 얻을 수 있는 행운을 얻었기 때문이다.

환경기구의 임원인 피터 하닉(Peter Harnik)은 CBS의 회장인 윌리엄 팰리(William S. Paley)에게 편지를 썼다. "마이클 프롬(Michael Frome)의 해고는 오늘날 미디어가 대중을 교육시키기보다 대중을 달래주는 일을 하고 있다는 것을 보여준다. 거대한 네트워크와 잡지들은 사람들이 '진정한' 뉴스와 비평을 볼 수 있는 마지막 장소이다."

그것은 맞는 얘기다. 그 당시가 지금만큼은 아니었더라도 말이다. 헨리 데이비드 소로우(Henry David Thoreau)는 "내가 확신하는 의무는, 내가 옳다고 생각하는 것은 언제라도 해야 한다는 것이다"라고 말했다.

소로우는 우리가 하는 말들이 평범한 사람들에게 반향을 일으킨다고 주장했다. 그런데 능력 있는 편집자들이 작가들에게 자유를 허용하지 않는 것은 슬픈 일이다. 나는 1977년 UA 항공(the United Airlines)의 비행 잡지인 ≪메인라이너(Mainliner)≫에 국립공원에 관한 글을 썼다. 그 일로 난 ≪동서네트워크(East/West Network, 후에 항공사의 잡지를 출판하기도 한다)≫ 편집 이사인 프레드 스미스(Fred R. Smith)로부터 우호적인 편지를 받았다. "몇몇 짧은 문장들이 지면상의 문제로 삭제되고 미국 삼나무 숲에 관한 토론을 무시했던 것은 논쟁의 여지를 주고 싶지 않아서이다. 당신도 이해해 주리라 생각한다."

1982년 또 다른 예로 듀폰(Du Pont)의 편집 이사는 내게 회사의 사외보에 실릴 델라웨어 강(the Delaware River)에 관한 기사를 써달라고 요청했다. 당시 나는 델라웨어 강 계곡에 있는 펜실베이니아 주 밀포드(Milford)에서 보존연구를 위한 핀촛협회(the Pinchot Institute for Conservation Studies)의 재택 작가로 1년을 보내고 있었고 그 지역에 흥미를 느꼈다. 그 기사는 최근 몇 년 동안에 걸친 강의 수질 향상에 대해 묘사하는 글이었다. 나는 간섭받지 않고 조사하고 결정할 수 있다면 기꺼이 그 일을 하겠다고 했다. 그러나 결국 거절했다. 이 이야기의 중심은 기사가 아니었다. 듀폰 사의 전문가들은 이미 수질에 관해 평가를 내린 상태였다. 즉, 작가는 회사가 이미 선택한 그 분야의 권위자들의 발언을 기록하고 인터뷰하는 일을 위해서만 필요했던 것이다. 초기단계에서 조용히 물러나는 것이 최선의 선택이었다.

≪센터매거진(Center Magazine)≫의 편집장인 도널드 맥도널드(Donald McDonald)는 "사람들은 다른 길이 무엇인지 알고 싶어 한다. 당신과 같이 솔직한 환경작가들에게는 열려 있는 일이다"라는 내용이 담긴 편지를 1975년 초에 보내왔다. 또 "작가라는 이름으로 다른 작가에 대해 되받아 비난하는 행동은 작가가 자신의 일에 대해 자체 검열하게 하고, 문제가 예상되는 것은 없애고, 진부한 관점에서 글을 쓰게 될 것이다"고 덧붙였다.

그의 편지 덕분에 "언론의 자유: 그 자유를 가진 이를 위하여"라는 제목으로 기사가 작성되었다. 다음에는 탐사 저널리즘의 펀드를 받아 연방정부의 내부 고발자에 관한 기사를 썼다.

≪센터매거진≫의 출판은 중단되었으나, 또 다른 길이 있었다. 어떤 문이 닫히면, 또 다른 문이 열리게 되어 있는 것이다. 다음에 주어진 일이 그렇게

뛰어난 것은 아니었으나 앞으로 어떻게 될지는 아무도 모르는 일이었다. ≪필드&스트림≫ 후에 나는 18년 동안 ≪야생생물의 보호자들(Defenders of Wildlife)≫에서 칼럼니스트로 일했다. 또한 ≪LA 타임스(Los Angeles Times)≫와 ≪웨스턴 아웃도어스(Western Outdoors)≫에서 각각 5년 동안 칼럼을 썼다. 난 이 일을 사랑하고 즐겼다. 1985년 11월 ≪웨스턴 아웃도어스≫의 편집장인 잭 브라운(Jack Brown)은 "아마 비평과 칭찬 두 가지를 가장 지속적으로 일으키는 것은 마이클 프롬의 환경 칼럼일 것이다. 우리 주변에 있는 쇠파리(등에 붙어 있는 사람)처럼 마이클은 우리에게 상처를 주는 정치인을 괴롭히고 사기 치는 조직의 리더에게 독특한 말로 상처를 주기도 한다"고 썼다.

 나는 미국 전역뿐만 아니라 전 세계의 광대한 야생 지역을 여행했다. 다른 분야에 있는 많은 사람들을 만나고 인터뷰했다. 난 정말 내 인생이 기적처럼 축복받았다고 생각한다. 1981년, 나는 뉴욕으로 돌아와서 전미저널리스트작가협회(the American Society of Journalists and Authors)로부터 그해 잡지에 실린 가장 좋은 칼럼 상을 받았다. 상을 받은 후 동료 작가를 비롯해, 편집자와 관계자 등 약 400여 명이 운집한 연회장에서 연설을 하기도 했다. 그 다음 1994년 매년 열리는 전미야외레저작가협회(the Outdoor Writers Association of America: OWAA)에서 주는 제이드 어브 치프(the Jade of Chiefs) 상과 써클 어브 치프(Circle of Chief) 상을 받았다. ≪필드&스트림≫에서 해고당할 때 편집장 잭 삼손이 내게 씌웠던 오명을 깨끗이 씻어버릴 수 있었다. 조엘 밴스(Joel M. Vance)가 내게 상을 주며 이런 말을 했다. "그는 자연환경보호를 위한 훌륭한 커뮤니케이터다. 어떤 이에게는 쇠파리처럼 성가시게 굴기도 하지만, 또 다른 이에게는 격려를 해주기도 한다. 옛말에 '계란을 깨지 않고서는 오믈렛을 만들 수 없다'는 말이 있다. 그는 그의 경력에 있어 몇 가지의 취약한 부분을 해결할 것이다. 그는 완벽한 최고의 비평가이다."

나는 학생들에게 실수를 하지 않도록 주의하라고 충고를 한다. 그러나 이런 말도 한다. "당신이 진정으로 옳다고 느꼈다면 후회 없이 그 일을 해라!" 1994년 9월, 나는 50년 전 ≪워싱턴 포스트≫에서 일할 때 사회부장이었던 벤 길버트(Ben W. Gilbert)로부터 편지를 받았다. 그는 워싱턴 서쪽의 터코마(Tacoma)에 살고 있었다. "자네가 ≪워싱턴 포스트≫를 그만둔 후 오랜 시간이 흘렀네. 난 여기저기에 인용된 자네의 글을 보면서 자네를 지켜보고 있었네. 난 자네가 10년 전 내가 사는 서쪽으로 여행했다는 것을 알지 못 했네." 그는 나를 만나기 원했고 그리고 마지막에 이런 말을 덧붙였다. "뉴스 업계는 자네가 떠난 후 아주 유망한 사람을 잃어버렸네. 그러나 난 자네가 환경에 대해 아주 훌륭한 모니터링을 하고 있다고 생각하네." 그 편지는 내가 옳은 일을 하고 있음을 다시 한 번 증명해 주었다. 인생은 그 길로 계속 가려는 습성을 가지고 있다.

제9장

교실에서 희망을 찾다

1980년 나는 루시(Lucy P.)로부터 편지를 받았다. 그 편지에서 그녀는 자신을 소개하고 환경 작가로서의 커리어를 어떻게 추구해야 할지, 어떻게 하면 환경 작가가 될 수 있는지에 대해 물어 왔다. 그녀는 테네시 대학을 최근에 졸업하고 일간 신문사에서 6개월 동안 기자로 일하면서 가끔 환경 관련 사건과 문제에 대한 기사를 쓸 기회가 있었다고 했다.

루시는 환경을 다루는 출판사에서 일하거나 과학 관련 저술 대학원에 진학하고 싶다고 했다. 그녀의 질문은 다음과 같았다. "당신의 경험으로 볼 때, 지금 환경문제에 대해 글을 잘 쓰는 사람에 대한 수요가 있다고 생각하나요? 과학 또는 환경 저술 활동을 하는 것과 관련된 직업이나 잡지가 있나요? 저와 같은 입장에 있는 사람에게 어떤 충고를 해주고 싶나요?"

지난 몇 년 동안 나는 이러한 종류의 유사한 질문에 여러 번 답을 해주었다. 항상 그런 것은 아니지만 이러한 질문을 하는 사람들은 이제 막 직업 전선에 뛰어드는 젊은이들이 대부분이다. 그들의 질문에 답하는 과정에서, 이 책을 저술하는 데 기본이 된 자료들이 생겨나고 쌓이게 되었다. 루시가 내게 편지를 보낸 무렵 나는 루시가 동경하는 환경 관련 언론 일을 하느라 바빴다. 게다가 루시의 편지를 받기 2년 전부터 버몬트 대학에서 환경 연구 프로그램의 방문교수로서 그리고 다른 여러 학교에서 강의를 하면서 가르치는 일이 어떤 것인지 벌써 맛을 본 상태였다.

1981년부터 나는 좀 더 정규적인 계약 관계를 맺고 학생들을 가르치기 시작했으며 아이다호 대학, 노스랜드 칼리지, 그리고 웨스턴워싱턴 대학교에서 14년 동안 교편을 잡았다. 좀 늦게 교직에 들어섰지만 나는 전문적으로 학문을 연마하는 일을 맘껏 즐겼다. 어떻게 보면 저널리즘은 가르침의 한 형태이며 교육은 커뮤니케이션의 한 형태이다. 제퍼슨은 다음과 같이 썼다. "학습된 제도는 모든 자유로운 사람들이 가장 선호하는 대상이 되어야 한다. 학습된 제도는 대중의 마음에 빛을 비추고 그 빛은 교활하고도 위험하게 자유를 갉아 먹는 행위에 저항할 수 있는 최선의 방책이다." 언론도 마찬가지라고 생각한다. 왜냐하면 대중의 마음에 빛을 비추어 모든 약점에도 불구하고 여전히 자유를 보호하기 때문이다.

나는 루시에게 실용적인 경험은 그녀의 학문적인 연구에서 파생된 지식을 보완하는 역할을 한다는 점에서 아주 중요하다고 답장을 썼다. 내가 느낀 생각이기도 하지만 상당 부분 그렇다고 본다. 꽤 오래전부터 나는 교육과 실제 학습 사이의 괴리를 느껴왔다. 즉, 교육은 이론적이며 이미 성립된 공식을 암기하는 과정으로, 이 과정을 거치면 직장을 구하는 데 필요한 자격증을 딸 수 있다. 반면 학습은 자기 자신에게 주는 책임감이며, 개인적인 모험이다. 몇몇 역사적인 인물을 예를 들어 보겠다. 식민지 시대의 선구적인 식물학자인 존 바트람(John Bartram)은 처음에는 농부였는데, 그 시절 그는 땅을 갈며 그 누구의 가르침도 없이 생명체를 관찰했다. 마크 트웨인(Mark Twain)은 초등학교 3~4학년 정도의 학력이 전부다. 존 뮤어는 위스콘신 대학을 자퇴하고 자칭 '황야의 대학(University of the Wilderness)'에서 연구를 계속했다. 그리고 로저 토리 피터슨(Roger Tory Peterson)은 독학으로 유명한 자연주의자 및 삽화작가가 되었는데 그는 사람들의 영감을 자극해서 표본

접시 위에 놓인 죽은 생명체가 아니라 야생에서 살아 있는 새를 구분할 수 있게 했다.

거의 모든 학생들에게 최선의 방법은 학업과 경험을 적절히 조합하는 것이다. 몇몇 학생은 처음에는 쓰기 실력이 미약해서 다른 학생들보다 더 열심히 노력해야 할 필요가 있을 것이다. 지도와 훈련된 사고는 그런 학생들의 형편없는 쓰기 실력을 향상시키는 데 도움이 된다. 웨스턴워싱턴 대학교에 다녔던 나의 제자 사라 올라슨 놀란드는 1998년 초 내게 쓴 편지에서 아주 좋은 지적을 했다. "저는 과학과 저널리즘 두 학문을 모두 공부한 것을 감사하게 생각합니다. (저의 경우는 두 개의) 학위를 따야 했기 때문에 스스로 비평적인 사고를 하고 스스로 결론을 도출하며 상황을 더 좋게 바꾸기 위해서는 어떻게 행동해야 하는지 알아가면서, 학문을 사랑하는 길로 접어들도록 채찍질할 수 있었습니다. 비판적인 사고를 하며 저만의 연구를 추구할 수 있는 능력은 저의 직장 생활은 물론 개인적인 삶도 풍부하게 만들었습니다. 소극적으로 장난삼아 하는 것이 아니라 제 스스로 무언가에 기여할 수 있다는 느낌을 받았습니다."112)

나는 루시에게 미국의 가장 훌륭한 작가들 몇몇은 학창시절 쓰기 점수가 낮았거나 낙제를 했었다고 말해줄 수도 있었다. 하지만 오래지 않아 나는 그렇게 간단한 일이 아니라는 것과 나 자신도 여전히 배워야 할 교훈이 있다는 것, 그리고 그러한 교훈 중 가장 가치 있는 것은 학생들로부터 나온다는 것을 발견했다. 1983년 내가 가르친 현행 이슈에 대한 세미나를 평가하면서 한 학생이 나의 교수법을 "방임형"이라고 일컬은 것이 기억난다. 아마도 그 학생의 말은 사실일 것이다. 그해 어느 날 나는 저널리즘 강의를 하던 중 "'진짜 세상'에는 학생들을 기다리고 있는 피할 수 없는 시련이 있다"라고 말한 적이 있다. 그러자 신디 테이프너(Cindy Teipner)가 큰 소리로 말했다. "하지만 마이클, 이것도 바로 진짜 세상이에요." 그리고 남은 학기 동안 그녀는 교실 너머 학생들의 실상을 내게 보여주었다.

지난 몇 년 동안 나는 학생들과 서로 이해하고 의사소통을 하는 방법을 배웠다. 우리는 서로 음식을 해와서 나눠먹는 자리를 만들고 현장 학습도 갔으며 해머 덜시머, 바이올린, 기타, 노래, 연설 등으로 지구의 날을 축하하기도 했다. 아이다호에서는 짐 탱겐 포스터(Jim Tangen-Foster)라는 학생이 내 강의를 들었는데 그는 과외의 피트니스 프로그램에서 나의 라켓볼 강사를 맡고 있었다. 내가 그에게서 많은 것을 배웠기 때문인지 그를 학생으로 생각하기가 아주 어려웠다. 린 킨터(Lynn Kinter) 역시 나의 강의를 몇 과목 수강했다. 어느 날 나는 학생들에게 편집장에게 편지를 보내보라는 과제를 내주었다. 그녀가 내게 다가와 질문했다. "마이클, 제가 어떻게 편집장에게 편지를 쓰죠? 제가 지금까지 해본 글쓰기라고는 학기말 시험이 전부인데요." 하지만 2년 후 그녀는 ≪아이다호 포리스터(Idaho Forester)≫의 편집장이 되었고, 졸업한 후 와이오밍에 돌아갔을 때는 ≪와이오밍의 사막 친구들(Friends of Wyoming's Wild Desert)≫이라는 잡지를 위해 「새로운 현인(New Sage)」이라는 회보를 쓰기 시작했다. 그녀가 가장 관심을 둔 부분은 저널리즘이 아니라 식물학이었지만 박사학위를 받기 위해 공부를 하는 동안 와이오밍주의 주요 신문 중 하나인 ≪캐스퍼 트리뷴(Casper Tribune)≫에 과학 기사를 정기적으로 기고했다.

학생들에겐 쉽지 않았겠지만 나는 그들이 스스로 책임감을 지니고 자기 삶을 긍정적으로 보람 있게 바꿔나가는 것을 지켜보았다. 1978년 버몬트 대학에 있는 동안 처음으로 가르쳤던 환경 저널리즘 강의를 회상함으로써 이를 설명할 수 있다. 나는 교수법에 대해 아주 많이 배워야 하고 여러 사람들로부터 조언을 받아야 하는 상태에서 강의실에 들어갔다. 생물학 교수인 후버트 보겔만(Hubert Vogelmann)은 "교과서를 던져 버리세요"라고 말했고 "여러분이 개입되었던 특별한 쟁점에 대해서 말해 보세요. 현실 세상에서의 인간적인 이야기를 말해보세요"라고 강력히 제안한 적이 있다. 이 또한 하나의 교수법이 될 수 있다. 나는 모든 학생이 괜찮은 잡지나 신문에 적어도 한 개의 기사를 싣는 것을 보고 싶었다. 하지만 내 목표를 들은 한 편집장은 웃으며 만약 학생 한 명이라도 성공한다면 내가 운이 좋은 것이라고 예견했다.

그의 예상이 적중할 뻔했지만 나는 내가 틀렸다고 생각한 적은 한 번도 없었다. 그 학기 동안 학생들은 그 어려운 과제를 아주 잘 해냈다. 그러고 나서 8월에 나는 신시아 제프(Cynthia Jaffe)로부터 감사의 편지를 받았다.

≪벌링턴 프리 프레스(Burlington Free Press)≫ 사무국 책상에 앉아 있는 동안, 선생님의 노력이 선생님의 저널리즘 강의를 듣는 학생들 중의 한 명을 어떻게 바꿔 놓았는지 알고 싶어 하실 것이란 생각이 문득 들었습니다. 강의 중에 선생님께서는 선생님의 동료 중 한 명이, "학생 중 한 명만이라도 신문에 글을 싣게 만들어 보라"고 놀렸다는 얘기를 하신 적이 있지요. 사실, 선생님께서 이기셨어요. 그것도 한 번만 실린 게 아니라 여러 번이랍니다.

기말시험 후 5월이 며칠 안 남았을 때, 저는 ≪벌링턴 프리 프레스≫의 부장인 짐 웰치(Jim Welch)와 이야기를 나누었습니다. 그는 저에게 샘플레인(Champlain) 호(湖)를 심각하게 오염시킬 뻔했던 수질 관리 프로젝트에 대한 리슐리외 칼럼에 기고할 수 있는 아주 멋진 기회를 제안해 왔어요. 저는 제 저술 능력이 아주 부족하다는 점에 대해서 솔직하게 얘기했지만 그래도 그는 저의 능력에 높은 기대를 가지고 있는 듯 보였어요. 그후 ≪프리 프레스(Free Press)≫와 ≪뱅가드(Vanguard)≫에서 프리랜서로 일하면서, 수도 주변의 센트럴 버몬트 워싱턴 카운티를 중심으로 대부분 환경과 관련된 주제의 글을 썼습니다. 감사하게도 짐(Jim)은 제게 특정 주제를 정해주었기 때문에 이야깃거리를 찾는 것을 순전히 저 혼자 한 일은 아니었습니다. 선생님께서 항상 말씀하셨듯이 리포트를 쓰고 인터뷰를 하며 청문회·회의 등에 참석하고 기한에 맞춰 글을 쓰는 것이 가장 강도 있고 신나는 학습 경험이었습니다.

　제가 일을 시작했을 때, 저는 진심으로 저널리즘적인 문체에는 능력이 없다고 믿었습니다. 하지만 리슐리의 칼럼을 재구성할 수 있도록 선생님께서 저를 도와주셨을 때 제가 선생님께 배웠던 교훈에 집중하고 풍부하게 "시장을 연구" 하니, 겨우 일주일이 지났을 때에는 모든 게 아주 쉬워졌어요.

　말씀드릴 것이 많지만 이제 막 시작하는 신출내기가 가진 열정의 일부만 말씀드린 겁니다. 갈 길이 멀지만 선생님의 열정과 격려가 한 학생을 어떻게 바꿔 놓았는지 알려드리고 싶었어요.

　말하기 미안하지만 신시아와의 연락은 끊어졌다. 하지만 나는 그녀의 증언이 유효하며 가치가 있다고 생각한다. 본질적으로 중요한 것은 저널리즘에 대한 전문성도, 환경 저널리즘도 아닐 것이다. 수업 시간에 열심히 하고 자신의 삶의 중요성을 깨닫기만 한다면, 자신과 다른 사람들에 대한 믿음이 있다면, 여러분이 쓴 글이 사회를 긍정적으로 변화시킬 수 있다는 믿음이 있다면 글을 쓰는 능력은 생겨나게 마련이다.
　비평가들은 대학생들이 철자법도 모르고 역사나 지리도 모르며 자기만족을 위한 욕구에만 충실하다고 비판한다. 어쩌면 그럴지도 모른다. 하지만 나는 사려 깊고 긍정적인 아이디어로 책임감 있게 말하고 행동하기 위해서 자신의 연구 및 의사소통 능력을 활용하는 대학생들을 많이 보아 왔다. 내가 가진 파일들 중에서 나는 한 학생이 쓴 에세이를 발견했다. "지식을 얻고자 하는 욕망은 변화를 만드는 첫 번째 발걸음이다." 그리고 또 다른 에세이에는 "용감한 첫걸음은 개인의 진실한 인간 존엄성의 개발과 자연에서 인간성을 찾아내는 것에서 시작된다"라고 쓰여 있다. 세 번째 에세이에서는 휘트먼(Whiteman)을 인용했다. "신념은 영혼의 방부제이다." 학생들은 한걸음 더 나아가, 자각 자체는 행동을 낳지 않고 전통적인 교수법이 결여되어 있으며 그들의 지식을 행동으로 옮길 수 있는 경로를 갖고 싶다고 썼다.

현행 이슈에 대해 대학원생을 상대로 한 세미나에서 나의 기사 타이틀은 "작가, 교실에서 희망을 찾다"였다.[113] 나는 학생들이 실습을 통해 가장 잘 배운다는 이론과 의사 결정과 의사 결정에 영향을 미치는 과정을 이해하기 위해서는 실제적인 이슈들을 다뤄야 한다고 주장했다. 학생들이 제출한 기말 시험 리포트를 보면 그들이 그렇게 하고 있음을 알 수 있었다. 그들이 제출한 보고서 제목의 예를 들자면 다음과 같은 것들이 있다. 아이다호 대학이 위치한 팔로스(Palous)의 건조한 농사 환경과 관련해서 "자원 시스템으로서의 토양", "산성비: 미국에 대한 위협", "소규모의 수력 발전: 업데이트, 아이다호 하천을 중심으로", "완충 지대가 우리나라의 국립공원을 보호할 수 있는가?", "언덕의 자유: 관리가 필요한 것일까?", "전문성의 지속성", 그리고 "새로운 내륙".

"새로운 내륙"은 옐로우스톤 국립공원의 회색 곰(grizzly bear) 관리에 대한 견해를 밝힌 것으로 탄탄한 연구가 뒷받침되어 있지만 공상 소설에 가까웠다. 줄거리를 간단히 소개하자면, 공원 총감독은 옐로우스톤 국립공원의 생태계에서 회색 곰을 없애버리자는 제안서인 D방안을 좋아한다. 내무부 장관 역시 그 제안서가 마음에 들었지만 선거가 끝날 때까지 기다리기로 하고 현 정책을 이어가는 A방안을 선택한다. 하지만 신임 내무부 장관이 임명되었고 그는 아무런 공고도 없이 D방안을 실행에 옮기기로 결심한다. 이 프로젝트는 내무부의 새로운 부서인 비밀작전부(the Office of Covert Operations: OCO)에 의해 실시되는데, 이 부서는 전 CIA 요원들로 구성되어 있으며 공원 관리원으로 위장한다. 곰들을 완전히 제거한 그들은 이제 사람들의 저항에 부딪치게 된다. 이 리포트를 제출한 학생은 다음과 같이 서늘한 결론을 내렸다. "옐로우스톤에서의 작전은 아직도 끝나지 않고 있다. 전쟁은 이제 막 시작되었다."

이 학생은 자신과 자신의 정신적 에너지의 상당 부분을 이 프로젝트에 쏟아 부었다. 이 학생뿐만이 아니다. 한 학생은 "강의실에서 토론을 하면서 특정 쟁점에 대해 더 많이 알게 되었다. 지식과 이해의 깊이를 늘여가면서 관심도 커졌다. 그래서 시사에 대해 관심을 갖는 것이 중요함을 깨닫게 되었다"라고 썼다.

내가 배운 가장 소중한 교훈은 나와 학생들에 대한 신념을 갖고 그 신념을 지켜나가리라는 것이었다. 따라서 가르침에 있어서 나의 목표는 학생들의 마음을 열어주어 학생들이 스스로를 들여다보며 그들만의 독특한 재능, 천재성 또는 우리 각자를 완벽하게 만들어 주기를 기다리고 있는 능력을 끄집어내서 그걸 발휘하고 감정을 가지고 쓸 수 있도록 도와주는 것이다.

나는 고등학교 때 링컨 스테펜스(Lincoln Steffens)의 자서전을 처음 읽은 뒤부터, 추문을 폭로하는 선구자적 기자라는 인생에 영감을 얻은 이후부터 항상 그렇게 믿어 왔다. 나는 특히 스테펜스가 기자가 되기 위해서 뉴욕에 처음 도착하는 내용의 책의 앞부분을 좋아했다. 어느 누구도 그를 고용하려 하지 않았지만 한 도시의 편집장은 마음이 약해져서 말했다. "한 번 기회를 줘보도록 하지. 하지만 물고 오는 기사당 임금을 주겠어." 그는 자기가 어떤 일을 해야 하는지 물어보지도 않고 일이 주어지기를 기다리지도 않고 당장 뛰쳐나갔다. 그는 유명한 사람들을 찾아 다녔고 특종과 독점 기사를 물어 오기 시작했다. 얼마 안 있어 편집장이 그를 불러 말했다. "스테펜스, 자네가 이 사무실에서 돈을 가장 많이 벌고 있네. 이제 월급제로 바꿔야겠어." 그때부터 그는 권력자들을 두려워하지 않으면서 권력자들을 조사하는 직업 행로를 택했다. 스테펜스가 객관적으로 기사를 썼다고 보기는 어렵지만, 그는 단순히 기사를 썼다기보다는 그가 쓴 기사들이 사건의 진행 과정에 영향을 미치도록 했다.

　스테펜스는 국내외에서 받은 탄탄한 교육을 바탕으로 그의 직업을 선택했으며 그것을 계속 이어나갔다. 그 후 루시(Lucy P.)로부터 다시 어떤 소식도 듣지 못했지만, 그녀 역시 문을 두드리고 있기를 희망하며 적당한 문이 그녀를 위해서 열리기를 기원한다.

제10장

경력이 된 이야기

"퓨마를 찾습니다." 이것은 내가 ≪스미소니언(Smithsonian)≫에 기고한 기사의 헤드라인이었다. 이 기사는 단지 하나의 이야기에 불과했지만, 나중에는 훨씬 더 큰 글의 한 장(chapter)이 되었으며 계속 살이 붙고 진화해서 내 경력의 일부가 되었다. 이 기사를 쓴 계기는 『이 숲은 누구의 것인가: 국립공원 이야기(Whose Woods These Are: The Story of the National Forests)』라는 책을 쓰기 위한 연구를 시작한 때로 거슬러 올라간다. 이 책에서 나는 다음과 같이 썼다.

노스캐롤라이나 서쪽에 있는 피스가(Pisgah) 국립산림으로 들어서는 역사적인 입구의 전경을 빛내는 것은 길가에 있는 기념품과 음료수 등을 파는 노점들이다. 여기서 콜라를 사서 우리 안에 갇힌 곰에게 철창을 통해 콜라를 건네주고 그것을 마시는 것을 구경한다. 곰이 그곳에 있는 것은 관광객들의 관심을 끌고 돈을 벌기 위해서다. 노스캐롤라이나 서쪽에는 이런 잔인한 명소가 여러 군데 있다. 그중 하나는 파충류 "정원"인데, 야생동물을 좋아하는 사람들은 꼭 봐야 한다. 그 이유는 정원이 훌륭해서가 아니라, 이곳에서 갖가지 덥수룩한 사슴, 곰 그리고 뱀 같은 동물들이 어떤 대우를 받고 있는지를 감시하기 위해서다.

"쌍둥이 요나(요나는 체로키 인디언 언어로 곰을 뜻한다)"가 국립공원과 그레이트 스모키 마운틴 국립공원(Great Smoky Mountains National Park) 사이에 있는 인디언 보존구역 길가의 우리에 갇혀 있다. 그리고 매기 계곡(Maggie Valley)의 선물 가게와 주유소 앞에는 야생동물들이 전시되어 있다.[114]

나는 관광객을 상대로 폭리를 취하는 장사꾼들을 바라보면서 여행 작가처럼 생각을 하고 있었다. 그 후에 나는 키플링거스 잡지인 《체인징 타임스》에 기사를 썼는데, "아름다운 미국 유산인가, 싸구려 선술집인가?"라는 제목의 관광객 피해에 대한 내용이었다.[115] 우리에 갇힌 곰들에 대해서도 같은 자료를 사용했다(펜실베이니아의 게티즈버그, 사우스다코타의 러시모어 산, 옐로우스톤 국립공원 등과 같은 곳의 예를 더해서). 노스캐롤라이나 야생생물 자원위원회(North Carolina Wildlife Resources Commission)와의 인터뷰를 실었는데, 그 위원회는 곰들이 "비참하고 비위생적이며 무자비한 상태"로 갇혀 있다는 것을 인정했으나, 곰들을 위해서 어떤 조치를 취하려고도 하지 않았으며 그럴 능력도 없었다. 나는 노변 동물원들이 절망스러운 상태에 있음을 발견하고 다양한 야생동물 보호 기관들을 찾아 헤맸다. 그러한 조직들이 이것을 문제 삼아 어떤 조치라도 취해주기를 바랐기 때문이었다. 딱 한 기관만이 흥미를 보였는데 '야생동물의 보호자들'이라고 불리는 별로 알려지지 않은 기관이었다. 기관장인 메리 헤젤 해리스(Mary Hazell Hariss)는 우리에 갇힌 곰들과 파충류에 대한 나의 걱정을 이해했으며 그녀가 이끄는 기관의 주된 명분이 무엇인지에 대해 내게 알려주었다. 그것은 바로 쇠로 만든 덫과 독약을 탄 미끼, 공기소총을 사용해 여러 곳에서 "들다람쥐 초커"라고 불리는 연방 "동물 폐해 관리" 요원들로부터 육식 야생동물을 보호하는 것이었다.

그래서 나는 육식동물에 대해서 공부하기 시작했고 이에 대한 글을 쓰기 시작했다. 이 주제로 글을 쓰는 사람이 거의 없었다. 《필드&스트림》에 내가 처음으로 쓴 글은 다음과 같다.

오늘날 우리가 알고 있는 연방정부의 육식동물 통제의 비극적인 대실패는 제1차 세계대전 중이던 50년 전으로 거슬러 올라간다. 처음에는 우리 군과 연합군에게 먹일 소를 보호하기 위해 늑대들을 제거했다. 다음에는 양을 치는 사람들이 그들의 이득을 위해서 코요테를 죽여줄 것을 정부에 요청했다. 전쟁은 일어났다가도 끝이 나곤 하지만 육식동물 통제 프로그램은 그 후로 우리 곁에 계속 남아 있다.

이제 정부는 육식동물 통제 원칙이 잘못되었음을 인정했다. 수백만의 동물들을 아무 의미 없이 전멸시켰으며, 수없이 많은 돈을 허비한 낭비정책이라는 것도 인정했다. 내무부 장관은 내무부의 한 부서가 저지른 50년 동안의 큰 실수를 인정했다. 내무부 산하 야생생물 관리 고문 위원회(Advisory Board on Wildlife Management)가 제출한 리포트를 칭찬함으로써 실수를 인정한 것이다. 그 보고서는 지난 실수를 신랄하게 비판하고 미래를 위한 대대적인 개선 및 개혁과 새로운 접근법을 요구했다.

내무부 장관인 스튜어트 우달이, 야생생물 관리 고문 위원회장을 지낸 저명한 야생생물 생물학자인 스타커 레오폴드(A. Starker Leopold)의 이름을 딴 그 역사적인 레오폴드(Leopold) 보고서를 받은 지 3년이 되었다. 그리고 내무부 장관이 육식동물 및 설치류 통제(Predator and Rodent Control: PARC) 사무소를 야생생물서비스국으로 이름을 바꾸고 기능을 정비하도록 주문한 지 2년이 지났다. 하지만 그렇게 간단한 문제인가? 깊이 뿌리 내린 편견을 뒤집어 놓을 수 있을 것이며 그의 명령이 정치적 저항을 극복할 수 있을까? 만약 우리가 50년 이상 자연자원을 훼손해 왔다면 그것을 하룻밤 사이에 그만둘 수 있을까? 아니면 또 다른 50년이 걸려야 하는 것일까?"[116]

1969년에 "해로운 것들: 우리의 원치 않는 야생동물들"이라는 글을 쓸 때에도 같은 생각을 했었다. 이 책에서 나는 오소리, 곰, 코요테, 여우, 사자, 늑대, 울버린을 포함한 12종의 동물에 대해 썼다. 이 글은 아이들을 위한 글이었지만 어른들도 많이 읽었다. 그리고 나서 1977년 1월에 스미소니언에 글을 썼는데, 다음과 같이 시작했다.

1975년 7월의 한 저녁, 그레이트 스모키 마운틴(Great Smoky Mountains) 국립공원의 관리 직원 5명은 합숙소 현관에서 한가롭게 어미 사슴과 두 마리의 새끼 사슴을 바라보고 있었다. 갑자기 사슴들이 숲 속으로 도망치고 긴 꼬리가 달린 아주 큰 회색빛의 고양이가 숲에서 튀어나와 사슴들을 뒤쫓았다. 다섯 명의 관리 직원들도 재빨리 뒤쫓아 갔지만 개울가를 따라 난 발자국만 발견했을 뿐이었다. 하지만 그들은 퓨마가 전통적인 먹이를 사냥하는 모습을 봤다고 확신했다.

1975년 9월 그들이 작성한 보고서는 미국 야생 고양이과 동물 중에서 가장 크고 희귀하며 비밀스러운 동물에 대한 인식을 일깨웠다. 동부 퓨마들은 큰바다오리, 까치오리, 검은 멧닭, 나그네 비둘기, 바다 밍크 등과 같이 오래전에 멸종된 것으로 믿어져왔다. 몇몇 생물학자, 야생동물 관련 공무원, 숲과 공원 관리 직원들이 동부 퓨마를 목격하기 시작하면서 그들이 멸종하지 않았다는 사실이 밝혀졌다. 동부 퓨마들은 멸종의 순간에 다다랐다가 다시 돌아온 것인지도 모른다.

1975년 공원에서 퓨마를 보았다는 목격담과 노스캐롤라이나에 있는 블루리지 파크웨이(Blue Ridge Parkway)에 사는 퓨마에 대한 보고서는 북미 포유류 동물 중에서 가장 알려진 바가 없는 이 커다란 고양이과 동물의 행방을 조사해보고 싶은 마음을 자극했고 나는 이 조사를 위해 남부의 산들뿐만이 아니라 숲을 완전히 훑기로 결심했다. 나는 우리의 산과 숲 속의 외로운 방랑자들이 내가 생각했던 것보다 훨씬 더 많이 존재한다는 것을 알게 되었다. 이 동물의 숫자는 멸종 위기에 가까울 정도였지만 계속 새끼를 낳고 있었으며 그들의 긴 생명줄은 약하긴 하지만 계속 이어지고 있다.

1980년 6월에 『고원의 이방인』의 개정판 에필로그 도입부를 다시 썼다. 나는 책과 잡지 기사에 회색줄무늬 곰, 독수리, 늑대에 관한 글을 썼으며 때로는 정부 정책과 연방 및 주정부 기관의 늑대 관리 현황을 비판했다. 또 과학자들을 만나 인터뷰도 하고 그들이 출간한 책을 읽었다. 나는 특히 옐로우스톤 국립공원의 회색줄무늬 곰에 대해서 10년 이상 연구한 쌍둥이 형제인 존 크레이그헤드(John Craighead)와 프랭크 크레이그헤드(Frank Craighead)를 존경하고 우러러 봤다. 그들은 라디오 수신기 등으로 회색줄무늬 곰을 추적하면서 곰들의 성비, 나이 등을 추측하려고 애썼으며 곰들의 조직 구성, 먹이 습관 그리고 다른 생활면에 대한 데이터를 쌓았다. 그들의 옐로우스톤 현장 작업은 논쟁 끝에 1971년 국립공원 서비스국에 의해 중단되었다. 사자와 다른 야생 고양이과 동물들에 대한 저명하고 권위 있는 전문가로 이름을 날리기 전에 크레이그헤드 연구팀의 한 구성원으로 일했던 머리 호노커(Maurice Hornocker)는 나의 또 다른 정보원이었으며, 훗날에는 내가 언제든지 의논할 수 있는 아이다호 대학의 동료가 되었다. 나는 크레이그헤드 형제에 대해서 《보호자들(Defenders)》에 글을 썼는데, 이 글은 나중에 『크로니클 더 웨스트(Chronicling the West)』에 다시 실렸으며, 야생생물학회의 전문 잡지인 《와일드라이퍼(Wildlifer)》에 실린 호노커(Hornocker)의 기사에 인용되었다.

크레이그헤드 형제는 그들의 신념에 충실했으며 큰 대가를 치렀다. 그들의 연구가 중단되었다. 일련의 전문가들이 이 두 형제를 배척했다. 이 두 형제는 많은 사람들의 비판을 받았다. 하지만 그들은 그러한 비판에도 쓰러지지 않았으며 그들의 믿음은 흔들리지 않았다.

생물학과 야생생물 관리 분야에서 오늘날까지 지속되는 공로의 대부분은 신념에 따라 고난과 비판을 견디낸 사람들에 의해 이루어진 것이다. 그들은 같은 방면의 연구를 하는 동료들의 시기와 내적 갈등, 반대하는 기관의 저항, 그리고 그들이 속한 조직 내에서의 수수방관적인 태도 등을 딛고 일어선 것이다.

이러한 사람들은 그들의 연구 작업과 권고 사항에 있어서 그들이 속한 "조직"의 입장이 아니라 자원보호에 가장 높은 우선순위를 두었다. 그들은 원칙을 지키는 사람들이었으며, 그리고 바로 이러한 점 때문에 그들의 업적은 무시당하고 제대로 평가되지 않았다. 하지만 대다수의 우리는 원칙주의보다 조직의 뜻을 따랐을 때 제대로 보상해 주는 기관에 속해 있지 않은가? 이것은 정말 비통한 현실이다.[117]

1986년, 국립공원에 대해 쓴 나의 글로 국립공원보호연합(National Park and Conservation Association)에서 수여하는 마조리 스톤맨 더글러스 상(Marjory Stoneman Douglas Award)을 수상하게 된 것에 대해 호노커가 축하의 메시지를 보내왔다. 그는 다음과 같이 썼다. "축하하네. 제도가 제대로 작동을 하는군." 그 쪽지는 고난을 무릅쓰고 과학자로서 제도를 통해 작업했던 그와 크레이그헤드 형제처럼, 나 역시 저널리스트로서 그렇게 해야 한다는 것을 상기시켜 주었다.

나는 1950년 말 시작해서 환경 관련 글이 잘 어울리는 신문이나 잡지는 물론이고, 그런 글이 잘 어울리지 않는 ≪소히오안(Sohioan)≫이나 ≪트래블 에이전트(Travel Agent)≫와 같은 잡지와 신문에도 국립공원에 대한 기사와 수필을 썼다.[118] ≪워싱턴 포스트≫에는 다음과 같은 기사를 썼다. "우리의 국립공원 시스템은 100년 이상의 역사를 통틀어 가장 심각한 위협에 노출되어 있다. 오염된 공기와 물, 상업적 파괴, 남용, 부적절한 관리, 자원을 보호할 현장 인원의 부족 등은 1980년대 우리가 직면한 중요한 문제들이며 해결을 요하는 문제들이다. 만약 우리의 공원을 더 이상 훼손하지 않고 이대로 유지한다면 영감과 기분 전환을 찾는 여행객에게 평화로운 천국이 될 것이다." 그리고 나는 ≪시카고 트리뷴≫에 다음과 같은 내용을 쓰기도 했다.

나는 옐로우스톤 국립공원에 5년 동안 자동차를 출입시키지 말아야 한다고 제안한다. 방문객은 걷거나 셔틀버스를 이용해 입장하도록 하자. 아니, 셔틀버스조차도 허용하지 않는 것이 더 좋겠다. 그리고 그 5년 동안 옐로우스톤을 신성한 곳으로 인식하는 관점에서 완전히 새로운 순환 시스템을 개발하고 공원을 어떻게 이용해야 할지 결정하자. 하지만 이것은 옐로우스톤 국립공원을 다시 푸르게 가꾸기 위한 시작에 불과할 것이다.

나는 요세미티 국립공원에 있는 숙박 시설의 절반을 제거하고 모든 차의 통행을 통제하자고 제안한다.

이것은 계곡을 따라 털털거리며 나쁜 가스를 뿜어내 소나무와 폭포수의 맑은 향을 흐려놓는 "코가 납작한 기계 딱정벌레(blunt-nosed mechanical beetles)"의 출입을 허용한 것을 개탄한 존 뮤어를 위한 것이다.

나는 그레이트 스모키 마운틴(Great Smokey Mountains)의 산허리를 가로지르는 도로를 폐쇄함으로써 남부 애팔래치아 산맥의 아름다운 야생을 다시 회복하자고 제안하는 바다.

이렇게 숲을 되살리는 과정에서 모든 공원을 책임지는 행정 기관들은 산, 계곡, 숲, 들판, 강, 자연의 생명 시스템 관리에 주력해야 할 것이다. 산과 강 그리고 들판의 안녕이 상업 및 관광객보다 앞서야 한다. 똑같은 원칙이 국가 유적 및 선사 유적지에도 적용되어야 할 것이다. 마침내 미국인들은 모든 죽은 것 위를 지날 때에는 가볍게 걸어야 한다는 것과 고대 전쟁터와 흙으로 만들어진 구조물, 막대기, 돌 등은 우리가 잠시 맡고 있다가 후세에 물려주어야 한다는 것을 배우게 될 것이다.[119)]

≪필드&스트림≫은 미군의 공병대를 주된 타깃으로 공략하는 잡지였다. 군이 진행하는 환경파괴적인 건설 프로젝트에 대해 비판할 때마다 독자들은 내 편을 들어주었으며, 심지어는 더 독한 비평을 위해 쓰라고 자료를 보내주었다. 독자들이 보인 관심과 내가 가진 자료의 신빙성이 더해지자 편집장 클레어 콘리(Clare Conley)는 3개의 기사를 묶어 시리즈를 쓸 것을 허락했는데, 제목은 "최고의 속력으로 강에 둑을 쌓으라(Dam the Rivers, Full Speed Ahead)"로 결정했다. 1970년 10월 다음과 같은 부제가 붙은 기사가 실렸다. "미군 공병대는 워싱턴에서 가장 영향력 있고 강력한 로비 단체로 불리고 있다. 심지어는 대통령도 그들의 세력을 잠재울 수 없었다. 우리의 하천을 무차별적으로 개발하려는 그들의 움직임 앞에 환경보호주의자들이 무엇을 할 수 있겠는가?" 한 달 후 다음 기사에서는 다음과 같은 부제가 달렸다. "미 공병대가 관여한 곳이라면 대중은 절대로 경계를 풀어서는 안 된다. 왜냐하면 강에 댐을 쌓아 물의 흐름을 가로막는 것이 그들의 삶이며 그들은 이 싸움을 포기할 것 같지 않기 때문이다. 오늘날 누구도 원치 않는 최악의 프로젝트 리스트 15개를 공개한다. 보라!" 이 시리즈의 마지막 기사의 부제는 다음과 같다. "오늘날까지 미 공병대가 추구한 가장 유명한 프로젝트들은 자연을 심각하게 파괴시켜 왔다. 그들은 계속 자연을 파괴시킬 것인가? 아니

면 그들이 엉망이 된 이 산천을 다시 정화시키기 위해 노력할 것이라는 희망이 있는가?"

그 잡지사에서 해고된 지 4년 후 나는 토목 사업의 지휘관인 모리스 소장(J. W. Morris, 후에 그는 공병대의 총지휘관이 되었다)으로부터 편지를 받고 깜짝 놀랐다. 그 편지에 그는 이렇게 썼다.

공공사업과 그러한 프로젝트의 행정을 책임지고 있는 책임자에 대한 솔직하고 건설적이며 진심 어린 비판은, 건강한 민주주의 과정에 필수적인 것입니다. 국민의 관심을 자주 이끌어내기는 어려우며 모든 측면과 견해에 대한 토론 없이는 정의를 내리기가 거의 불가능합니다. 당신이 쓴 기사와 우리 공병단과의 사적인 커뮤니케이션에 대해 우리는 아주 감사하게 생각합니다. 당신의 성실함과 솔직함, 정보의 신뢰성, 그리고 다른 사람의 견해에 귀를 기울이고 고려하려는 태도는 아주 훌륭하다고 생각합니다. 우리는 다른 정기 간행물에서 당신의 기사를 읽을 수 있기를 기대하며, 당신과의 직접적인 대화를 필요로 하는 특별한 상황이 되면 경우는 직접 만나서 대화할 수 있기를 고대합니다.[120]

나는 당연히 이 편지를 팬레터로 소중히 생각하며 액자에 끼워 두었다. 인쇄매체를 통해 내가 비판한 조직에 속한 사람이, 나의 성실함과 신뢰성 그리고 다른 사람의 견해에 귀를 기울이려는 나의 태도를 존경한다고 한 점을 매우 자랑스럽게 생각한다. 나는 이 자체가 상이라고 생각한다. 나는 내가 하고자 하는 일에 대한 믿음과 제도가 여전히 제대로 운용된다는 믿음이 있었기에 이런 상을 받게 되었다고 생각한다. 벽에 걸린 편지가 이 교훈을 아직도 생생하게 지켜주고 있다.

제11장

'전체 기사'를 쓰는 데 도움이 되는 역사와 윤리

　아이다호 대학에서 나는 야생보호에 대한 임업수업 발표를 제안받았다. 수업준비를 위해 받았던 과목요강의 복사본은 객관성을 고수할 것을 강조하는 문구로 가득했다. 나는 수업에서 말했다. "야생에 관한 주제를 맡았으니 휴식을 취합시다. 그리고 변화를 위해 오늘은 주관적이 됩시다." 이어서 나는 그들이 아는 곳 중에서 가장 아름다운 자연 장소를 마음속에 그려본 뒤, 한곳을 정해 서술해 보라고 했다. 모든 학생들은 그들의 짧은 에세이를 큰 소리로 읽었다. 에세이는 상상력이 풍부했고 창의적이었으며 사실적이었기에, 그들 스스로도 만족했을 거라고 생각했다.

　그 연습은 올바른 임학과 맞닿아 있었고, 하늘과 대지를 사랑하는 철학과 함께할 수 있었다. 야생은 인간의 운명을 인간의 희망과 동일시한다. 그것은 객관적이기보단 주관적인 가치체계를 필요로 하는 인간의 조건과 잠재력을 축복한다. 내 생각에 철학과 윤리는, 기술적이고 전문적인 연구와 경력에 도움이 되는 토대를 제공한다. 환경의 특정 부분을 대신할 무언가를 얻은 이들은, 하나같이 인간의 정신과 마음이라는 무형의 가치를 끌어들였다. 그리고 역사를 되짚어보면 이런 가치들이 환경주의의 개념 정립과 발전에 주요했음을 알 수 있다. 이는 에머슨(Emerson), 소로우, 존 뮤어는 물론, ('생태학의 아버지'라고 불리는) 조지 퍼킨스 마시(George Perkins Marsh)나 존 웨슬리 파웰(John Wesley Powell)부터 알도 레오팔드(Aldo Leopald), 폴 에를리히(Paul Ehrlich) 그리고 에드워드 윌슨(Edward O. Wilson)에 이르는 과학자들의 생애, 작품, 말에서도 확인된다.

나는 철학과 역사, 둘 다 환경 저널리즘과 관련되어 있다고 배워왔다. 한 예로, 환경 파괴는 인간의 시선으로 보기에는 느리다. 그것은 산사태라기보다는 서서히 일어나는 부식 같다. 그리고 대부분의 사람들은 너무 바쁘거나 동적이어서 이에 관심을 갖지 못한다. 그러므로 만약 기자들이 역사적인 인식을 갖출 시간이 있었거나 더 큰 그림을 보았더라면, 열린 공간의 소실과 같은 이야기들이 생생하게 알려졌을 것이다. 좋은 연습은 도시이웃들이 한 세기 전에는 어땠는가를 상상하는 것이다. 환경기고가는 이처럼 대조와 변화의 속도를 간파할 필요가 있다.

역사에 대한 폭넓은 식별과 인식은 완전한 글쓰기를 가능하게 한다. 케이스 웨스턴 대학(Case Western University)에서 역사학과 법학을 담당하는 교수인 테드 스타인버그(Ted Steinberg)가 쓴 기사 안에서 그 예를 제시해 보겠다. 그는 허리케인 앤드류(Andrew)의 여파에 대해 《뉴스위크》로부터 인용한 내용으로 기사를 시작했다. "앤드류는 보험회사들이 '신의 행동'이라고 부른 것이었다. 어떠한 인간도 설명할 수 없는 행동이라는 말이다." 하지만 이어서 스타인버그는 그것이 전혀 사실이 아니라고 밝혔다. "뉴스위크 편집장의 견해들에는 이동식 주택에 대한 낮은 연방 기준, 강제철거에 대한 규정, 그리고 빌딩에 관한 미약한 규정 등, 재난 속에서 드러난 인간의 사회적·경제적 영향력에 관해서는 어떠한 질문도 없다. 자연재해를 경험한 대부분의 학생들은 허리케인 앤드류와 같은 사태는 전적으로 자연적인 문제만이 아니고, 인간의 복잡성이 가볍게 다루어진 문제이기도 하다는 데 동의할 것이다."[121]

비록 허리케인은 "자연의 극단적인 우연으로 발생한 것"처럼 보이지만, 스타인버그는 남부 플로리다의 재난 가능성이 높은 환경을 자세히 조사하면서, 자연적인 재난의 자연스럽지 않은 역사에 관해서 다음과 같이 질문했다. "위험한 재난은 어떻게 발생하는가? 재난과 관련한 건설사업으로부터 누가 이익을 얻는가? 재난이 닥쳤을 때 어떻게 그 재난의 인재(人災)적 측면이, 더 높은 경제 성장과 토지 개발로 인해 모호해지고 부정되는가?"

스타인버그는 허리케인이 자주 일어나는 남부 플로리다는 재앙이 오기를 오랫동안 기다려온 지역이라고 설명했다. 사적인 개발자들은 허리케인과 홍수의 발생을 초래할 우려가 있는 지역 건설을 통해 여행과 농경 잠재력을 최대화하기 위해 노력해 왔고, 이를 위해 연방과 주정부로부터 보조금을 받아왔기 때문이다. 그는 "자연재해는 이익 추구를 위해 오래전부터 잉태된 문제로 남부 플로리다에선 매우 어두운 역사를 가지고 있다"고 밝혔다. 1926년의 끔찍한 허리케인을 겪은 후, ≪마이애미 헤럴드≫는 분주한 거리를 가로지르는 모험적인 삶에 허리케인만큼 공포스러운 더 큰 위험이 있다고 결론지었다. 그리고 ≪마이애미 데일리 뉴스(Miami Daily News)≫는 노동절 재해 후 두 달 뒤에, 마이애미가 폭풍의 시험을 견뎌냈다고 선언했다. ≪데일리 뉴스≫는 허리케인이나 폭풍우로 죽는 것보다 더욱 많은 사람들이 자동차 사고로 죽고 있으며, 허리케인으로 인한 피해 중 가장 큰 것은 정신적 고통이다"라고 주장했다.[122]

그러나 스타인버그는, 1948년에 마이애미 해안 당국에서 바다 쪽으로 방벽을 확장시킴으로써 해안지역 개발을 부추겼다고 기록하고 있다. 이로 인해 호텔들은 규모를 키웠고 울타리를 침으로써 사람들의 접근을 차단했을 뿐 아니라 공공의 이익을 침해했다. 해변 침식은 새로운 것이 아니다. 그것은 1910년대 이후 이미 진행되고 있었고 1926년의 허리케인 후 더욱 강해졌다. 마이애미는 모래 유출과 해변 보호를 위해 방파제를 건설했다. 1970년대까지 많은 방파제가 건설되어, 해변은 마치 군대 참호처럼 보였다. 그러나 해변이 사라진 주요 원인은 호텔과 다른 구조물들이 해변에 너무 가까이 건설되었기 때문이었다.

1960년 허리케인 도나(Donna) 이후, 아이젠하워 대통령은 플로리다키스 제도(Florida Keys)를 재해지역으로 선포하고 허리케인 재해지역 내에 다리, 고속도로, 해안선을 재건축하기 위해 수백만 달러를 쏟아 부었다. 연방자금은 1964년 허리케인 클레오(Cleo), 1965년 벳시(Betsy) 후 계속해서 투자되었다. 벳시 이후, 폭풍의 오랜 일시적인 고요와 함께 1980년대에 경제와 인구가 두 배로 성장한 것은 빌딩 규정의 시행 소홀과 그 궤적을 같이했다. 데이드(Dade) 카운티는 건설을 위한 더 저렴하고 빠른 방법들을 추구하는 건설산업에 마지못해 동의했다. 결과적으로 허리케인 앤드류는 데이드 카운티의 이동식 주택 1만 593개 중 약 90%를 파괴했다.

20세기 초부터 1960년대까지 충분한 증거가 존재한다. 남부 플로리다의 부동산과 여행업계는 언론과 공모하여 허리케인의 위험성을 경시했었다. 게다가 연방과 주정부는 특히 제2차 세계대전 후 몇 년간 허리케인이 자주 일어나는 지역에 사적인 개발을 지지하기 위해 공적 부문에서의 비용을 변경함으로써 남부 플로리다 생활의 진짜 위험을 숨겼다. 위험이 자주 일어나는 지역에 더 많은 개발을 보조하고 동시에 허리케인의 위험을 경시하는 풍조는 사람들을 위험 지역 내에 정착시키고 눌러앉으라고 부추긴 격이었다.

환경 저널리즘은 역사를 연구하며 그것을 공론화할 필요가 있다. 환경 저널리스트들은 미국에서 언론이 어떻게 영국의 지배에 반대했고, 권력의 오용을 감시했으며, 헌법과 법안을 수호하기 위해 시작되었는지 등의 저널리즘 역사를 알아야만 한다. 19세기 후반에 독직, 부패 그리고 사회문제에 초점을 두었던 염가의 대중 잡지시대를 가능케 했던 기술 진보에 대해 알아야 한다. 그리고 ≪네이션(Nation)≫, ≪뉴 리퍼블릭(New Republic)≫, ≪뉴 매시스(New Masses)≫, ≪인팩트(InFact)≫와 같은 20세기의 개혁적인 저널들에 대해 알아야 한다. 이들 저널의 편집자와 기자에 대한 인식과 검토 작업은 다가올 개혁을 이해할 수 있는 토대를 제공해 줄 것이다.

제3부 그린 잉크의 첫걸음
Green Ink

- 제12장 | 한걸음씩 내디뎌라
- 제13장 | 스토리는 그것을 발견하는 곳에 존재한다
- 제14장 | 인터뷰와 정밀 조사의 수행
- 제15장 | 필수적인 컴퓨터
- 제16장 | 과학적인 질문을 하는 방법
- 제17장 | 자유기고가는 일찍 일어나고 늦게까지 깨어있다
- 제18장 | 대안 매체에서 오는 기회
- 제19장 | 경력 쌓기: 기회는 누구에게나 찾아온다
- 제20장 | 내일의 자연을 향하여

제12장

한걸음씩 내디뎌라

 글을 잘 쓰는 것은 외과의사가 되는 것만큼이나 어렵다는 말이 있다. 글쓰기 중에 특히 환경에 관한 글을 쓰는 것은 인내와 고통, 그리고 두꺼운 얼굴(이는 하루아침에 이루어지는 것이 아니다)을 요구한다. 이를 위한 노력의 첫 번째는 바로 한걸음씩 나아가는 것이다.
 여기엔 당신이 선택할 수밖에 없는 무엇인가가 있다. 글쓰기는 삶의 목적을 선사한다. 한편 한편의 글은, 가까운 부패를 인식하지 못하는 이나 자신들이 본 것을 평가내릴 적절한 데이터를 갖지 못한 이들에게 좋은 선물이 될 수 있다. 하는 일에 신념과 자부심을 가져라. 절대로 자신을 과소평가하지 마라. 당신이 할 수 있는 한 최선을 다하고 능력을 향상시켜라. 한 번에 한걸음씩.
 다른 누군가가 되려 하지 말고 자신이 누구이든 자기다워야 한다. 제자 중 한 명인 소니아 슬레이터(Sonia Slater)는 바른 생각을 가지고 글을 썼다. "공포와 이해를 멀리하기란 쉽지가 않다. 그러나 나는 나의 신념과 확신을 가지고 매 순간—한 권의 책, 한 번의 수업, 한 번의 인터뷰, 한 번의 회의, 한 번의 대화, 그리고 한 번의 심장박동과 한 번의 성공까지— 에 전념한다. 성적표는 교양의 수준을 말해주지 않는다. 성적으로 사람의 지적 수준을 판단할 수도 없다. 비인격적인 체계가 요구하는 기대를 충족시킬 필요 없이 안전한 채널로부터 어딘가에 도달하려 애쓰며, 끊임없이 도전하라고 배웠다."

글쓰기에 있어 당신의 장기 목표를 정하라. 일기에 적어두고 수시로 그 목표를 상기하라. 그러고 나서 거기에 도달하기 위한 단기 목표를 따르라. 쓰고 싶은 주제가 무엇이며, 어디에 출판할지, 그러기 위해 필요한 것이 무엇인지를 배워야 한다. 융통성을 가지되 그 각각의 목표를 제한해야 한다. 현실적이고 실현가능한 목표로 제한하지 않으면, 스스로 낙담하거나 실의에 빠질 것이다.

작은 것에서부터 시작해서 성공은 또 다른 성공을 가져온다는 원칙을 가지고 다음에 더 큰 걸음을 내딛어라. 당신이 얻은 모든 기회를 축복해라. 실패는 또 다른 성공을 자아낸다. 그것은 성공을 이루는 또 다른 기회를 창조한다.

물론, 당신은 훨씬 경험 많은 전문가를 포함한 사람들과 경쟁하고 있다. 그러나 오래되고 많이 다루어진 주제의 글들이 꼭 좋은 글들이 아니다. 새로운 자료를 구하고 이것을 새롭게 담아내는 것이 도전의 또 하나의 방법이자 바로 당신의 기회다.

당신의 작업을 보여주고 충고를 받아들여라. 다양한 독자에게서 동일한 충고를 받았다면, 그 충고에는 중대한 고려 사항이 있는 것이다. 그러나 목표를 고수하고 앞으로 나갈 필요도 있다.

일기를 간직해 두어라. 그것은 당신의 사적이고 출판되지 않은 자료, 사색, 감정과 장단점을 평가할 수 있고, 절망적인 상황에서도 저널 외부로 표현하는 태도와 아이디어에 영감을 줄 수 있는 공간이다.

좋은 책읽기는 좋은 글쓰기로 연결된다. 왓킨스는 하루에 두 시간 동안 글을 쓰려면 나머지 스물두 시간 동안 책을 읽어야 한다고 말한다. 가능한 많은 것을 항상 읽으라고 그는 조언한다. 소설, 논픽션 등 다양한 글들을 읽어라. "시를 큰소리로 읽어서 리듬을 느끼고, 단어의 맛과 냄새, 그리고 소리를 느껴라. 만일 아무것도 읽을 것이 없으면 시리얼 박스의 뒤라도 읽어라. 그러면 좋은 글이 당신의 머리에서 나와 종이로 스며들 것이다."123) 다른 사람의 좋은 글을 읽는 것이 당신의 재주와 재능을 강화할 것이다.

개성보다는 원칙에 초점을 맞추어라. 환경 저널리즘 분야 일을 하면서 당신은 누군가를 화나게 할 수 있다. 그러나 당신의 글에 반대하는 사람이 악마는 아니라는 걸 인식하고, 당신의 글이 이들을 능가한다는 걸 알아라.

사람들이 오래 믿음을 품으면 해결책이 실현될 수 있다는 마음을 가져라. 단순히 문제제기에 그치지 말고 해결책에 집중하고 확신을 가져라. 대성당을 짓기 위해 수년이 걸리지만 그 시작은 하나의 발걸음에서 시작되듯이 글쓰기도 마찬가지다.

규율을 가져라. 자신에게 인내를 가지고 시행착오를 거치되 꾸준히 지속해야 한다. 규율은 필수적인 것이다. 그 외에 다른 방법은 없다. 매일 일할 계획을 세워라. 매시간 당신이 쓸 수 있는 시간 계획을 짜라. 무엇이든지 계획대로 일해야 한다. 하루에 한 쪽을 쓴다면 1년 후에 365쪽짜리 책이 될 것이다. 더 많이 쓸수록 더욱 능숙해질 것이다.

환경을 생각하면서 살아라. 신문, 저널, 책을 읽으며 많은 정보를 얻고 숙지해라. 당신의 시간과 돈의 활용방식을 적극적으로 바꿔라. 주의를 산만하게 하는 것과 사치품을 없애고 당신의 인생에 있어 중요한 것에 집중해라.

다른 사람과 협력하라. 그러면 당신이 필요로 할 때 다른 사람들이 협조할 것이다. 당신이 높은 곳을 향하는 과정에서 마주치는 이들은 그 아래에서도 만나게 되기 쉽다.

미소와 유머를 연마하라. 생활은 훨씬 냉혹하니 자신을 밝게 해라. 문제는 심각하게 파고들되 자신에게는 그렇게 하지 마라. 웃는 법도 배워라.

밖으로 나가라. 캠핑, 카누, 카약, 하이킹, 도보, 공원 벤치에 앉아 있는 것 등 말이다. 야외에서의 생활을 통해 글쓰기의 내적 성찰과의 균형을 유지해라. 당신이 구하고자 하는 세상을 알고 잘 감상한다면 야외에서의 행위를 통해 일을 더 잘할 수 있을 것이다. 토마스 제퍼슨(Thomas Jefferson)은 그의 손녀 코르넬리아 제퍼슨 랜돌프(Cornelia Jefferson Randolph)에게 이렇게 편지에 썼다. "나는 네가 거위 깃촉으로 글을 쓴다는 것을 보니 더욱 기쁘다. 왜냐하면 이제 너는 거위의 가치에 대해 알고 있을 테니까."[124] 당신이 거위 깃촉으로 글을 써야 한다는 것은 아니지만, 이는 거위의 가치를 알아야 할 때 도움이 된다.

제13장

스토리는 그것을 발견하는 곳에 존재한다

　이야기는 1987년에 《앨버커키 타임스(Albuquerque Times)》의 부지런한 젊은 기자였던 엘린 웰섬(Eileen Welsome)이 뉴멕시코(New Mexico)의 앨버커키(Albuquerque) 근교에 있는 커트랜드(Kirtland) 공군 기지의 무기 실험실에서, 동물 실험 중에 기밀 취급으로 분류된 보고서 중에 플루토늄이 인간에게 주사된 사실이 기록된 문헌을 발견한 것으로부터 시작되었다. 웰섬은 이것을 편집자들에게 알렸고, 그들은 추적이 쉽지 않은 이 일을 웰섬이 취재할 수 있게 했다.

　시작부터 웰섬은 「정보자유법(Freedom of Information Act)」을 통해 획득한, 정부의 공개 및 비공개 자료와 의회 보고서, 구술기록, 의학 및 장례기록에 대한 검토에 착수했다. 은퇴했거나 현재 활동하는 과학자, 역사가, 의사, 사서, 계보학자와 1945년과 1947년 사이에 자신도 모르게 플루토늄을 주사받은 5명의, 살아있는 가족들과 인터뷰를 실시했다.

　이 시리즈는 50년 된 스캔들을 폭로했다.[125] 웰섬의 조사는 환자들이 1940년대의 주사접종에 대한 진실을 듣지 못했고 동의하지도 않았다는 것을 보여주었다. 1970년대 초 후속연구가 진행되었을 때, 생존자와 가족들은 연구 목적에 다시 한 번 속았다.

사실상, 친척들은 실험에 그들이 사랑하는 가족이 관련되어 있었다는 사실을 ≪트리뷴≫을 통해서야 알게 되었다. 이때서야 처음으로 냉전 시기에 방사능 실험에 알려지지 않은 수의 미국인들이 이용되었음이 밝혀진 것이다.

또다른 이야기는 1958년 1월에 레이첼 카슨에 의해 시작되었다. "올가 오언스 허킨스(Olga Owens Huckins)가 내게 생명을 잃어버린 작은 세계에 대해 느낀 씁쓸한 경험에 대해 말했고, 이것은 내가 오래전부터 관심을 가져온 문제를 날카롭게 건드렸다. 나는 그때 이 책을 써야 한다는 것을 깨달았다."126)

이것이 50세에 카슨이 쓰기 시작한 『침묵의 봄』의 유명한 서문이다. 그녀는 DDT와 다른 화학물질에 의한 피해에 대해 잡지의 흥미를 일으키기 위하여 헛된 노력을 했다. 친구들은 그녀가 그러한 무거운 주제로 팔릴 만한 책을 쓸 수 있을지 의문스러워했다. 그러나 당시 그녀는 향후 4년의 헌신적인 연구와 작업이 없다면 평화가 사라질 것이라 믿었다.

스토리는 당신이 찾는 장소에 있다. 환경 저널리즘을 위한 가장 좋은 생각은 일 중에 또는 속해 있는 지역에서 개인적인 경험으로부터 나온다. 또는 신문논설, 정부 서류, 기술과 과학 저널, 인터넷, 그리고 환경 관련 출판물을 읽거나 활동적인 환경주의자를 알거나, 또는 스스로 환경운동가가 되는 것을 통해서 나온다.

가장 확실한 출발점 두 가지는 "당신이 알고 있는 것에 대해 쓰는 것"과 "당신의 관심이 머무는 주제에 대해 쓰는 것"이다.

≪뉴욕타임스≫에 수년간 환경 관련 기사를 써온 필립 샤베코프는 다음과 같은 믿음을 피력했다.

> 대부분은 아닐지라도 상당수의 조사 스토리는 어떤 식으로든 관련되어 있는 사람들의 조언에서부터 나온다. 그들은 자신들이 본 것에 대해 좋지 않게 생각

하고 대중매체가 상황을 변화시키는 도움을 줄 수 있을 것이라고 생각하는 사람들이다. ≪뉴욕타임스≫는 매우 강력한 매체이기 때문에, 현상에 대해 바람직하지 않다고 느끼고 있는 사람들은 ≪뉴욕타임스≫를 통해서 문제를 노출시키고 싶어 했다. 예를 들어 레이건 행정부 초기에 미 환경보호청의 지도부는 가연 휘발유(leaded gasoline)의 단계적 철수를 요구하는 정책을 바꾸고자 했고, 이성과 양심을 가진 관료들이나 납이 아이들에게 끼치는 영향을 알고 있던 사람들이 이 문제에 대해 말했다. 같은 행정부와 이와 연합한 세력들이 석유 개발을 위해 북극 야생생물 피난처를 정유회사에 개방하려고 했을 때, 환경단체는 내게 알래스카의 어류와 야생생물 서비스 직원들이 푸르드호 만(Prudhoe Bay) 연안에서 조사한, 야생생물에게 발생한 부정적인 영향을 상세하게 파악한 보고서를 주었다. 그 보고서는 내무부의 우익 지도부에 의해 은폐되어 왔다.[127]

"당신은 모든 것을 읽어야 하고, 자신에 대해 이야기하는 그 누구와도 대화를 나누어야 하며, 항상 주의를 기울이고 있어야 한다"고 애리조나에서 환경문제에 집중하기 위하여 성공적인 편집자 경력을 접은 그레고리 맥나미는 조언한다. "모든 것이 새로운 뉴스가 되지는 않는다. 가끔 작가는 잠재의식이 작동하는 동안 우연의 일치가 발생할 수 있음을 인정해야 한다."[128]

맥나미의 경우 영화제작자인 그의 친구가 남부 소노라(Sonora)에 사는 토착민족들에 대한 다큐멘터리를 만들려고 하는데 버플그래스(buffelgrass)에 대해 아는 것이 있냐고 물었던 것을 회고한다. 다른 사람과 마찬가지로 이 단어가 매우 낯설었기에, 나는 그가 '들소 잔디(buffalo grass)'를 물어보는 거라고 생각했다. 그러나 그 친구는 남부 소노라의 인디언들이 가까운 사막에서 아주 빨리 자라고 있는 잔디에 대해 많은 걱정을 하고 있다고 말했다. 그들은 자연을 개선하기 위해서는 응분의 비용이 필요하다는 것을 알고 있었다. 곧 그 뒤로, 알라모(Alamo)로부터 돌아온 조종사는 이렇게 외쳤다.

"당신은 모든 버플그래스가 허모실로(Hermosillo)와 남부에 심어지고 있는 것을 보아야 한다!" 그 다음에 멕시코의 한 지질화학자가 소노라에 있는 그의 가족을 방문했고 이웃이 자카테 버플(Zacate buffel)이라는 이 새로운 '놀라운 품종'을 심는 일을 도왔다고 말했다. 3주 동안 3번이나 듣게 되자, 맥나미는 이것의 특징에 대해 자세히 밝히고 지구를 더욱 생산력 있게 하려는 노력은 또 다른 부작용을 낳을 수 있다는 경고를 담아 기사화하기로 마음먹었다.129)

필립 샤베코프에게 특별히 기억할 만한 이야기는 한 통의 전화와 함께 시작된 코네티컷의 유독 산업 폐기물 쓰레기에 관한 것이었다.

나는 시민운동가를 접촉했던 미 환경보호청의 한 제보자에 의해서 이 사건에 대한 이야기를 들었다. 그것은 불법으로 유독 산업 폐기물을 저장하던 회사에 대한 것이었다. 그 회사는 이미 적절한 정화 처리 없이 비밀리에 인접한 강에 폐기물을 버리고 있었다. 그 위치는 몇몇 학교들과 병원 그리고 레스토랑과 아주 가까운 곳이었다.

미 환경보호청, 주 환경 기관, 시정부 그리고 지역 신문은 모두 최소한 어느 정도는 이 사실에 대해 알고 있었지만 아무런 조치도 취하지 않고 있었다. 폐기물 집하장의 소유자들이 정치 캠페인의 상당한 공헌자들이었기 때문이다. 환경 분과 위원회의 의장이었던 지역 하원의원은 이곳의 조사를 시작했으나 재선 캠페인 중이었기 때문에 이 문제에 대해 어떤 말이나 행동도 취하지 않았다.130)

서류를 조사하고, 공개 및 비공개 인터뷰를 하고, 진술을 확인하고, 불일치한 점을 찾고, 과학적이고 기술적인 측면에 대해 재확인하는 이 작업은 매우 힘든 과정이었다. 그러나 결국 《뉴욕타임스》의 안쪽 지면까지 차지하는 1면 기사가 되었다.

1면과 함께 5면을 채웠던 "더러운 서부-독성물질이 우리의 공기와 물과 대지로(The Filthy West-Toxics Pour into Our Air, Water, Land)"라는 헤드라인 기사를 쓴 브루스 셀크레이그(Bruce Selcraig)의 경우도 마찬가지였다. 이 기사는 "유타 주의 그레이트 솔트레이크를 가로질러 소금기 있는 물을 건너 동쪽으로 바람이 불 때, 이곳의 전망을 해치는 긴 노란색의 염소깃털이 황폐한 서쪽 지역의 거대한 마그네슘 공장에서 날아든다. 이 바람의 냄새를 처음 맡아보면 누가 클로록스(Clorox)를 엎질러 놓은 것 같다. 작고 쾌적한 그랜츠빌(Grantsville) 남쪽 30마일 지점에서, 버스는 하루에 몇 차례 이 거대한 공장으로 배를 타고 건너다니는 노동자들을 수송한다. 이 버스는 놓칠 수 없다. 왜냐하면 그것이 오는 냄새를 맡을 수 있으니까."[131]

셀크레이그는 가장 많은 염소를 배출하고, 가장 큰 대기 오염의 주범인 미국의 마그네슘 공장에 대해 기사를 쓰고 있었다. 그러나 그 스토리는 그의 똑똑한 컴퓨터 이용으로 독성물질 목록 또는 환경보호위원회에서 간행된 ≪TRI(Toxic Releases Inventory)≫에서 시작되었다. 인도의 보팔(Bhopal)에서 3,500명이 죽고 수만 명이 부상당한 1984년 유니온 탄화물(Union Carbide) 사고의 결과로 1986년에 설립된 TRI는, 20개의 제조업체에서 341개의 화학물질과 2만 3,000개가 넘는 시설의 공기, 육지, 물, 그리고 지하로의 오염물 방출에 대한 22개의 화학물 분류 보고를 필요로 한다. 이것은 미국에서 산업공해의 가장 좋은 척도가 되었고 회사가 공개하기 꺼려하는 정보를 수집하는 유용한 도구가 되었다.

TRI 또는 그것의 전산자료로부터, 누구라도 펄프 제분소, 제련소, 정제소, 국가 내에서 가장 오염된 지역의 주소, 또는 50개 주에서 가장 심한 신경유독 물질과 오존을 방출한 회사를 찾아낼 수 있다. 따라서 셀크레이그는 이렇게 썼다. "가장 많은 독성물질을 배출하는 20개 회사 중 6개 회사는 대체로 거대한 슬래그 더미를 배출하는 제련소다. 와이오밍의 체인(Cheyenne)에 위치한 연안 화학공장은 2000만 갤론 이상의 유독 산업 폐기물을 지하로 배출하는 4번째로 가장 큰 공장이다."132)

서부 지역의 가장 큰 연방 차원의 오염원은 캘리포니아의 투프만(Tupman)의 해군 석유 비축장이다. 또 다른 곳은 가구를 제조하는 과정에서 9만 파운드의 독소를 배출하는 콜로라도의 플로렌스(Florence) 연방 감옥이다.

광업물질 배출에 대해 광업 회사들에게 말할 기회를 주었는데 "슬래그는 공공연하게 있으나 적절히 관리된다면 환경에 문제가 없다. 오직 법적기준을 적용할 때만 위험하게 여겨질 뿐이다"라고 했다. 그러나 셀크레이그는 광업개혁을 주도하는 단체인 미네랄정책센터의 책임자인 필립 하커(Philip Hocker)를 인용하며 "이것은 광산이 서부지역 주민들에게 가하는 위협을 처음으로 보여준 것이다. 이 광산의 슬래그가 무해하고 이를 보고할 필요가 없다고 주장하는 것은 부도덕하다"133)고 썼다.

어쩌면 이것은 편집자가 특정한 시간에 원하거나 독자가 원하거나 작가가 말하길 원하거나 아니면 이것들이 합쳐진 결과로 볼 수 있다. 내가 1950년대 후반 처음 프리랜서를 시작했을 때 일요일 판인 《퍼레이드》에 많은 기사를 기고했다. 이때 나는 펜실베이니아의 게티즈버그에 있었고, 게티즈버그 국립전장의 감독관인 월터 콜맨(J. Walter Coleman)이 찾아와 이곳의 상업적인 개발과 주변에 대한 많은 개발 소식을 알려주어 매우 놀랐다. 그 방문은 《퍼레이드》 표지에 다음과 같은 특집 기사를 쓰도록 나를 이끌었다. "네온 사인들과 쓰레기장과 돈을 주우려는 세력이 우리의 유적지를 피폐하게 만들고 있다. 그리고 다른 무엇보다 신성화된 이곳이 훼손되고 있다……. 게티즈버그의 새로운 전쟁."134)

나는 이미 공원과 환경보호에 빠져 있었다. 그리고 지금 나는 설사 내가 좋아하지 않는 정기간행물에도 나의 관심사를 담은 기사를 팔 수 있었으리라 생각한다. 예를 들면, ≪체인징 타임스≫는 개인 투자에 대한 내용이 대부분이었다. 그러나 편집인인 허버트 브라운 주니어(Herbert L. Brown Jr.)와 그의 계승자 로버트 하비(Robert W. Harvey)는 "아름다운 아메리카―유산 또는 싸구려 환락가?", "이것을 잃지 말자", "우리는 왜 국립공원을 가지고 있나?" 그리고 "아름다운 미국은 더 많은 친구가 필요하다" 등의 글로 나를 격려했다.135)

나는 스토리를 발견하는 과정에서 스토리뿐만 아니라, 연구와 조사를 허드렛일이 아닌 기쁨으로 생각하는 사람들을 발견했고 그 만남을 여전히 소중하게 기억한다. 예를 들면, 1970년에 나는 30년 넘게 항공 조종을 했고, 마이애미에 과잉 공급된 연료를 버리라는 명령을 어겨 해고된 라인 거스리(W. Lain Guthrie)에 대한 기사를 읽었다. 그는 "내가 만약 공중에 연료를 버렸다면 비판받았을 것이다", "나는 왜 내가 더 일찍 이런 일을 멈추지 않았는지, 그리고 왜 사람들의 민가에 이를 버리는지를 모르겠다"라고 말했다.

나는 이 사람을 만나야겠다고 생각했다. 전화번호부를 뒤지거나 항공회사에 전화해서 그를 만날 수 있을지 확신하지 못했지만, 다행히 그와 쉽게 연결되었다. 그는 곧 우리 집에 왔고, 우리 가족들은 모두 그에게 반해버렸다. 후에 마이애미 남부에 있던 그의 집에 갔을 때 그는 자신의 시간과 돈을 들여 론이글 캠페인(lone-eagle campaign)을 수행하고 있었다. 그는 인류가 만들어낸 연기로 추측되는 것에 의해 시야가 가려져 사고를 당한 동료 조종사의 죽음에 공명했다. "연기는 몇몇 지역에서는 매우 짙어서 지평선뿐만 아니라 다른 비행기도 볼 수 없었다. 공무사고기록은 이 사고를 단순히 안개에 의한 것이라 보고했다."

이스턴 항공 회사는 3개월 후에 거스리를 복직시켰다. 그리고 큰 제트 비행기를 조종하는 것과 더불어 오염 문제를 연구하도록 했다. 그가 60세의 퇴직 연령에 이르렀을 때인 1973년에 그는 캠페인에 더 많은 시간을 보내며 대학과 시민단체들을 위해 강의했다. 그리고 "대기오염관리: 계획된 방출을 위한 정교한 계획"과 같은 훌륭한 정의가 담긴 『거스리 기장의 어구사전 (Captain Guthrie's Dictionary of Words and Phrases)』이라는 소책자를 자비를 들여 출판했다. 이제와 생각해 보면 나는 거스리에 대해 더 쓸 수 있기를 희망했던 듯하다. 어쨌든 나는 그를 포함하여 다른 사람들과의 만남, 무엇보다 같은 길을 가는 동료들을 매우 소중하게 생각한다.136)

* * *

스토리를 펼쳐내고 또 그것을 발견하는 방법에 대해 몇 가지를 조언해 보겠다.

자원봉사자로서 당신의 인맥과 관계를 구축해라. 만약 당신이 어디서부터 시작해야 할지 모르겠다면 지역의 오듀본이나 시에라 클럽, 지역 단체의 뉴스레터와 같은 미디어 프로젝트에서 자원 활동을 하라. 이를 통해 문제를 배울 수 있으며 건설적으로 기여하고, 인쇄된 출판물을 보고 접촉과 자신감을 얻게 될 것이다.

좋은 주제를 구하고 당신이 걱정하고 있고, 관심 있는 주장을 고수하라. 그것이 회색의 큰 곰들, 독수리, 이리, 다이옥신, 허드슨 강, 또는 그랜드캐니언일 수 있다. 결코 주제의 모든 것을 알고 쓸 수는 없으나, 절대 그 도전을 멈춰서는 안 된다. 이런 과정을 통해 당신은 전문가가 되고, 그럴 기회 또한 열릴 것이다.

맥나미와 왓킨스가 제안했듯이 신문, 잡지, 인터넷, 새로운 혹은 오래된 책들 그리고 정부 보고서 등 읽을 만한 것은 모두 읽어라. 전문가의 글을 읽어서 당신이 출판하고자 하는 시장에 맞춰라.

스토리에 대한 아이디어를 발견하는 것은 시작에 불과하다. 힘든 일을 준비해야 한다. 당신이 해야 할 일에 대한 연구와 조사가 기다리고 있다.

항상 강하게 이야기할 필요는 없지만 가끔 그렇게 하는 것도 필요하다. 코네티컷에서 행한 샤베코프의 조사를 보자.

사람들이 이야기하길 거부할 때도 나는 그 대답을 '아니요(No)'라고 생각하지 않았다. 나는 조사를 진행하며 더 많은 대답을 찾아 방문을 계속했다. 하원의원이 답변을 거부했을 때 나는 그가 다음 선거에 당선되기 위해 지역의 위험한 상황에 대해 고의적으로 등을 돌리고 있다고 기사화할 것이라고 위협했고 마침내 그의 서류를 볼 수 있었다.

나는 모든 서류를 읽었고, 가망성의 많고 적음에 구애받지 않고 가능성 있는 모든 이들과 인터뷰했다. 남용에 대한 문서를 조사할 때, 회사의 경영자와 대면하고자 했다. 그러나 그들은 인터뷰를 거절했다. 나는 또한 과학적이고 기술적인 측면에 대해 충분한 지식을 가지고 있었다. 즉, 어떤 화학물질이 폐기되고 있고, 그것의 위험성은 어느 정도인지, 건강상의 문제는 있는지, 실정법에서는 어떻게 규정하고 있는지, 제도적인 책임은 무엇이고 어떤 순서를 밟아야 하는지에 대해서 말이다.[137]

분명한 작가 정신을 가지고 어떻게 시기적절하게 쓸지를 고민하라. 그리고 끊임없는 글쓰기와 단호하고 도발적인 목소리와 견해를 가지고 있는 당신의 모델을 설정하라.

활자화된 스토리를 머릿속에 그려보아라. 아이디어의 바로 그 개념에서 이것이 대중에게 어떤 의미를 주는지 그려보고 그들의 생활과 어떤 관련이 있는지를 파악하라. 커버, 헤드라인, 부제, 사진과 그래픽 등 완성된 당신의 출판물을 그려보아라. 글의 골격을 세운 뒤에는 도움이 될 경우 당신의 지인에게 보여줘라(대개 편집자나 선생님에게 보여주는 것이 더 낫지만). 원고를 완성하고 제출할 마감기한을 정하라. 그런 다음 출판할 수 있는 곳에서 출판하고, 다음 일을 다시 시작해라.

제14장

인터뷰와 정밀 조사의 수행

　당신이 어떤 글을 쓰든지, 어떤 주제에 대해 어떤 미디어에서 다루든지, 그 작업은 당신과 당신의 독자들의 모험이어야 한다. 당신의 도전은 첫 문단에서 독자들의 관심을 사로잡고 이것을 결론까지 계속 끌고 가는 것이다. 독자들은 실제 사람을 좋아하기 때문에 당신의 글을 의인화시킴으로써 이 작업을 성공적으로 수행할 수 있다.

　에이미 모리슨(Amy Morrison)이란 학생은 "기사에 자신을 주입하는 것은 —마치 작가의 경험을 거울로 비추어 페이지를 사용하는 것과 같은— 매우 좋은 글쓰기이다. 이러한 반영은 독자와 작가를 연결시켜 준다. 독자들과의 접촉은 커뮤니케이션에 필수적이다. 기술적으로만 쓰여진 글은 독자들과 연결되지 않고 의사소통 또한 되지 않으며, 오히려 독자를 소외시킨다. 나는 내 글이 기술적인 것에서 벗어나 개인적인 것으로 느껴지길 바랐다. 나는 나의 독자와 접촉할 수 있는 방법과, 대학이 아니라 독자를 위한 글을 쓸 방법을 배울 필요가 있다"고 했다.

　당신의 일에 생기를 넣을 수 있는 가장 좋은 방법은 인터뷰를 통한 것이다. 인터뷰는 책을 떠나서 당신의 글을 업데이트해 주고, 인간적인 영역으로 채색하는 연구이자 조사이다. 인터뷰는 가정을 지지하는 증거를 발전시키거나 당신의 가정이 모두 잘못되었다는 것을 보여준다.

모든 글은 주로 다른 사람의 어떤 부분 또는 다른 한 부분의 해답을 찾는 탐구이지만 가끔씩 자기 문제의 해답도 얻을 수 있다. 저널리즘에서 '탐사 보도'는 특별한 훈련과 접근이 요구되는 분야로 여겨졌다. 내가 IRE에서 전문적인 기술을 증진하기 위해 노력하고 있을 때 나는 모든 보도기사가 질문하고 필요에 따라 더 깊은 질문을 통해 파헤치는 탐사적 성격이 본질적으로 있는 것으로 알았다. IRE는 발행물과 웹페이지를 통해서 좋은 자료를 제공한다. 그러나 여기서 나는 나 자신의, 혹은 다른 사람의 특별한 경험을 나누기를 바란다.

첫째, 인터뷰에 관해서 만일 당신이 완전하게 준비하고 귀를 열어 인터뷰를 가진다면 당신이 기대한 것 이상의 몇 배를 얻을 수 있을 것이다. 예를 들어 1987년 나의 책『국립공원을 다시 녹색으로(Regreening the National Parks)』를 쓰는 동안 나는 투손(Tucson)에 있는 스튜어트 우달의 법정 사무실에서 그와 인터뷰했다. 나는 우달이 케네디 대통령과 존슨 대통령 밑에서 내무부장관으로 있는 동안 알고 지냈고 존경해 왔다. 그는, 때때로 단점이라고 생각될 정도로, 항상 솔직하고 개방적이었다. 나는 그에게 로버트 보일(Robert H. Boyle)의 책인『허드슨 강(The Hudson River)』에 나온 허드슨 고속도로와 스톰킹 산의 컨솔리데이티드 에디슨(Consolidated Edison at Storm King Mountain)에 의해 제안된 발전소 건설을 막기 위한 시민의 노력에 대해 물어보았다. 뉴욕의 넬슨 록펠러(Nelson Rockefeller) 주지사와 그의 형제 로렌스(Laurance)는 이 계획을 지지한 박애주의자와 보존주의자로 유명했다. 우달은 처음에 시민의 편에 섰지만 결국 록펠러는 우달이 생각을 바꿀 것을 설득해서 미군엔지니어 회사(U. S. Army Corps of Engineers)가 준설 허가를 받을 수 있도록 종용했다. "나는 로렌스 록펠러가 나를 속이는 것을 눈감아 주었다"며 그는 인정했다. "로렌스는 많은 일을 했다. 우리는 7년 동안 같이 일해 왔고 비록 그에 대한 존경심이 점점 낮아졌지만 그는 좋은 사람이었다. 이것은 그가 성취해야만 했던 일이었을 테고 사실상 그는 '나는 공원을 위해 많은 일을 해왔고, 당신이 그 일을 축복하길 원한다'고 말했다. 나는 그것을 하지 말았어야 했다. 그러나 나는 당신이 맺은 개인적인 인간관계에 대해 이야기하는 것이다."138)

우리는 다양한 역사적 측면에 대해 토론했다. 사무실의 벽에는 우달과 프로스트가 함께 찍은 사진과 대법원 판사이자 환경보호주의자였던 윌리엄 더글러스(William O. Douglas), 진보주의 법정을 이끌었던 얼 워런(Earl Warren), 야생사회국장(Director of Wilderness Society)이자 「1964년 야생법(Wilderness Act of 1964)」의 입안자 하워드 자니서(Howard Zahniser)의 사진이 걸려 있었고, 그는 이 사진들을 아꼈다. 우달은 관계를 맺으며 그의 신용을 쌓았다. 그러나 산업계와 정부의 입장을 대변하는 이들의 반대와 압력 또한 많이 있었다. 예를 들어 아이젠하워 대통령이 서부에 댐을 짓기 위한 연방 달러를 차단했을 때, 그리고 케네디 대통령이 대선 캠페인 중 다시 그것을 짓기로 약속했을 때 등이다. 우달은 내게 케네디의 백악관 참모였던 테드 소렌슨(Ted Sorenson)이 "우리는 서부에 이를 공약해야 한다"고 주장했다고 말했다.

우달은 인터뷰를 항상 쉽게 했다. 대부분의 사람들이 그렇다. 거의 모든 사람들이 자기에게 순수하게 흥미를 가지고 있는 사람과 인터뷰 하는 것을 환영한다. 종종 인터뷰 담당자가 준비되어 있지 않거나, 듣는 것보다 자기의 말을 더 하려고 드는 것이 인터뷰를 어렵게 만드는 원인이다.

1990년대 최고의 환경 저널리스트 중 한 명인 데이비드 헬버그는 사전에 자신의 인터뷰 대상자에 관한 모든 것을 읽고자 노력했다. 1994년 그의 책 『그린을 위한 전쟁』에는 그가 논리적으로 동의하지 않는 사람들과의 인터뷰로 가득 차 있다. 그의 책에는 "나는 절대 토론하려 하지 않았지만,

그들이 마음을 열어 이야기하기를 원했다"라고 썼다. 또한 헬버그는 "나는 그들이 자유롭게 이야기할 수 있도록 공통의 관심사를 찾으려고 했다"라고 설명했다. 그의 책에 의하면 헬버그는 1933년 워싱턴의 벨리뷰(Bellevue)를 방문해 자유로운 기업보호위원회와 무기보유시민위원회의 책임자였던 알랜 고틀립(Allan Gottlieb)을 인터뷰했다. "나는 그가 『총기 보유의 권리(Gun Rights Fact Book)』를 쓴 저자였기 때문에 그와 총에 대한 이야기를 나누었다. 나중에 그는 헬버그에게 우편으로 얘기하길 원한다고 했고, 이를 통해 그는 많은 얘기를 해주었다"139)고 회상한다.

그 후로 헬버그는 고틀립에 대해 자신감을 가지고 쓸 수 있었다. 헬버그는 "고틀립은 칼럼니스트였던 조지 윌(George Will)이 '상품 거래의 불만족에서 상업적인 기회를 발견한 유사정치기업가(quasi-political entrepreneur)'라고 표현했듯이 직접우편(Direct Mail)으로 자금을 조달한 사람이었고, '지식 있고 주의 깊은 성격의 작은 몸집을 가진 45세의 기업인'140)이다"라고 묘사했다.

연습은 인터뷰를 완벽하게 만들 수 없다. 그러나 확실히 도움이 된다. 다음의 지침도 도움이 될 것이다.

사전에 인터뷰 대상에 대해 연구하라. 당신이 더 많이 알수록 그의 대답은 더 좋을 것이다. 당신이 말할 수 있는 상황에 "나는 당신의 책에 대해 읽었고 ……에 대해 궁금하다" 혹은 "지난달 당신은 연설에서 …… 이렇게 얘기했어요." 그 사람은 당신의 일이 완벽하다고 느낄 것이고, 대답할 만한 가치를 느낄 것이다.

노트와 펜, 녹음기를 준비를 해라.

질문에 대해 5~6개의 문항을 만들어라. 다른 질문들도 있을 것이다. 잘 준비된 질문들은 더욱 좋은 대답을 끌어낸다.

시작을 잘해야 한다. 5분 정도 일찍 도착해라. 적절한 옷을 입어라. 당신이 주제에 대해 어떻게 생각하고 있든 논쟁은 피하고 존경심을 보여줌으로써 인터뷰 대상자를 편안하게 만들어라. 당신은 그 사람의 관점을 듣기 위해 있다는 것을 잊지 마라. 질문하며 당신의 역할을 수행해라.

눈을 맞추고 주제에 집중하라. 예를 요구하거나 혹은 "실제로 언제 발생했습니까?"라고 질문해라. 부끄러워하지 마라. 만일 대답을 제대로 이해하지 못했을 경우 다시 물어보고 얼굴을 붉히지 마라. 나중에 제대로 이해하지 못한 글을 쓰는 것이 더욱 나쁘다.

떠나기 전에는 가볍게 하라. "우리가 모든 것을 얘기했다고 생각합니까?" 혹은 "당신이 추가하고 싶은 것은 없습니까?"와 같이 개방형 질문으로 마무리하는 게 좋다. 인터뷰를 잘했다면 인터뷰 대상이 어떤 특별한 정보를 줄 수도 있다. 그러면 이 문제에 대해 얘기할 다른 누군가가 더 있는지 물어봐라.

미래의 커뮤니케이션을 위해 문을 열어두어라. 다시 전화하거나 이메일을 보내라. 감사편지를 보내라. 그러면 당신은 가치 있는 만남과 자료를 얻을 수 있을 것이다.

녹음기는 제대로 작동하는지 확인하고, 테이프를 충분히 준비해라. 방해되지 않는 상태에서 가까이 설치해라. 항상 녹음기 사용에 대해 사전에 허가를 받아라. 1983년 나는 ≪국제신문(International Paper)≫의 론(Ron)과 홍보 담당자 폴라(Paula)와 함께 메인에 있는 숲을 찾았다. 우리는 한 오두막에서 하룻밤을 지냈다. 우리는 여러 가지 얘기를 나누었고 론에게 녹음테이프를 가지고 가서 인터뷰하고 싶다고 했다. 폴라가 불쑥 끼어들어 "론에게 요구하는 것은 어떤 질문인가?"라고 했고 그가 스크립트 없는 인터뷰에 무척 당황한 탓에 결국 포기하게 되었다.

이러한 경험은 내게는 처음이었지만 내가 녹음기에만 의존하면 안 된다는 것을 알려주었다. 노트에 필기를 해라. 만일 인터뷰 대상자가 너무 빠르게 응답한다면, 천천히 말해 줄 것을 요구하거나 조금 기다려달라고 해라.

자신만의 속기나 약자로 표시하는 방법을 만들어라. 나는 'to'를 2로, 'for'를 4, 'ing'를 g로, 'the'를 t로, package를 'pk' 또는 'pkg' 등으로 표시한다.

인터뷰가 끝나면 제대로 쓰지 않은 부분이나 기억하고 관찰했던 부분에 대해 제대로 정서해라. 무엇이 중요한지 이해하고 나머지는 남겨두어라. 문법을 바로잡는 것은 괜찮나? 당신이 인터뷰 대상자의 위치와 그가 쓴 단어의 감각을 존중하기만 한다면, 괜찮다. 구두와 필기상의 차이를 고려할 때 기계적으로 정확한 인용은 의미를 모호하게 할 수 있다. 인터뷰 대상자의 목소리를 정확하게 살리고 부드럽게 연결하기 위해 인용의 위치를 바꾸는 것은 괜찮다. 다만 의심이 생기면, 전화를 해서 다시 명확하게 하거나 문장을 바꾸어라.

노트를 잘 보관하라. 때때로 편집자들은 "정확히 그 사람이 무엇을 말했나?"라고 물을 것이고, 잡지사 조사원은 "그것의 기록을 가지고 있는가?"라고 질문할 것이다. 수년간 나는 내가 어디에 있었고, 누구를 만났고, 그 당시의 상황은 어떻게 변했는지에 대한 많은 노트와 교신기록을 가지고 있다. 법정문제로 노트가 필요한 경우는 없었지만 작가에게 이러한 경우는 일어날 수 있다. 법정에서 당신의 자료 제출을 요구할 때가 그렇고, 만일 그러한 기록을 가지고 있지 않다면 당신이 단지 기억에 의존하여 기사를 썼다고 볼 것이다.

자료가 훌륭할수록 당신의 스토리도 좋아질 것이다. 언론에 실리지 않는 소중한 정보를 나눌 수 있는 현장을 알고 신뢰 있는 관계를 쌓기 위해서는 시간과 경험이 필요하다. 환경을 취재하는 기자를 대상으로 한 세미나에서 이런 말을 했었다. 그중에 몇 명이 자신들의 질문에 대한 산림청 홍보 관계자들의 부정확한 반응에 대해 불만을 얘기했다. 물론 이것은 유감스러운 일이다. 그러나 왜 기자가 자신이 속한 조직에 대한 호의적인 이미지를 위해서만 힘쓰는 것이 본분인 자들에게 의존해야 하나? 기자는 기관에서도 다양한 계층의 존경할 만하고 믿을 만한 사람들과의 교류를 통해 진정한 관계를 만드는 것이 필요하다.

앞 장에서 나는 《뉴욕타임스》의 필립 샤베코프의 경험을 인용했었다. 《뉴욕타임스》는 매우 영향력 있는 신문이었기에 많은 사람들이 그들이 잘못된 것이라고 생각하는 문제에 대한 정보를 제공했다. 《뉴욕타임스》의 경우뿐만 아니라 다른 신문의 경우도 거의 비슷하다. 샤베코프가 말했듯이 전부는 아니더라도, "많은 탐사 스토리가 미디어가 그들이 보고 있는 상황과 문제를 개선할 수 있다고 생각하는 관련자들의 이야기로부터 나온다." 당신이 그들을 도울 수 있다고 생각되면 그들은 당신과 정보를 공유할 것이다.

「정보자유법」을 공부해라. 공적 기록을 캐어 볼 수 있다. 때때로 공무원에게 이 법에 대해 언급한 편지를 보내는 것 자체도 충분히 도움이 될 수 있다. 만약 이것이 실패하면 의회사무국에 도움을 청해라. 의원에 대한 여러 쟁점과 정치인 정보가 있다. 그러나 그들은 당신보다 더 큰 정치력과 관료주의적 열망을 보유하고 있을 것이다. 기관이나 조직이 합법적인 경우라도 정보 제공을 원치 않을 경우가 있지만 어딘가에 당신을 도우려는 이와 방법이 있을테니 조사를 계속해라.[141]

나는 많은 탐사 스토리가 미디어가 그들이 보고 있는 상황과 문제를 어느 정도 개선할 수 있다고 생각하는 사람들의 이야기에서 나온다는 생각에 동의한다. 사법기관의 사람들도 똑같은 이야기를 한다. 나는 나의 책 『고원의 이방인』을 쓸 때 노스캐롤라이나의 서부 지역 산에 대한 국세청 관리의 인터뷰를 통해 많은 것을 배웠다. "그들은 두 번 다시는 제공하지 않을 것이기 때문에 직접 전화를 걸고 조용한 목소리로 말한다. 질투에 찬 한 여성은 불법 위스키 거래를 하고 있는 남편의 위치를 알려줄 수도 있다. 전직 보안관으로부터 그의 정적을 처벌해 달라는 요구가 받아들여지지 않았을 수도 있다. 또는 위스키에 관련된 이웃을 고발하는 종교인도 있을 것이다. 자신의 입지를 위해 경쟁자를 조사해달라는 밀주업자도 있을 것이다."142)

공공기관이나 사설기관의 경우도, 상사나 상관에 의해 자신이 느낀 것이 묵살될 수 있다고 생각하는 관계자에 의해 스토리가 나올 수 있다. 한 번은 웨이여하우저 사의 손님으로서 그 회사의 부사장과 공해관리부장과 저녁을 같이했다. 우리는 술과 식사를 같이했고 많은 대화를 나누었는데 관리부장은 내게 "우리는 좋은 일을 할 수 있는 기술을 가졌지만 이를 사용하지 않고 있다. 당신이 그것을 추진할 수 있도록 해야 한다"라고 말한 적이 있다.

몇 년 뒤 1993년 10월 중순 또 다른 웨이여하우저 사의 부사장 찰스 빙햄(Charles W. Bingham)은 워싱턴 벨링햄의 북서 지역 미디어와 환경에 대한 회의에서 "산업계는 자원 관리 관행을 공중의 기대에 맞도록 개선해야 한다. 그리고 신뢰를 구축하는 촉매로서 미디어가 이러한 문제를 해결해 주어야 한다……. 저널리스트는 준비되어 있어야 하고, 균형 잡힌 시각을 전달하고, 귀 기울여 들어야 할 의무가 있다. 산업계는 자신들의 잘한 일뿐 아니라 잘못에 대해서도 공개하고, 정직하고 솔직해야 한다."143)

빙햄은 저널리스트들이 접근하기에 더 좋기 때문에 정부와 시민단체를 선호하지만 환경 정보의 자료로서 산업계를 제대로 인식하지 못한다고 했다. 그의 말이 타당한 부분이 있다. 따라서 탐사 기사 작성과 인터뷰의 좋은 지침은 다른 편의 사실관계를 제대로 파악하는 것이다. 이것이 좋은 저널리즘이다. 빙햄의 충고에 따라 준비하고 조심스럽게 듣는다면 당신은 기대하는 것보다 더 좋은 정보를 얻게 될 것이다.

그러나 만일 정당, 산업, 정부 어떤 것이든 개방적이지 않고, 정직하지도 않고, 솔직하지도 않다면 어떻게 해야 할까? 만일 대변인이 당신이 요구한 자료를 넘겨주지 않고 답변을 거부하거나 우회적인 얘기로 일관한다면 어떻게 해야 할까? 만일 정당이 뭔가를 은폐하려는 것이 확실하다면? 여기 이에 해당하는 내 자신의 경험과 빙햄의 회사에 대한 적절한 예가 있다.

1969년 7월 ≪필드&스트림≫에서, 나는 테네시 주 게임과 어류 위원회(Tennessee Game and Fish Commission)가 히와시 랜드 회사(Hiwassee Land Company)의 자회사인 보워터스 남부 제지 회사(Bowaters Southern Paper Corporation)가 천연 경목을 제거하고, 10개 카운티 면적에 펄프생산 단일경작을 위해 농약을 뿌리는 것을 허가했다는 시민의 제보를 받았다. 또한 채터누가(Chattanooga)의 외곽 지역에서 세 개의 사냥모임의 구성원들이 죽은 개와 새, 토끼 등을 발견했다는 소식을 들었다. 나는 이 사건에 대해 불과 한 문단의 기사(그것도 '카운티 시민의 우려에 대한' 기사의 일부분인)를 썼으나 보워터스의 홍보 담당자로부터 "사실을 왜곡하고 조작했다"는 매우 분노에 찬 편지를 받았다.

그의 이야기에 의하면, 이 지역은 아연 인화물이라 불리는 살충제에 의해 오염되어 있었고, 농약은 어린 소나무 숲에 사는 배고픈 들쥐와 설치류를 보호하기 위해서 뿌려졌으며, 게다가 생물학자들이 이 지역을 조사한 결과 아무런 문제점이 없었다는 내용이었다. 그는 10명의 유능한 전문가들에 의한 증명서를 주었다. 나는 정말로 그중 몇 가지를 확인했다. 그들은 만장일치로 보워터스가 아무 문제가 없다고 보증하고 있었다. 테네시 주 게임과 어류위원회(Tennessee Game and Fish Commission)와 미국 야생 어류 및 동물 협회의 지부 사무실도 마찬가지였다.

나는 내가 잘못되었을지도 모른다고 생각했다. 그러나 다른 증언들을 들을 수 있었다. 나의 칼럼이 나오자, 미국산림협회(American Forest Institute)과 목재 산업의 홍보부는 미국 전역에서 들쥐의 피해가 심하다는 보고서를 냈다. '보고서'의 중요한 자료는 보워터스 남부 제지회사와 미국산림협회에서 얻었다.

나는 보워터스 홍보 리스트에 있는 신문기자와의 접촉을 시도했다. 그 기자는 사건과 관련이 없다고 답했지만, 독극물을 뿌린 것이 실수였다고 인정한 회사 관리의 말을 포함하여 의미심장한 기사를 보냈다. 나는 버디 후트(Buddy Houts)라는 다른 기자와의 접촉을 시도했다. 그는 《채터누가 뉴스(Chattanooga News-Free Press)》의 기자로 시민들의 불평이 타당하다며 내게 확신을 주었다. 그 무렵 나는 한 단체로부터 어느 생물학자의 편지를 담은 사적인 편지를 받았다. 내용은 "메추라기, 토끼, 새가 사라졌다고 말한 사람들이 모두 틀릴 수는 없다"라는 것이었다. 야생 어류 및 동물 협회의 지역책임자는 이 생물학자의 편지를 복사하는 것을 거절했다. 이것은 명백히 「정보자유법」에 대한 위반이다.

앞에서 말한 바와 같이, 관계자가 무언가를 숨기고 있다면 그것은 반드시 어딘가 해로운 것이다. 1980년대 중반에 나는 기업 경영 간부의 월급과 비슷했던 국가환경기구의 행정 간부의 월급에 대한 글을 쓴 적이 있다. 그 액수에 대한 정보를 국가야생연합(National Wildlife Federation)을 제외한 모든 기관으로부터 얻을 수 있었는데 국가야생연합은 내게 "우리는 그러한 정보를 외부로 유출시킬 수 없다"는 말로 매정하게 거절했다. 이 조직은 틀림없이 무언가 숨기고 있었지만, 나는 어쨌든 어디서 왔는지 확인할 수 없는, 많은 돈이 월급에 더해진 것을 확인했다.

보워터스의 경우 나는 야생 어류 및 동물 협회뿐만 아니라 산림청과 과학자들에게 조언을 구했고 특히 아연인화물에 대해 물어보았다. 그들의 조언을 받아, 나는 공중 보건을 위한 국가전염병센터(National Communicable Disease Center of the Public Health Service), 국가페스트관리연합(National Pest Control Association), 북동지역페스트조정자모임(Northeast Regional Pest Coordinators), 캘리포니아대 농업실험장(California Agriculture Experiment Station at the University of California, Davis)에서 발행된 자료와 『농업 화학물에 대한 한나의 핸드북(Hanna's Handbook of Agricultural Chemicals)』 등을 조사했다.

비록 보워터스와 그의 연합은 아연 인화물이 들쥐만 죽인다고 주장했지만, 거의 모든 문헌은 이 화학물질이 강력하고, 극도로 위험하며, 오래 지속되는 독극물이라는 것을 강조하고 있었다.

나는 공부를 하는 동안, 차타누가에 가서 재검토를 하며 사람들과 이야기를 나누었다. 그러고 나서 나는 ≪필드&스트림≫을 통해 다음과 같이 자세하게 결말을 지었다. "내가 테네시에 도착했을 때 보워터스는 들쥐에 타격을 입히는 독극물의 두 번째 살포를 연기하고 취소한다고 발표했다. 이것은 현명한 결정이었다. 거의 모든 설치류를 박멸하는 이 프로그램은 성공하기 어렵다. 생식 성공의 감소도 뒤따른다. 만병통치약을 찾는 대신 높은 들쥐 증가 비율을 설명할 수 있는 산림관리 관행에 대한 세밀한 연구와 조사가 있어야 한다."[144]

이러한 경험을 통해 두 가지 가이드라인을 얻을 수 있다. 첫째, 공적인 기록과 자료 제공의 원천인 공무원과의 접촉을 시도하라. 대부분의 공무원들은 다음과 같은 정부 서비스를 위한 윤리 규정을 진지하게 받아들인다. "정부에서 일하는 어떤 사람이라도 높은 도덕적 원칙과 나라를 위한 충성을 어떤 개인, 단체 또는 정부 기관에게 제공해야 한다." 둘째, 해답과 기사를 위해 공적 정보기관을 방문해라. 그리고 이러한 기관에 숨어있는 기술적인 전문가를 알고 있어야 한다. 상위 직급에 있는 사람일수록 정치권의 영향을 받기 쉽지만 그렇지 않은 많은 계층의 관계자들은 공익을 위해 기꺼이 정보를 공유하기를 원한다. 그들은 곤란한 경우에조차, 어디서 무엇을 찾아야 하는지에 대한 힌트와 정보를 제공할 수 있다. 종종 공무원들은 기자가 문서를 보도록 책상 위에 올려놓고 화장실에 가야 한다며 나가기도 할 것이다. 또는 발신인의 표시가 없는 서류가 도착할 수도 있다. 일부의 공무원은 내부 폭로자로서 위험한 길을 걷기도 한다. 그러나 상원의원 패트릭 레히(Patrick Leahy)는 다음과 같이 이들을 변호한다. "정부 관리가 남용과 낭비를 폭로하는 것은 정부가 대중의 필요와 신뢰를 구축할 수 있게 해주는 진정한 공헌으로 보아야 한다. 이러한 측면에서 볼 때, 이러한 폭로는 정부를 약하게 하거나 망치는 것이 아니라, 건강하게 개선시키는 행위이다."145)

일반 시민의 얘기에 귀를 기울여라. 그들은 매번 옳지 않을 수 있으나 그들의 얘기는 그들이 이슈를 알고 있고, 정보를 가지고 있고, 기관들과 이미 접촉한 상태이기 때문에 들을 만한 가치가 있다.

신뢰를 주기 때문에 할 수 있다면 자료를 꼭 인용하는 것이 가장 좋다. 그러나 내부 폭로자의 경우라는 확신을 가지고 있다면 자료를 보호하는 것이 당신의 의무다. 만일 당신이 심층 인터뷰와 조사, 확증의 토대가 되는 제공된 자료를 사용한다면 그들의 상관은 절대 그것을 몰라야 하고, 다른 사람들이 부가적인 내부 정보를 주게 될 것이다.

진행 중인 일에 대해서 주제나 자료를 검토해야 하는가? 다양한 출판물과 작가는 고유의 기준을 개별적으로 가지고 있다. 때로는 비판적인 내용을 공유하는 것이 나쁠 수도 있다. 그러나 당신이 비판을 하려 한다면 모든 것이 정확하고 타당한 것이어야 한다. 아니면 당신의 신뢰와 평판에 해를 미친다. 주류 잡지는 출판하기 전에 기사에 대해 확인하는 내부 조사자나 확인자를 가지고 있다. 그러나 우선 당신이 그들에게 신뢰감을 주어야 한다. 나는 이러한 사람들의 반응이 대부분 도움이 된다고 생각한다. 그리고 나는 여전히 최종본도 관리한다.

또한 당신은 들은 것에 대해 확인해야 한다. 진술은 유명한 정부 관리나 회사 사장으로부터 나온 것일 수 있다. 그러나 이것 자체가 진실을 담보하지는 않는다. 당신은 "그가, 또는 그녀가 말했다"는 식의 성급한 기자가 아니라 탐사가이자 해석자라는 사실을 잊지 말라.

당신이 인터뷰에 의한 글쓰기를 하고 있으니 직접 인용에서 간접 인용을, 두 문장에서 한 문장으로 그리고 다른 방식으로 왔다갔다 할 것이다. 나는 이 책에서 문법을 가르치지는 않겠지만, 학생들의 불확실성과 실수를 떠올리며 당신에게도 올바른 인용법을 알려주고자 한다. 직접인용에서 인용이 하나의 완결 문장이면 쉼표를 사용해야 한다. 다음을 참조하라. 한 어린이가 말했다, "강이 범람했다." 또는 "차를 세워라," 경찰이 말했다. 한 문장 이상의 인용에 대해서는 방점을 사용해야 한다.

믿음을 가지고 그 상황에 대해 기록해라. 나는 우달의 성격과 관심을 말해 주는 그의 집 벽에 걸려 있던 사진에 대해 이야기했었다. 나는 또 한 명의 내무부 장관이었던 도널드 호델(Donald Hodel)을 인터뷰한 적이 있다. 호델은 서양식 부츠를 신고 화롯가에 앉아 있었으며 벽에는 요세미티 등반 시 찍은 그의 사진이 걸려 있었다. 난 여기서 유용한 스토리를 발견했다.

나는 문법의 올바른 사용에 대해 이야기했지만, 단어와 함께 표현하고 싶은 감정이 있을 경우가 있다. 『약속된 땅: 야생의 미국에서의 모험과 만남 (Promised Land: Adventures and Encounters in Wild America)』이라는 책에서 나는 마크 두보이스(Mark Dubois)와 그의 부인 샤론 네그리(Sharon Negri)와 캘리포니아에 있는 스타인슬라우스 강(Stainslaus River)을 건넌 적이 있다. 마크는 뉴멜론스(New Melones) 댐 건설에 반대하고 있었다. 1979년 봄에 그는 스타인슬라우스 위의 지역을 건너기 위해 댐 뒤편에서 물이 차오르는 것을 보며 큰 바위와 몸을 체인으로 묶고 등반했다. 이 책은 다음 문장인 마크의 이야기로 시작된다.

캠핑했던 협곡에서 돌아와 느낀 것은 내가 느꼈던 위험 수위에 압도당했다는 것이다. 나는 3개월 동안 협곡이 더욱 낮아졌다는 것을 알았기에 기자들을 모았다. 우리는 그들에게 이것을 말했으나 그들은 우리의 말을 부정하며, "그건 기사거리가 되지 못한다. 하루에 고작 나무가 잠길 정도의 몇 인치 정도가 낮아진 것뿐"이라고 말했다. 기사거리가 되는 이야기란 무엇일까? 내가 내려갈 준비가 되었을 때 갑자기 물이 나를 덮치려고 했다. 나는 "봐라, 나는 협곡에서 사는 내 친구들에게 갈 것이다. 그들은 같은 운명에 있다." "그들은 물에 잠길지 모른다." 나는 그때 우리 사회가 얼마나 자기중심적인가 확인했다. 많은 사람이 다른 생명이 가치가 있다는 걸 이해하지 못한다. 모든 것들이 우리의 이익을 위해서 존재한다고 여긴다…….

샤론은 깊이 생각하며 듣고 있었다. 그녀가 스스로의 생각이나 능력이 결코 없어서가 아니라 마크가 이야기하는 것을 들으려고 했기 때문이다. 그러나 이제 그녀는 불쑥 끼어들고 싶어졌다. "어젯밤 우리가 강을 올라갈 때, 왜 다른 사람들은 나처럼 이 일을 심각하게 느끼지 않았을까? 내가 TV를 통해 나치 치하의 독일에서 있었던 일을 보노라면 당시 세계의 사람들이 그저 지켜보고만 있었다는 게 믿어지지 않는다. 그 강이 범람하자 나는 왜 많은 사람들이 '이것은 부당하고, 있어서는 안 된다'고 소리 지르지 않았을까 하고 반문했다."146)

필립 샤베코프는 인터뷰에 대한 그의 생각을 다음과 같이 요약했다.

인터뷰는 인터뷰 대상자에 대한 공감대를 가지고 정중하게 수행해야 한다. 그러나 인터뷰 담당자는 대상자가 질문을 피하지 않고 제대로 대답하도록 끊임없이 요구해야 한다. 또 하나의 기본 사항은, 어리석은 대답은 있지만 어리석은 질문은 없다는 것이다. 세부 정보에 따라서는 예외가 있겠지만 비공개 인터뷰는 일반적으로 피해야 한다. 정중한 미소를 띠되 적극적으로, 그리고 복장을 제대로 갖추고, 약속 시간을 지켜야 한다.
특히 인용되길 원치 않는 사람들을 인용해서는 안 된다. 기자는 그가 원하는 인용이 어떤 출처에서 나오게 되는지 알게 된다. 나는 무절제한 수사법을 쓰는 정치인과 환경주의자들에 의지할 수 있었다……. 우리는 우리의 일을 열심히 하며, 비밀과 원인에 대한 공헌을 존중하며, 모든 출처와 공급원에게 귀를

기울이며, 정직하고 공평하고 정확한 리포팅과 글쓰기를 통해 관계를 만든다.147)

이것이 샤베코프의 훌륭함을 보증한다고 믿기에 그의 말을 인용하며 그에 대한 존경심을 표한다.

제15장

필수적인 컴퓨터

오늘날 컴퓨터와 그 주변기기는 글쓰기와 연구조사 그리고 커뮤니케이션에 있어서 필수적인 것이 되었고, 아마도 영원히 그러할 것이다. 저널리스트와 저자는 컴퓨터 없이 작업할 수 없다. 아마 시인은 가능할지 모르지만 컴퓨터 사용법을 아는 것은 철자법과 구문을 아는 것만큼 중요하다.

나는 내 컴퓨터가 신이 아니고 인터넷이 천국도 아니란 것을 안다. 난 컴퓨터에 이용당하지 않고 그것을 내게 맞게 환경적으로 그리고 생태적으로 이용하고 싶다. 그러나 아직 나는 컴퓨터 없이 효과적으로 일하기가 힘들다.

나는 컴퓨터와 인터넷을 더 일찍 시작해서 이를 더 잘 이용할 수 있기를 바랐다. 최소한 학생들은 그러기를 바란다. 특히 직장을 구할 때, 컴퓨터가 도움이 된다. 내가 수동 타자기와 묵지, 등사물, 라이노타이프 자동주조식자기(Linotype), 핫 리드(hot lead)를 가지고 한창 일하던 때와 비교해 보면 지금은 많이 달라졌고 계속해서 달라질 것이 분명하다.

요즘 편집인들은 타자기로 친 원고를 보려 하지 않는다. 최소한 컴퓨터로 작성된 원고와 디스켓을 원한다. 또는 인터넷을 통해 이메일이나 FTP(File Transfer Protocol)로 원고를 보낼 수도 있다. 이메일로 작가는 원고를 보낼 수 있을 뿐 아니라 편집자로부터 원고에 대한 수정과 피드백을 빠른 시간

내에 받을 수 있다.

또한 인터넷에 의한 조사는 무한한 문헌자료와 환경 관련 자료에의 접근을 가능하게 한다. 리처드 매닝은 "인터넷은 은자의 구원이다"라고 표현했다. "이것은 마치 내가 조용한 숲에서 혼자 전 세계의 모든 도서관의 자료를 살펴보는 것과 같다." "게다가 혼자 하면 불가능할 것 같은 거의 모든 자료를 이용하면서도 비용이 들지 않는다."[148]

개인적으로 나는 ≪뉴욕타임스≫와 ≪워싱턴 포스트≫를 일주일에 몇 번 검색한다. 그리고 나는 이러한 주요 신문이 간과하고 있을지 모를 다양한 영리·비영리 조직의 사이트를 찾아다닌다. 1991년 시작된 ≪인바이로링크(EnviroLink)≫는 주류 매체에 의해 간과될 수 있는 소재를 온라인 뉴스 서비스로 공급한다. ≪아메리칸 리버스(American Rivers)≫는 의회 보고서와 미국 전역의 강 유역에 관한 뉴스를 매일 제공한다. 시애틀의 피플 포 퓨젯 사운드(People for Puget Sound)는 온라인 출판물인 '생태 보고와 토착 이웃(Habitat Report and Native Neighborhoods)'과 자발적인 해안봉사 기회에 대한 정보를 온라인으로 제공한다.

온라인 활동가 단체가 성장함에 따라 정책 담당자와 공익단체는 매스미디어에 의해 편집되지 않고 컴퓨터 저널리스트들에게 새로운 기회를 열어주는 인터넷에 관심을 돌리게 되었다. 그린피스(Greenpeace)의 제이 타운센드(Jay Townsend)는 이 같은 현상을 "언론이 가진 지고(至高)의 자유"라 부른다. 그가 얘기하는 한 사례는 다음과 같다.

1995년 여름, 프랑스 군대는 프랑스 핵무기 시험에 항의하며 남태평양에 머물러 있던 레인보우 워리어(Rainbow Warrior) 호를 점거했다. 많은 네트워크 뉴스는 단순히 프랑스 장병이 배의 문을 부수고 최루탄을 투척하는 일부 극적인 장면만을 방영했다. 더 많은 정보를 찾아 많은 사람들이 이 배의 선원과 지도와

이 소함대의 사진을 보기 위해 우리의 웹사이트를 방문했다. 우리는 누가, 무엇을, 언제, 어떻게, 왜 했다와 같은 전형적인 것을 능가하는 더욱 종합적인 정보를 제공했다.

몇 주 동안 우리는 프랑스의 핵무기 실험에 반대하는 수만 명의 온라인 서명을 받았고, 다른 주제에 대해서도 수천 장의 액션 얼러트(Action Alert)를 정기적으로 발송했다.[149]

저널리즘에 더욱 관련된 사이트로 국가언론클럽(National Press Club)은 오후 브리핑과 주간 *NPC Record*를 통해 워싱턴 D.C.의 신선한 뉴스를 제공한다. 플로리다 주 세인트피터즈버그(St. Petersburg)에 소재하고 있는 포인터 온라인(Poynter online)은 저널리스트와 선생님을 위한 학교로 연구조사 파일과 참고문헌, 도서관 정보, 온라인 출판에 대한 정보를 제공한다. 최고의 인터넷 서비스 중 하나는 IRE 산하 기구인 '컴퓨터 지원 리포팅에 대한 국가기구(National Institute for Computer Assisted Reporting: NICAR)'로서 이 사이트는 고급 리포팅에 대한 정보를 제공하고 내부 고발자와 연결시켜 주며 다른 저널리즘 사이트와의 링크를 제공한다. 토론방은 사람들이 조언을 얻고 직업을 구하며 최근의 논쟁적인 문제에 대해 토론할 수 있는 기회를 제공한다.

그러나 컴퓨터는 사람들에게 부정적인 영향도 끼친다. 나는 집에서 혼자 작업하면서 가끔씩 내 컴퓨터가 인간의 얼굴을 코드와 숫자로 대치하고 사람들 간의 커뮤니케이션과 학교, 도서관을 해치는 것이 아닌가 하는 생각을 한다. 빌 게이츠는 학교에서의 컴퓨터 사용을 권장하지만, 컴퓨터 사용이 우리의 허리와 등, 그리고 눈에 어느 정도의 부작용을 주는지는 이야기하지 않는다. 컴퓨터 이용 능력이 책을 이해하는 능력보다 중요하지 않고, 컴퓨터로 인한 정신적 영역(mental scope)의 축소가 사람의 능력을 심각하게 제한할 수 있다는 사실에 대해서도 말하지 않는다.

개혁적인 광고사 중역인 제리 맨더는 그의 『세계 경제에 대항하는 사례(The Case Against the Global Economy)』에서 새로운 기술은 지역 경제의 붕괴를 희생양으로 중앙 집권적인 상업력을 배가시키는 특징이 있다고 주장했다.150) 시간이 그의 주장이 옳은지에 대해 말해줄 것이다. 현재로서는 맨더와 그의 우려를 공감하는 사람들은 ≪프레스노 비≫의 전직 기자인 아우드리 크라우스(Audrie Krause)가 설립한 넷액션(Net Action)에서 어느 정도 위안을 받는다. ≪넷액션 노츠(NetAction Notes)≫는 2개월에 한 번 발행되는 무료 인터넷 판 신문으로 소비자보호 캠페인이 마이크로 소프트의 잠재적인 반경쟁적 관행을 제기하는 동안 지역기구의 조직과 발전에 인터넷을 어떻게 사용해야 하는지 말해준다.

정보혁명에도 불구하고 사람들은 과거보다 더 적은 월급을 받고, 열악한 노동조건에서 더 오랫동안 일하고 있다. 이렇게 이야기하고 싶지 않지만, 전자매체를 통해 글을 기고하는 저널리스트나 기자의 경우도 마찬가지다. 모든 권리, 특히 전자매체에서의 2차적 사용을 통해 얻는 모든 이윤을 관리하는 출판업자에 의존하게 되는 저자들은 특히 그렇다. 많은 저작자 기구가 이에 대항한 것은 당연하다. 음악 사업에서 ASCAP가 했던 성격과 비슷하게 넷액션은 전자매체에서 일하는 작가를 위한 저작자 등록명부(Authors Registry)를 만들었다.

우리가 인정하든 안 하든 컴퓨터는 우리 인생의 일부가 되었다. 날씨가 좋을 때 컴퓨터에 매달려 있는 것은 좋지 않지만, 컴퓨터를 당신의 연구와 글쓰기, 당신의 좋은 글을 마케팅할 수 있는 전달자로 활용하는 것은 좋은 일이다. 그리고 만일을 위해 모든 복사본을 당신의 이동형 드라이브에 저장해 놓는 것이 좋다.

제16장

과학적인 질문을 하는 방법

지구 온난화는 계속되고 있는가? 점박이올빼미는 멸종의 위험에 처해 있는가? 다이옥신의 농도는 인류 건강에 위험한가? 우리는 어떻게 이를 알고 또한 누구를 믿어야 하는가? 저널리스트는 이를 신뢰성 있고 편안하게 전달하기 위해 얼마나 알고 있어야 할까?

이 장을 준비하기 위해 나는 환경 저널리스트에게 과학에 대한 지식이 중요한지, 만약 그렇다면 어느 정도 중요한지를 친구들과 동료들에게 물어보았다. 과학과 과학자와 커뮤니케이션 기술에 대한 개인적인 견해를 밝히기 전에 경험 있는 저널리스트와 저자 3명의 생각을 엿보기로 하자.

리처드 매닝은 다음과 같이 말했다. "과학 교육은 중요하고, 나는 이를 굳게 믿고 있다. 나는 과학자와 과학자 이외의 사람들 사이의 간극에 많이 놀란다. 그리고 이러한 간극을 좁힌다면 우리의 정치적인 많은 문제가 해결될 수 있다고 생각한다. 과학자 중에서 특히 보호주의 시각을 가진 새로운 유형의 생물학자는 정치적인 토론이 필요한 문제에 대해 많은 해답을 가지고 있지만 무시당하는 것에 대해 인내심이 부족하다. 이를 중지해야 한다. 환경 관련 글쓰기는 마치 과학자의 지혜를 일반인에게 전달하는 해석과 같은 것으로 정의할 수 있다. 이렇게 간극을 좁히는 일이 우리가 해야 할 일이며,

그러기 위해 저널리스트는 과학적인 교육을 끊임없이 받아야 한다.[151]

스티브 스튜브너는 "대학에서 웬만한 과학적 지식을 얻을 가치가 있다. 나는 몬태나 대학에서 환경 관련 강좌를 많이 수강했고 산림 생태와 대기 오염의 관계와 같이 나의 글쓰기에 도움이 되는 것들을 많이 배웠다. 이것은 생물학자나 엔지니어와 얘기할 때 신뢰를 주고, 당신이 기술적인 문제에 대한 지식을 가지고 있다는 것을 보여준다. 그러나 이러한 기술적인 문제를 분명하고 이해할 수 있게 대중에게 전해야 한다. 자료를 위해 글을 쓰지 말고 대중을 위해 글을 써라"[152]라고 말한다.

필립 샤베코프는 "과학 지식의 연마는 특히 복잡한 환경문제를 취재하는 데 도움이 되기는 하지만 필수적이지는 않다. 좋은 기자는 어떤 문제라도 정확한 정보를 담은 스토리를 위해 필수적인 지식을 빠르게 학습한다. 그러므로 학습보다 중요한 것은 어떤 질문을 해야 하는지를 알고 그 해답을 찾기 위해 지속적으로 노력하는 능력이다"라고 말했다.[153]

나는 샤베코프의 생각에 더 동의하지만 위에서 언급한 전문가들의 모든 의견이 유효하다고 생각한다. 교육은 비판적 사고 기술을 가르칠 수 있다. 질문과 인내는 좋은 저널리즘과 과학의 근원이다.

나는 수년간의 인터뷰를 통해, 현안에 대한 공동작업을 통해, 그리고 그들의 원고 편집을 통해 많은 과학자들을 알게 되었다. 과학은 절대적인 진실이 아니고 근사치이거나, 지식의 불완전함에 대한 인식 없이 지식에 기반하고, 법칙에 의해 지배되는 도그마일 수 있지만, 개방적인 물음이 핵심이어야 한다. 마침내 매닝이 위에서 언급한 것과 같은 새로운 유형의 과학적 사고는 인간의 관심사와 공적 영역에의 개입을 포함하여 다른 수준의 연계성과 전체로서의 시스템을 고려할 것을 강조하기에 이르렀다. 우리는 새롭고 타당한 데이터를 필요로 하지만 과학은 홀로 존재하는 것이 아니고 사회를 위해 존재해야 한다.

"상상은 지식보다 중요하다"라고 아인슈타인은 얘기했다. 알도 레오폴드(Aldo Leopold)는 위스콘신 대학교와 샌드 카운티 알마낙(A Sand County Almanac)에서 가르치며 "감정과 미학적 감각은 좋은 과학과 조화를 이룬다"고 했다. 그는 온화하지도 냉정하지도 않았고, 옹호자며 개혁자였다.

레오폴드와 동시대의 인물인 올라우스 머리(Olaus Murie)와 아돌프 머리(Adolph Murie)는 야생의 조종되지 않은 자연을 "현명한 사용"과 지혜, 인간 지성과 윤리와 과학의 본질로 보았다. 올라우스는 알래스카를 생명의 보고로 살리고, 무수한 세기 동안 이곳에 거주하고 있는 원주민, 회색 곰, 늑대, 순록, 큰사슴, 양, 북극곰, 독수리, 송골매, 물새를 살리고 싶었기 때문에 모든 정치적·상업적인 공리 실용주의자의 반대를 극복했다. 그 후 올라우스의 잘 알려진 책인 『알래스카의 자연주의자(A Naturalist in Alaska)』의 서문에서 그는 야생동물과 같이 생활하고 친밀한 관계를 구축하여 이들의 방식에 따라 생각하고자 하는 그의 동생 아돌프의 생활방식에 대해 기술했다. 그런 친밀한 접촉은 우리에게 절대적으로 부족한 자연에 대한 이해에 도달하게 한다고 밝혔다. 그는 또한 "우리에게 필요한 것은 과학, 철학 및 사회학의 구성 요소에 대한 상호 존경이다. 우리는 인간의 생태에 대해 생각하기 시작했지만, 이제는 모든 좋은 생명의 요소를 인식하고 그것들이 받을 만한 정당한 대우를 해주는 것이다"[154]라고 했다.

이것이 과학이 해야 하는 일이다. 나는 기자에게 그들의 조사가 철저하고 공정하다면 결코 이익에 영합하는 선전이 필요 없는 것처럼, 과학자에게 과학 이외의 어떤 것을 요구하지 않는다. 그러나 개인적인 윤리는 직업적인 수련만큼 중요하다.

사회는 우리가 볼 수 없는 중요한 변화를 예견할 수 있는 과학적인 조사를 필요로 한다. 과학적 조사는 공공정책을 결정할 때나 그와 관련된 일에 더욱 유용하다. 미주리 식물원장인 피터 레이븐(Peter H. Raven)은 『생물 다양성 보호의 정치학(The Politics of Preserving Biodiversity)』에서 내가 생각하는 과학적 책임의 모델에 대해 기술했다. 그는 태평양 북서 지역에서의 오래된 산림 파괴에 대해 인용하며 다음과 같이 말했다.

이 지역의 중요한 문제는 북서 지역의 목재 회사에 고용된 열심히 일하는 근로자와 북쪽의 점박이올빼미에 대해 로맨틱한 집착을 가지고 있는 환경문제 전문가와의 싸움으로 치부되었다……. 이 원시림은 광적인 탐욕에 의해 시달렸고, 이익을 극대화하기 위해 급속히 벌목되어 일본으로 운송되었다. 이러한 벌목 관행은 장기간 성장한 산림이 필요한 지역경제의 중요성을 무시한 것이다.
오늘날 체계적인 생물학자와 박물관에 의해 개발된 정보에 직접적으로 의존하는 생물학자와 보호단체 사이에 강한 연계가 필요하다……. 정치 지도자는 정보를 가지고 있는 사람들의 진실한 표현에 목말라 있고, 우리는 이러한 과정을 만드는 정치적 과정에 참여할 필요가 있다.
우리는 자신의 직업적 희생을 감수하고 이를 소리쳐 말하는 실천하는 동료를 신뢰해야 한다. 우리는 미디어와 정치인과 세상의 지속성을 향상시키려고 노력하는 이러한 목소리를 경청하는 모든 사람들에게 다가가야 한다.[155]

1960년대 레이첼 카슨은 환경과학의 커뮤니케이션에 있어 새로운 시대를 열었다. 캐나다인 팔리 모왓(Farley Mowat)은 『울지 않는 늑대(Never Cry Wolf)』와 그의 다른 책을 집필하기 위해 야생과학에 대한 훈련을 이용했다. 폴 에를리히(Paul Ehrlich), 유진 오덤(Eugene Odum), 에드워드 윌슨(Edward O. Wilson), 노만 마이어스(Norman Myers), 존 크레이그헤드(John Craighead), 프랭크 크레이그헤드(Frank Craighead), 휴 일티스(Hugh Iltis), 마이클 소울(Michael Soule), 피터 레이븐과 같은 사람들은 그들의 직업적 희생을 무릅쓰고 큰 소리로 주장을 펼쳤다는 점에서 신뢰를 받을 만하다.
어떤 사람들은 탁월하고 영향력 있는 작가로 확인된 반면 그 외는 과학적·

학문적 은어(academic jargon)와 개성을 가지고 전문어를 전달시키고 싶었던 사람들이다. 조셉 팔카(Joseph Palca)는 '미국 과학발전을 위한 연합(American Association for the Advancement of Science: AAS)'의 뉴스레터인 ≪AAS 옵서버(AAS Observer)≫의 1989년 11월 3일자에서 그의 학습 경험을 이렇게 얘기했다. 팔카는 이 조직의 매스미디어 장학지원으로 워싱턴 D.C. 방송국에서 인턴십을 수행하고 있었다. 그의 일은 과학과 건강에 관한 프로그램을 담당하는 TV 기자를 보조하는 일이었다. 그는 연구자들이 이를 전달하기 위해 20분이 소요되었을 내용을 2분 만에 핵심만을 전달하는 것을 배웠다. "그의 보고서는 과학자의 모임에서는 받아들일 수 없을 것이다", "그러나 내용은 정확했고 요점이 명확했으며, 목표하는 청중에게 적합했다. 환경을 전하는 과학자는 전체를 다 전하지 말고, 필수적인 것만 전달하는 데 집중해야 한다"[156]라고 팔카는 적었다. 팔카는 박사학위를 받고 프로듀서로 일한 후 ≪사이언스(Science)≫에서 일했고, NPR(National Public Radio)에서 과학 담당 기자로 일했다.

과학과 환경을 취재하는 것은 상당한 차이가 있다. 나는 이 점을 『과학 기고가를 위한 현장 안내서(A Field Guide for Science Writers)』를 읽은 후 알게 되었다. 30명이 넘는 작가에 의해 쓰여진 이 책은 소중한 지침과 가르침을 주었는데 나는 환경주의자들이 의제를 가지고 있기 때문에 그들을 경계해야 한다는 경고를 포함해서 주류 매체가 담고 있는 반복되는 주제가 있음을 발견했다.

나는 환경주의자가 의제를 제공하고 항상 공개하길 원한다. 반면에 이 책은 과학에 대한 글쓰기가 기업, 무역기구, 교육기관 그리고 정부기관으로부터 매우 많이 영향받고 있음을 보여주었다. 모든 것이 서로 연관되어 있다는 것이다. 연방정부는 우주 프로그램부터 공중 보건 및 의료와 기상예보, 시민과학과 기술을 포함한 분야에 400억 달러를 지출하고 300억 달러를 군사 연구와 개발에 사용한다. 백악관의 공익담당 특별보좌관인 릭 보르헤르트(Rick E. Borchelt)는 "많은 기관들이 풀타임이나 파트타임 과학기고가를 고용하는 이유는 바로 세금을 내는 국민에게 그들이 무엇을 하고 있는지 알리기 위해서이다"라고 설명한다.157)

학계, 무역업계, 산업계와 정부는 경험을 가진 작가인 커뮤니케이션 전문가를 고용하길 선호하는데 이들은 스토리를 어떻게 배치하고, 미디어에 어떻게 전달할지를 알기 때문이다. 산호세의 IBM 계열 알마덴 연구센터(Almaden Research Center)로 옮기기 전 로렌스 리버모어 국가 연구소(Lawrence Livermore National Laboratory)에서 일했던 마이클 로스(Michael Ross)는 이 책에서 작가가 기술회사에서 무슨 일을 하는지에 대해 이렇게 얘기한다. "뉴스 공표 자료, 사실자료, 마케팅 서류, 무역저널기사 그리고 내부적인 용도로 예상되는 질문과 답변리스트를 작성하는 것이 공보 분야 글쓰기 담당의 가장 보편적인 일이다……. 그것은 현실적이어야 하고, 대상으로 하는 독자를 겨냥해야 한다. 뉴스 자료를 쓰기 시작할 때 뉴스 가치에 대한 비판적 평가를 해야 하고, 중요한 청중을 정해야 한다. 회사 경영자는 작가의 판단과 스토리 이용 가능성에 대해 편안하게 해주어야 한다."158)

과학기고가는 심지어 그들의 작업이 감시되고, 재고되고, 좋은 과학보다는 나쁜 정치에 의해 퇴색될 때에도 고용주에게 충성을 바친다. 국가과학작가연합(National Association of Science Writers)의 일원인 보첼트는 "이러한 기관의 편집 행위에 대처하는 첫 번째 법칙은 당신이 쓰는 것에 대해 개인적으로 관심을 갖지 않는 것이다. 재고된 것이 나올 때 당신은 십중팔구 그것을 인식하지 못할 것이다"159)라고 경고한다.

레이첼 카슨은 '대상 독자'를 염두에 두고 '과학뉴스'를 쓴 적이 있다. 내가 이 책의 다른 부분에서 언급했듯이 『침묵의 봄』이 나오기 전에 많은 칼럼과 사설에서 이러한 문제를 다루었다. 그녀가 여성기자협회에서 말한 것처럼 "지난 여름 제초제 업계와 그 동업조합은 엄청난 양의 팸플릿을 쏟아내 언론과 여론 선도자들이 대중을 잠재우도록 했다." 카슨은 과학자의 논평과 미디어의 공격과 비판적 평가를 등에 업은 화학 업계의 영향에 대해 애써 냉정을 유지했다.

이 업계는 멈추지 않는다. 1997년에 워싱턴 D.C.에 본사를 둔 공공청렴센터(Center for Public Integrity)는 『어떻게 화학 산업이 과학을 조종하고 법률을 악용하고 우리의 건강을 해치는가?(How the Chemical Industry Manipulates Science, Bend the Laws, and Endangers Your Health)』를 내놓았다.160) 저자들은 독성 물질과 제초제에 대한 일을 하던 미 환경보호청의 고위간부 상당수가 나중에는 결국 화학회사 종사자나 무역단체와 로비회사에 고용된다는 3년간의 조사 결과를 발표했다. 소비자안전위원회(Consumer Products Safety Commission)의 회장이던 존 바잉톤(S. John Byington)은 그가 몸담았던 단체가 규제를 완화하도록 화학업계가 전개하는 캠페인을 도왔다. 건강에 중대한 위협을 준다고 알려진 4가지의 공통적인 유해 화학물질(아트라진, 알라콜로, 포름알데히드, 페르클로에텔린)을 만드는 회사는 미 환경보호청 직원에게 무료 여행을 제공했다. 화학 회사는 매년 "불량과학자"의 90퍼센트를 고용한다. 그리고 일부 독립적인 연구자들은 제초제 제조업계에서 지원하는 기금에 상당 부분 의존한다. 화학업계는 국민건강을 보호하는 국가 조직을 압도했다고 이 책은 결론지었다.

1997년 출판된 『하층에서의 생: 암과 환경에 대한 생태학적 시각(Living Downstream: An Ecologist Looks at Cancer and the Environment)』에서 샌드라 스테인그래버(Sandra Steingraber)는 이러한 시각을 잘 표현하고 있다.161) 암환자로서의 개인적인 경험과 암 희생자의 스토리와 과학적이고 역사적인 자료를 결합하여 그녀는 환경의 독성에 대해 잘 요약한 책을 만드는 데 성공했다. 호의적인 평을 받은 이후 그녀는 그녀의 책이 내과의사이자 주요 화학업체인 W. R 그레이스 앤 컴퍼니(W.R. Grace & Company)의 의학책임자였던 제리 버크(Jerry H. Berke)가 심사자로 관여하던 ≪뉴잉글랜드 의학저널(New England Journal of Medicine)≫에서 혹평받은 것을 알게 되었다. 이 저널에서 버크의 지위를 알게 된 그녀는 "나는 업계를 위해 음험하게 동조하는 이 저널의 행동은 업계의 관리가 미디어를 이용하고 의학연구공동체를 위해 이야기하는 것보다 더 위험하다고 생각한다. 과학자가 이야기할 때 우리는 누구의 목소리를 듣는 것일까?"162)라는 말로 그녀의 감정을 피력했다.

나는 수업 시간에 카슨만큼 스테인그래버를 과학과 환경에 대한 모범사례로 많이 인용한다. 사라, 제니, 루스. 이 3명의 대학원생은 작업을 하는 데 많은 괴로움을 겪었다. 1990년에 그들은 특별 개인 강좌로 '좋은 과학 글쓰기에 대한 원칙(Principles of Good Science Writing)'을 들었다. 그들의 지도교수로 나는 그들의 이야기를 듣고 질문하고 했지만 감독하거나 방해하려 하지는 않았다. 그들은 근면하고 자신감이 있었다. 과학에 대한 글쓰기(Writing about Science)로부터 여러 가지 논문을 공부한 후 우리는 이 분야를 꿈꾸는 사람들을 위한 몇 개의 자료를 모아보았다. 아래의 것은 내가 특히 좋다거나(the Do's) 나쁘다고(the Don'ts) 느낀 것이다. 쪽 번호는 『과학에 대한 글쓰기』의 번호이다.

Do's

1. 복잡하고 추상적인 아이디어를 설명할 경우 간단한 예를 사용할 것. 예는 쉽게 시각화될 수 있는 것을 사용하고 상식적인 것이 좋다. "독수리나 비둘기보다 많지 않은 근육을 가진 천사는 무게를 줄이기 위해 다리를 짧게 줄여야겠지만, 날개를 움직이는 근육을 지탱하기 위해 4피트 정도로 펼칠 수 있는 가슴이 필요하다."(J. B. S. Haldane, *On being the right size*, p.24).

2. 과학자의 개성과 중요한 발견을 알기 위해 그들이 극복한 투쟁에 대해 기술하라. 과학자를 인간적으로 만들어라. "과거 시간에 대해 심각한 연수 계산의 결과를 가져온 지구의 물리적 역사로의 첫 여행은 1770년대 눈에 띄는 다작의 작가이자, 용기 있던 인물인 조지 루이스 레클렉·콩트 도 부폰(George Louis Leclerc·Comte do Buffon)에 의해 출판되었다. 부폰은 주저하지 않았다…… (그는) 위원회의 일원이라기보다 한 개인이었고 그의 도서관은 많은 교신자의 중심이었다"(Stephen Toulmin and June Goodfield, *The Earth acquires a history*, p.92).
3. 일반적인 경험에 과학을 관련시켜라. "무엇이 6월의 정수인 석양의 목초와 빛나는 개똥벌레와 경쟁할 수 있는가? 이것은 정말 마술이다. 여기저기 그리고 지금은 없는 이른 아침이슬에 젖은 잔디를 따라 걸어가는 이 기쁨"(Howard Ensign Evans, *In defense of magic: The story of fireflies*, p.105).
4. 창조적이고 재미있는 방법으로 언어를 사용해라. "그러나 우리는 창백하고 홀로 왜소한 모습으로 빛나는 광대한 별을 내던졌다. 밑도 없는 심연을 가로질러 나는 마치 또 다른 세계가 더욱 즐겁게 어디선가 멀리서 내게 펼쳐진 것을 느꼈다"(Loren Eiseley, *The star thrower*, p.192).
5. 적당한 곳에 유머를 사용해라. "에틸알코올은 모두에게 잘 알려진 유기 화합물이다. 과일과 곡물의 필요 없이 화학자가 이것을 석탄, 공기, 그리고 물을 통해 만든다는 생각에는 의심의 여지가 없다……. 그럴듯한 비전을 만들었어야 하고, 화학자에게 기적을 만드는 사람이라는 새로운 종류의 명성과 평판을 주었어야 한다. 어쨌든 이것은 지도에 유기적 합성을 장식한다"(Isaac Asimov, *Organic Synthesis*, p.40).
6. 독자에게 생소해 보이는 용어를 정의해 주어라. "염색체를 교환하는 과정을 크로싱 오버(crossing over)라고 부른다……. 이것은 마치 현미경을 통해 당신 정액을 보면서 아버지의 것과 동일한지를 확인하는 것 같은 시간의 낭비다……. 어떤 하나의 염색체도 부모의 유전자의 합성이자 모자이크다"(Richard Dawkins, *The Selfish Gene*, p.29).
7. 가능하면 능동태를 사용해라. "나는 우리가 유독한 화학제품의 부작용을 거의 무시하고 사람들에게 무차별적으로 주었다고 주장하지 않는다. 우리는 그들의 동의 없이, 그리고 종종 그들이 별 지식이 없는 상황에서

이 독약을 아주 많이 노출시켰다"(Rachel Carson, *The obligation to endure*, p.158).

8. 명확한 목적을 제시하라. 독자들을 어디로 인도할지 이야기해라. "산토끼가 하마보다 크지 않거나 고래가 청어만큼 작지 않다는 것을 보여주는 것은 쉽다. 모든 동물의 유형은 그들을 위한 가장 편안한 크기를 가지고 있고, 크기의 큰 변화는 불가피하게 외형의 변화를 초래한다"(J. B. S. Haldane, *On being the right size*, p.21).

9. 역사적인 과학적 발견을 환경이나 당시의 사회적 분위기와 연결시켜라. "그러나 그 시대는 단백질 독트린(Protein Doctrine)이 지배하던 시대였다……. 그 시대의 생물학자에게 핵산은 단순히 생명을 위한 약간의 부산물로 간주되었던 반면 단백질은 매우 중요했다"(Gerrett Hardin, *Coding the mechanism*, p.200).

10. 항상 당신의 독자나 청자를 생각해라. 당신이 생각하는 독자에게 호소할 수 있는 특별한 구문과 톤을 선택하는 게 좋다. "자연의 묘사는 우리가 여기서 걱정하는 것이다. 이러한 관점에서, 가스 그리고 중요한 모든 것은 수만의 움직이는 입자다"(Richard P. Feynman, *Physics: 1920 to today*, p.219).

11. 독자의 생활에 당신의 화제를 연관시켜라. 넓은 결론을 내려라. "핵전쟁에 의한 인류의 멸종 가능성과 함께 우리 시대의 주요 문제는 아주 해로운 영향을 주는 물질로 영향을 주는 인간의 환경 전체의 오염이다. 이 물질은 식물과 동물의 조직에 축적되고, 우리의 미래 유전자의 모양을 결정할 수 있는 생식 세포에 침투한다"(Rachel Carson, *The obligation to endure*, p.154).

12. 문장 구조와 내용에 변화를 주어라. 긴 문장 사이에 짧은 문장을, 사실 주장의 문장에 구어체의 문장을 섞어라. "실제로 가장 나쁜 환경에서도 우리는 상대적으로 거대한 미생물 세계에 대해 관심이 적었다. 병원성은 규칙이 아니다. 그것은 지구상의 박테리아의 거대한 양에 비추어보면 매우 부정기적으로 발생하고, 상대적으로 적은 종류를 포함한다"(Lewis Thomas, *Germs*, p.126). "200가지의 기본적인 화학 제품이 1940년대부터 곤충, 잡초, 설치류 및 페스트로 분류되는 다른 유기체를 죽이는 용도로 개발되었다. 그리고 이것들은 수천 개의 다른 상표의

이름을 붙이고 판매된다……. 모든 생명체에 적합하게 지구의 표면을 독소로 덮는 것이 가능하다는 사실을 누가 믿을 수 있을까?"(Rachel Carson, *The obligation to endure*, p.154).

Don'ts

1. 추상적이거나 복잡한 예를 사용하지 말라. "사건 E가 내게 일어났다고 가정하면, 내게서 섬광이 동시에 모든 방향으로 나간다. 누구에게 일어난 어떤 일이 빛에 의하여 도달한 것은 사건 E가 일어난 다음이다. 사건 E가 일어나기 전에 내가 볼 수 있었던 어떤 장소에서의 어떤 사건은 시간을 합산한 어떤 시스템 내에서 사건 E가 있기 전이다……"(Bertrand Russell, *Space-time*, p.61).

2. 자기중심성이 당신의 스토리를 방해하지 말게 해라. "DNA에 대한 나의 낙서는 내가 영화에서 봤든 아니든 처음에는 아무 데도 없었던 데 기초한다. 내 마음에서 영화 <황홀>은 통과할 수 있는 수소 결합에 이르지 못했고, 나는 다음날 오후 다우닝(Downing)에서 있을 대학교 파티에 예쁜 여학생이 많이 오길 바라며 잠이 들었다"(James Watson, *Finding the secret of life*, p.142).

3. 은어를 사용하지 마라. "생명의 많은 형태는 완족류인 린귤라(Lingula)가 가장 좋은 예로 가장 오랜 세월 동안 변화하지 않고 그 모양을 유지하고 있다. …… 생물의 퇴화는 다수의 신체 기관이 정주하거나 기생하는 생명체에 적응하기 위한 효율성을 높이기 위해 희생되는 것이다"(Julian Huxley, *Evolutionary progress*, pp.254~263). "그램-네거티브 박테리아는 가장 좋은 보기다. 그것들은 벽에 리포다당류균체 독소를 칠한다. 그리고 이 미생물은 우리 세포조직에서 가장 나쁜 것으로 간주된다……. 백혈구는 더욱 식작용적으로(phagocytic)되고, 리소좀 효소를 방출하고, 끈적거리면서, 매우 조밀한 군집으로 뭉쳐져, 모세혈관을 폐색시키고 혈액 공급을 차단한다"(Lewis Thomas, *Germs*, p.128).

4. 관련 없거나 복잡한 다이어그램 사용을 피하라. 슈테판 툴민(Stephen

Toulmin)과 준 굿필드(June Goodfield)의 『지구의 역사를 밝히다(The Earth acquires a history)』의 98쪽을 볼 것. 2쪽 뒤에 저자는 "부폰(Buffon)의 그림은 잘못되었다"라고 말한다.

5. 일반화하는 리드(표제)를 피해라. 재미있는 구체적인 정보로 독자의 관심을 즉시 끄는 것을 두려워하지 마라. "만일 마술이 '자연의 비밀스런 힘에 의해 생성된' 어떤 것이라고 정의한다면 '비밀'은 '소수나 아무에게도 밝혀지지 않은' 그 무엇이라고 정의된다. 그러면 마술은 우리가 동원할 수 있는 모든 과학에 의해서도 줄어들지 않을 것이다"(Howard Ensign Evans, *In defense of magic: The story of fireflies*, p.104).

6. 이미지, 시, 감정이 말로 표현될 수 있는 정신적인 것을 너무 많은 과학적 언어로 채우지 마라. Don't #5의 Evans를 참고할 것.

7. 과도한 신비주의를 피해라. 무엇을 의미하는지를 독자에게 말해라(너무 그렇게 하면 당신은 독자를 잃게 된다). "많은 사람 속에서가 아니라 새벽 여명에, 파도에 닳은 끝없는 해안을 따라서 내가 희미한 빛에서 본 사람이 하나 있다. 항상 이러한 분명한 휴식, 자연의 갈라진 틈은 영감이 오기 전에 온다. 고통스러운 질문은 이것을 더욱 고통스러운 자유로 번역해야 한다는 것이다"(Loren Eiseley, *The star thrower*, p.177).[163]

제17장

자유기고가는 일찍 일어나고 늦게까지 깨어있다

당신의 기사 밑에 첫 번째로 하는 서명이나 첫 번째 월급, 첫 번째 책, 또는 당신의 대의주장에 대해 감사한다는 내용을 담은 첫 번째 편지만큼 소중한 것은 없다. 나와 동시대를 산 동료들은 《새터데이 이브닝 포스트》, 《콜리어즈 트루(Collier's True)》, 《홀리데이》와 유명했던 잡지와 주류 신문, 그리고 《크리스천 사이언스 모니터》의 쇠락을 보며 시장이 과거와 같지 않다고 한다. 그러나 좋은 뉴스도 있다. 바로 새롭게 떠오르는 분야 중에 주류 매체가 소홀히 다루고 있는 환경에 관한 것이 있다는 것이다.

나는 인터넷이나 사이버상의 정기간행물에 대해서 말하는 것이 아니다. 인쇄매체에서 뉴미디어는 100여 개 이상으로 대도시나 중소도시에서 많게는 100쪽의, 4색 컬러표지로, 적게는 20~24쪽으로, 세련되고 젊은 직장인을 대상으로 예술, 음악, 오락 그리고 저널리즘을 다루는 대안 시사주간지가 존재한다. 일부는 취재열정 없이 라이프스타일과 개인적인 광고에 과도하게 의존하기도 한다. 그러나 다른 일부는 분명하고 용기 있게 환경, 빈곤, 인종차별, 여성문제, 도심의 쇠퇴, 범죄문제를 다룬다. 이것들은 길고 심층적인 스토리를 다루며 지역적으로 뉴스 가치가 있는 것이 무엇인지 재정의하고 있다.

그리고 더욱 환경문제를 직접적으로 다루는 장르가 있다. 하이컨트리 뉴스 (High Country News)의 ≪서부를 사랑하는 사람들을 위한 신문≫이 그 전형이고 이 밖에 더 많은 매체가 등장하고 있다. 나는 ≪애니멀스 어젠다(Animal's Agenda)≫, ≪캐스캐디아 타임스(Cascadia Times)≫, ≪어스 퍼스트 저널(Earth First! Journal)≫, ≪그린피스(Greenpeace)≫, ≪메인 타임스(Maine Times)≫, ≪미졸라 인디펜던트≫, ≪심플 리빙(Simple Living)≫, ≪와일드 어스(Wild Earth)≫ 등과 같은 다양한 분야의 정기간행물에서 생명력, 흥분, 지속적인 발전, 성장, 그리고 기회를 본다.

이 장을 시작하기 전에 경력으로서 프리랜서로 일하는 것에 대해 먼저 얘기해 보자. 1991년부터 전격적인 프리랜서로 명성을 날리던 스티브 스튜브너는 "이 일은 뉴스를 향한 명민한 안테나, 넘치는 에너지, 훈련된 업무 습관과 시간관리, 현명한 자금관리, 인내 그리고 두꺼운 얼굴을 필요로 한다"고 했으며, 이 말은 매우 타당해 보인다.

대부분의 프리랜서 기고가와 같이 그는 누군가를 위해 일할 직장에 출근하지 않았지만 너무 빠르게 프리랜서로 일하는 것에 대해서는 경고한다. 그는 경험과 인간관계를 쌓으며 리포팅 일로 12년을 보냈다.

나는 전일제로 신문사에서 일할 때도 프리랜서 기사를 쓰려고 노력했다. 나는 기고가나 작가로서 나의 경력을 만들고 이것을 더 높은 질의 출판물에 싣고 싶었다. 그래서 잡지에 기고하는 방법을 알게 되었고, 1991년 10월 ≪스테이츠맨≫을 그만두기 전까지 지역출판물과 돈독한 관계를 유지했다. 이것이 도움을 주었다. 그러나 전적으로 프리랜서로 사는 것은 매우 다른 것이다. 나는 데이비드 마틴데일(David Martindale)의 책 『프리랜서 기고가가 되는 방법(How to be a Free-Lance Writer)』을 읽었기에 어느 정도 입문하는 방법을 알고 있었다. 나는 매우 빨리 아주 많은 스토리를 팔아야지 생활비를 벌 수 있다는 것을 깨달았다. 즉, 요청받은 질문을 답하거나 신문과 잡지에 정기적으로 기고할 수 있는 일을 맡는 것이다.

이제 나의 목표는 뉴스 비즈니스에 몸담으며 잡지와 신문에 계속해서 글을 쓰는 것이다. 나는 서부의 뉴스를 제공하기 위해 ≪뉴욕타임스≫와 새로운 관계를 시작하길 원한다. 그러나 장기적으로는 책 관련 프로젝트를 더 하고 싶고, 앞으로 2년 후 내가 40살이 되었을 때 소설을 출간하고 싶다."164)

기고가는 자신의 경력상 서로 다른 단계와 이유로 프리랜서로 뛰어들게 된다. 대부분은 전문적인 글쓰기 직업을 거쳤고 연결 고리를 구축한 상태다. 나는 신문조합 활동으로 신문사에 의해 블랙리스트로 분류되고 아무 데도 갈 곳이 없었던 한 친구를 기억한다. 다른 사람은 "나는 너무 게을러서 정기적인 일을 할 수 없다"라고 말하고 싶을 거다. 재능 있고 아이디어 넘치며, 야외 생활 잡지인 ≪오듀본≫과 다른 환경 관련 잡지에서 성공적으로 글쓰기를 하던 테드 윌리엄스는 주의 어류와 게임 잡지인 ≪매사추세츠 야생생태(Massachusetts Wildlife)≫의 편집자로 일을 시작했다. ≪미줄리안≫에서 처음 일을 시작한 리처드 매닝은 "일상적인 저널리즘 일과의 차이는 내가 일을 하는 방식에 있었다. 권력에 '아니다'라고 말할 수 있는 것은 관심을 집중시키기에 충분했고 나의 경력을 키웠다. 가장 큰 장애는 역시 생활에 대한 안정감과 나의 기술과 운에 대한 신뢰였다. 이런 문제는 스스로 해결되지는 않지만 지금은 걱정하는 것을 그만두었다."165)

매닝의 말은 맞다. 당신은 당신의 능력을 믿고 다달이 날아오는 지출청구서에 대한 걱정을 떨쳐야 한다. 아니면 정규적인 일을 구하거나 지출을 줄여야 한다. 그렇지 않으면 그러한 걱정이 더 많이 그리고 더 잘 쓰게 만들 수 있다. 『그린을 위한 전쟁』의 저자인 데이비드 헬버그는 환경 관련 기고와 방송 일을 병행하며 균형을 잡는다. 이것이 한 예가 될 수 있다. "금전적인 문제를 극복한다면 프리랜싱은 장점이 있다. 이것은 기자와 꼭 같지는 않다. 기사를 스스로 선택해서 만들어 간다는 점에서 그렇다. 편집자에게 보낸 열 개의 아이디어 중에서 세 개 정도가 채택된다. 그리고 나서 다른 사람이 쓴 이민이나 정치적 부패에 대한 스토리를 보고, 이것을 환경 관련 이야기와 연결시킬 수 있는지 생각한다."[166]

헬버그의 조언을 네 단어로 줄이면 "수줍어하지 말라"라는 것이다. 그의 말은 옳다. 목표 대상이 정해지면 바로 그것을 향해 달려가야 한다. 다수의 책과 잡지 기사를 쓴 조지 레이콕은 "나는 새로운 생각을 리스트에 추가하고, 질문을 보내고, 나의 글을 실을 가능성 있는 시장인 동부 지역을 찾아갔으며, 항상 기사의 아이디어가 자연스럽게 흘러가게 하려고 노력했다"[167]라고 말한다.

당신이 ≪내셔널 지오그래픽≫과 같은 특정한 출판물에 글을 싣고 싶다면 그것에 대해 열심히 공부해야 한다. 1년 동안 나온 모든 호를 읽는 게 좋다. 그러면 편집자가 좋아하는 문장의 길이와 생각, 평균 기사의 양, 인용과 주석의 취급 등에 대한 아이디어를 얻을 수 있다. 명확히 하기 위해 말하면 당신이 찾아다니고 관심 있어 나누고 싶은 주제가 필요하고, 목표 독자가 읽을 가치를 느낄 만한 특별한 어떤 것이 필요하다. ≪내셔널 지오그래픽≫에서 중요한 위치를 맡기 전에 존 미첼(John Mitchell)은 프리랜서로 수년간 일했다. 그는 "대부분의 스토리는 ≪내셔널 지오그래픽≫의 스텝과 프리랜서에게 할당된다. 그러나 당신이 일을 원한다면 우리에게 인상 깊은 당신의 글이나 책 또는 설득력 있는 아이디어를 보여주어야 한다"[168]라고 말한다.

왓킨스는 1997년 워싱턴 D.C.를 떠나 몬태나 대학의 교수로 가기 전 실제적인 프리랜서로 살아가기 위해 중요한 점을 다음과 같이 강조했다.

사람들은 할 수 있다. 당신도, 나도 할 수 있다. 그리고 일부 사람들은 환경기고가나 저널리스트로 생계를 이어갈 수 있는데, 이들은 오랫동안 유지해온 주변의 관계를 통해 이 직업이 가능하게 된 경우다. 최근까지 난 스스로 ≪내셔널 지오그래픽≫이 아니라면 일반적인 정규 일을 구했어야 했을 거라고 얘기했을 것이다. 누가 이 일을 내게 주었는가? 나의 오랜 동료이자 친구인 존 미첼이다.

간단히 말해 환경 관련 기자가 되길 원하는 사람은 목표를 다시 생각해 보고, 환경 관련 일을 대치할 수 있는 다른 글쓰기나 리포팅을 해야 할 필요가 있다. 그러면 나중에 당신의 친구나 동료에 의해, 그리고 약간의 운이 있다면 이 일을 할 수 있게 될 것이다.

나의 조언은 어떤 분야의 저널리스트에게도 해당된다. 읽을 만한 모든 것을 읽고 기사를 발굴하고, 그것을 잘 제시할 수 있는 방법, 조사 방법 그리고 미리 정해진 진실에 합법적으로 도전할 수 있는 방법을 터득해라. 그리고 원스턴 처칠이 말했듯이 절대로 포기하지 마라.

나는 왓킨스에게 그가 좋아하는 출판물에 대해 물었다.

쇠퇴하고 있긴 하지만 ≪오듀본≫과 ≪시에라≫, 아직 영향력 있는 ≪디펜더즈(Defenders)≫, ≪와일드 라이프 콘서베이션(Wildlife Conservation)≫, 너무 고급 예술적이긴 하지만 ≪내셔널 와일드 라이프(National Wildlife)≫, 저널리즘의 성향보다는 오히려 문학 성향이 강한 ≪오리온(Orion)≫, 잡지는 아니지만 ≪하이 컨트리 뉴스≫ 등이 최소한 괜찮다고 본다. 그러나 인터넷 잡지는 대개 좋아하지 않는다. ≪마더 존스(Mother Jones)≫는 환경 관련 잡지는 아니지만 환경문제를 정기적으로 다룬다. ≪아웃사이드(Outside)≫도 너무 약삭빠른 저널리즘 경향에 의존하는 측면이 있으나 일반적으로 신뢰할 만하다. ≪백패커≫는 물론이다. ≪스포츠 어필드≫는 훌륭한 기사를 내보낸 경험이 있지만 일시적인 거라 생각한다. 매우 어렵고 결코 마음대로 들어갈 수 없지만 ≪내셔널 지오그래픽≫을 포함하고 싶다.

책은 작가의 생활면에서 잡지기고가보다 힘들지만 많은 기고가나 작가의 시험무대가 될 수 있다. 나는 이 사실을 내가 가진 통계로 증명할 수 있다.[169]

이것이 나의 개인적인 통계인데 책을 쓰는 것은 전문적으로 어려운 일이지만 금전적인 보상을 초월하여 보람을 주는 작업이다. 또한 말을 전달하고 견해를 표명하고 기록을 남길 수 있는 좋은 기회다.

1996년 나는 앞서 언급했던 그레고리 맥나미라는 친구로부터 전화를 받았다. 그는 척 페제쉬키(Chuck Pezeshki)란 사람의 책 출판을 돕고 있다고 했다. 페제쉬키는 내게 그의 원고를 읽어달라고 했다. 얼마 후 나는 워싱턴 주립대학의 전자공학과 교수인 그를 아이다호의 모스코우(Moscow)에서 만났다. 그는 『깨끗한 강에 대한 시선집(A Clearwater River Anthology)』이라는 책을 위한 원고를 가져왔으나 글씨가 너무 작아 읽기가 힘들었다. 척은 내게 더 나은 복사본을 보냈고 나의 도움이 필요하다고 했다. 나는 이 상태로는 출판이 어렵고 최소한 3분의 1 정도를 삭제하는 것이 좋겠다고 했다.

1997년 나는 워싱턴 주립대학의 편집자인 케이스 피터슨(Keith Peterson)으로부터 편지를 받았다. 그는 깨끗한 강에 대한 시선집이 『야생의 최후(Last of Wild)』라는 새로운 제목으로 1998년 봄에 출판하기로 되었다는 내용이었다. "척은 깨끗한 물과 관련된 환경문제에 수년간 많은 관심을 가져왔고, 이 책은 이 지역의 주요 관심사와 그의 경험을 얘기하는 책이 될 것이다. 나는 당신이 이 책의 초고를 보았다는 것을 알고 있는데 그 후 우리는 많이 편집했고 매우 요점적인 원고가 되었다고 생각한다. 이것은 척의 첫 번째

책이지만 매우 중요한 책이 될 거라 생각한다"라고 했다.170)

나는 이 말이 맞는다고 생각했다. 척은 그의 결심이 강했고 깨끗한 물에 대해 많은 애정을 가지고 있어서 매우 좋은 책을 썼다고 본다. 그는 비평을 감내했고 이를 통해 배우며 그의 목표 달성에 성공했다. 다음에 어떤 일이 일어날 것을 누가 알겠는가?

≪아미쿠스 저널(Amicus Journal)≫, ≪오듀본≫, ≪내셔널 파크(National Parks)≫, ≪네이처 콘서번시(Nature Conservancy)≫, ≪시에라≫, ≪내셔널 와일드 라이프≫와 같은 큰 환경 관련 잡지를 읽어라. 당신이 정기적인 공헌자가 되면 일 또한 잘하게 될 것이다. 문제점은 이들 잡지가 관련 조직의 구호와 같은 특유한 내용을 같이 싣는다는 것이다. 오랫동안 ≪오듀본≫의 편집자로 일해 온 레스 라인(Les Line)은 내셔널 오듀본(National Audubon)의 사장과 피터 벌(Peter Berle)에 의해 짐을 싸기 전 최소한 1991년까지 검열과 가이드라인과 간섭 없는 최고의 잡지를 만들며 상당한 편집상의 독립성을 유지하려 했다. 최근에는 ≪뉴욕타임스≫의 전직 정치 칼럼니스트인 탐 위커(Tom Wicker)가 클린턴 대통령의 환경정책을 비판하는 글을 ≪오듀본≫에 기고했다. 이것은 1996년 판에 나가기로 예정되어 있었지만 벌의 계승자인 존 플리커(John Flicker) 사장에 의해 삭제되었다. 위커는 "그는 사회가 모든 환경 이슈에 개입해야 한다고 생각하지 않으며 ≪오듀본≫의 미래 로비 노력에 손해를 끼칠 수 있다"고 타임스의 미디어 칼럼니스트인 디어드레 카모디(Deirdre Carmody)에게 말했다.

야외생활 잡지는 또 다른 시장을 형성한다. 내가 ≪웨스턴 아웃도어즈≫와 ≪필드&스트림≫에 기고할 때 여기가 나의 목소리를 제대로 낼 장소라고 생각했다. 많은 독자가 글에 대한 이해력을 갖추고 있고, 관심을 보였으며, 피드백을 보냈는데 나는 그렇지 않은 사람들에게 내 이야기를 전할 기회도 가졌다. 그러나 이런 사람들은 진정한 야외 모험의 질을 떨어지게 하고 쉽게 동물사냥과 낚시를 하는 방법 같은 기사나 광고에만 관심이 있었다.

나는 정치에 대해 내 몫의 비판적인 편지를 받았지만 테드 윌리엄스는 나보다 더욱 심했다. 그가 1970년대에 ≪그레이스 스포팅 저널(Gray's Sporting Journal)≫의 편집자일 때 다음과 같은 불평을 들었다. "'좋은 행동'을 위한 잡지만 너무 많고 사냥과 야외외출의 재미를 알려주는 잡지는 매우 드물다" 또는 "송어낚시의 즐거움과 다른 유형의 낚시의 재미에 대해 보게 해 달라. 정치는 제발 그만 다루고." 윌리엄스가 환경 편집장을 맡고 있는 ≪플라이 로드 앤드 릴≫의 '편집자에게 보내는 편지'에는 다음과 같은 내용이 실리기까지 했다. "윌리엄스 씨는 그의 시에라 클럽/와일더니스 소사이어티(Sierra Club/Wilderness Society)의 동료들의 생활방식과 철학에 압도당하고 있다. 화장지의 사용은 그 원자재가 나무이기 때문에 그에게 용서될 수 없다. 진실한 신봉자들은 그들의 월간 집회가 시작될 때 관장제를 가지고 모인다."171)

야외생활 잡지들은 제대로 순환이 되는 것으로 보인다. 1990년대 후반기의 ≪스포츠 어필드≫는 많이 발전한 것으로 보이는데, 그 이유는 스포츠맨들이 왜 환경 운동에 관여해야 하는지에 대한 글과 수잔 자킨(Susan Zakin)이 쓴 강력한 기사들 때문이었다. 그러나 이 잡지는 알래스카 하원의원 돈 영(Don Young)이 가장 심각하고 끈질긴 반환경 운동가인데도 그를 "의로운 투쟁을 할 수 있는 당신이 좋아하는 정치가, 그리고 스포츠맨을 위한 두려움 없는 워싱턴 옹호자"로 인식해 그의 재선을 도왔다. 그런 다음 더 나은 성과를 이루기 위해 새로운 팀이 올라섰다. 하지만 아니다. 1996년 중반에 편집장인 슈테판 바이어스(Stephen W. Byers)와 총책임 편집장인 윌 본(Will Bourne)이 ≪아웃도어 라이프≫를 소유하는 ≪타임스-미러(Times-Mirror)≫가 9월로 예정되어 있던 기사를 취소하는 것을 보고 투쟁을 중지했다. 그 기사는 치명적인 곰 사냥에 관한 기사였다. 내용은 흑곰을 잡기 위해 물고기와 고기를 미끼로 사용하고 있다는 것이었다. 이것은 일부 주에서는 금지되고 일부에서는 허용되고 있었다. 야외 미디어의 말로는 "이것은 오랫동안 질문이 전혀 없었던 분야다", "벙커 정신은 정말 시작되었다"라고 본은 말했다.

그러나 부정적 측면을 바라보자. ≪웃네 리더(Utne Reader)≫, ≪인 디즈 타임스(In These Times)≫, ≪마더 어스(Mother Earth)≫, ≪아웃사이드≫, ≪백패커≫와 같은 신종 잡지들이 많다. ≪맥클루어즈≫나 ≪굿 하우스키핑(Good Housekeeping)≫과 같은 여성 잡지와 ≪페런츠(Parents)≫, ≪모던 머튜리티(Modern Maturity)≫, ≪하퍼스 애틀랜틱(Harper's, Atlantic)≫, ≪프로그레시브≫, ≪포퓰러 사이언스(Popular Science)≫ 또한 간과하면 안 된다. 주간지, 월간지 등이 상상 이상으로 많다. 아래의 조언은 당신에게 맞는 것이 어느 것인지 찾을 수 있도록 도와줄 것이다.

시장을 공부해라. 당신의 글을 사업같이 생각하고 적합한 출구를 찾아보라. 지역 도서관의 파일을 검색하거나 뉴스 스탠드에 있는 잡지들을 훑어보아라. 표제를 검색하는 방법을 연마해라. 이것은 편집자들이 어떠한 아이디어가 독자의 관심을 끌지를 생각하는 방식이다. 당신의 주제를 표지에 상상해서 그려보아라. 실현 가능한가? 새롭고 차별성 있고 타이밍에 맞고 흥미로운가? 누군가 벌써 썼던 것은 아닌가? 그것이 잡지를 팔리게 할 것인가? 그것에 적합한 잡지를 확인해 본 적이 있는가?

잡지에 기고하는 것은 신문에 글을 쓰는 것과 다르다. 조사하고 보고할 시간도 많고 스토리를 확장할 공간도 많다. 각각의 잡지는 특성과 목적이 있다. 그러나 일반적으로 강한 관점을 감정을 섞어 드러내는 글이 적합하고 또한 더욱 바람직하기도 하다. 편집장들은 기자가 기사를 쓰는 동안 생각하기를 원하고 결론이 철저하고 세밀한 조사와 리포팅에 의해서 유도된 것이기를 기대한다.

≪리터러리 마켓 플레이스(Literary Market Place)≫를 읽어보아라. 이 책은 대부분의 도서관에 비치되어 있으며, 생생한 자료와 수천 가지 잡지에 대한 중요한 정보를 제공한다. 주소, 전화번호, 팩스번호, 이메일과 중요 인물의 번호도 포함한다. 주요 흥미 주제와 대금방법, 그리고 계절별 원고 마감시간도 확인할 수 있다. ≪라이터스 마켓(Writer's Market)≫도 좋다. 당신의 기사를 어떻게 팔지를 보여주며 사본을 원한다면 좀 더 저렴한 가격에 구할 수 있다. ≪라이터스 다이제스트(Writer's Digest)≫는 매달 풍부한 정보를 제공하고 있으며 많은 도움이 될 것이다. 사본이나 복사본을 구해서 보아라.

당신의 흥미를 끄는 잡지의 가이드라인을 알기 위해서는 직접 편지를 보내라. 대개 문맥, 스타일, 길이, 얼마 동안 이 주제를 다룰 것인가 등에 대한 응답이 올 것이다.

당신의 기사들을 보통 한 쪽 이하로 만들어 윤곽을 보여주는 질문 편지를 만들어라. 그 질문 편지는 당신의 작업 카드이다. 그러니 당신의 주제를 최대한 강조해 두어라. 당신의 자격과 경험을 말해 주고, 출간했던 자료도 동봉하는 것이 좋다.

대부분의 편집인은 질문이나 아웃라인은 기사가 아니고 아이디어라 생각한다. 당신은 그 아이디어를 두 개나 그 이상의 출판물에 보내는 것이다. 이 중 두 군데에서 모두 연락이 오면, 한 곳을 정하고 다른 한 곳에는 "미안합니다. 이미 송고가 되었습니다. 하지만 다른 작업을 같이할 수 있지 않을까요?"라고 말하면 된다. 어떠한 편집장도 화를 내거나 가슴에 품지는 않을 것이다. 당신이 완전한 원고를 잡지사에 제안했을 경우에는 다르다. 해서는 안 될 일은 같은 원고를 동시에, 특히 경쟁 잡지에 보내는 일이다. 모든 편집장들은 불쾌해할 것이니 그런 일은 피해라. 반면, 책 원고는 다중 제안이 받아들여진다. 먼저 주석과 안내를 잘 달고 질문할 때 실수는 피하도록 해라. 다음은 도움이 될 만한 간단한 질문 편지에 대한 샘플이다.

(1)
조안 해밀턴 씨께(Ms. Joan Hamilton)
≪시에라≫ 편집장
85번지 2번가
샌프란시스코(San Francisco, CA 94105)

친애하는 해밀턴 씨께

(2,3)
저는 야생에서 표범과 직접 대면한 저의 개인적 경험에 부분적으로 근거를 두고 ≪시에라≫에 "어떻게 표범의 습격에서 살아남을 수 있는가"에 대한 기사를 쓰고 싶습니다.

(4)
아이디어는 작년 저의 대학 친구인 헨리 켄들(Henry Kendall)이 그의 경험을 얘기함으로써 시작되었습니다. 그는 벨링햄 남쪽을 혼자서 4마일 정도 달리고 있을 때 옆에 동료가 있다는 것을 느꼈고, 추격을 당하고 있다는 것을 알게 되었습니다. 그는 희미한 그림자를 보았을 뿐이었으나 2명의 벨링햄 거주자가 표범이 출현한다고 보고했던 바로 그 지역에 있었던 것입니다. 헨리가 "그 후로는 더 이상 혼자서 그곳을 달리지 않겠다"는 말을 했을 때 저는 생존법 기사와 관련된 좋은 정보를 떠올릴 수 있었습니다.

그리고 한 달 후, 저의 약혼녀인 케이 마틴(Kay Martin)과 저는 브리티시 콜롬비아(British Columbia)에 있는 매닝 공원(Manning Provincial Park)에서 하이킹을 하고 있었습니다. 그때 저는 표범을 20~30야드 정도 앞에서 대면하게 되었습니다. 직관적으로 저는 죽은 나뭇가지를 집어들었고 마치 자신을 방어하는 것을 준비하는 것처럼 그것을 양팔로 올려 표범 쪽으로 치켜들었습니다. 표범은 조용히 나무 쪽으로 도망갔습니다.

(5)

그 후 저는 워싱턴과 브리티시 콜롬비아에 있는 야생동물 관리자에게 이야기를 해봤습니다. 그들은 모두 내가 적절한 행동을 했다고 했습니다. 그들은 갑작스런 움직임이나 도주는 공격을 유발할지도 모른다고 강조했습니다. 그대로 위치를 지키거나 뒤로 천천히 물러나는 게 최상의 방책입니다. 표범에게 단호하고 조용한 목소리로 말을 하십시오.

(6)

북서부, 캘리포니아, 콜로라도, 그리고 남서부에서 10년간 하이킹을 하면서 표범을 직접 본 일은 매우 희귀한 경험이었으며, 공격을 당한 것은 더욱 그렇다는 것도 알고 있습니다. 그럼에도 불구하고 시골전원 지역에 지속적인 개발이 이루어지면서 표범이 더욱 상습적으로 출현하고 있으며, 사람들은 이를 우려하고 있습니다. 저는 ≪시에라≫ 독자들에게 완벽한 정보를 제공하는 것이 그들 자신과 표범을 위해 필요하다고 생각합니다.

(7)

저는 웨스턴워싱턴 대학교 대학원에서 생물학을 전공하고 있고, 와이오밍(Wyoming) 대학에서는 커뮤니케이션학을 전공했습니다. 재학 중에는 학생 잡지의 편집장을 맡았습니다. 저는 ≪벨링햄 헤럴드(Bellingham Herald)≫, ≪시애틀 타임스(Seattle Times)≫, ≪캐스퍼 트리뷴(Casper Tribune)≫에 야생생물과 야생에 관한 기사를 쓴 경험이 있습니다. 그 샘플을 동봉합니다.

(8)

저는 1,000개 정도의 단어로 평균적인 급료를 받고 ≪시에라≫를 위해서 "어떻게 표범의 습격에서 살아남을 수 있는가"를 기사로 쓸 준비가 되어 있습니다. 11월 15일까지 보내드릴 수 있습니다. 여기까지 읽어주셔서 감사를 드리며 저의 주소를 명기한 우표를 붙인 봉투를 동봉합니다.

① 당신이 선택한 편집장에게 질문지(inquiry)를 보내라. 주소를 제대로 썼는지 확인해라.

② 질문지를 사업적인 편지처럼 행간 여백 없이 작성해라(문단 사이는 여백을 주어라).

③ 첫 번째 문단에서 요점을 제시해라. 그러면 편집장은 당신이 제안하는 아이디어에 대해 간결하고도 쉽게 이해할 것이다. 편집장의 주의를 끌만한 제목을 생각해 보아라.

④ 당신의 제안서를 뒷받침할 최고의 예를 보여주어라.

⑤ 당신이 주제에 관해서 어떠한 단체와 접촉했거나 그럴 예정이라는, 주제에 대한 권위를 보여주어라.

⑥ 이 잡지의 경향과 맞는다는 것을 제시해라.

⑦ 당신의 자격을 보여주어라. 당신이 만들었던 3개 이하의 기사를 출력해서 함께 보내라.

⑧ 다수의 편집장들이 많은 투고자나 집필자가 이렇게 하기를 기대하지는 않지만, 당신의 주소를 명기한 우표가 붙어 있는 봉투를 동봉하면 편집장이 더 쉽게 응답해줄 것이다.

당신이 상대해야 할 사람을 알아야 한다. 특정 잡지를 목표로 하고 있다면 그 잡지의 많은 이슈들을 읽고 공부해라. 일반적으로 편집자들은 그들의 잡지가 이미 확인한 신선하고 적합한 아이디어를 원한다. 당신의 도전은 끊이지 않는 이슈에 대해 신선하게 어필하는 것이다. 그럼에도 불구하고, 그들이 주제를 안다고 가정하지 말고 그들이 더 많이 안다고 가정하지도 마라. 독자들이 당신 기사의 가장 중요한 측면에 주목하게 해라. 사람들이 이해할 수 있는 글, 문장, 문단을 써라. 만약 riparian, anadromous, smolt 같은 단어를 썼으면 그 의미를 설명해 주어라. 타이밍을 잘 맞추고 길이를 체크하고 양을 초과하지 마라.

당신의 글에 당신의 의견이 있다는 것을 보여주어라. 관점은 독자들이 집필자를 기억하게끔 만든다. 당신의 관점이 부지런한 보고와 철저한 조사와 자료 수집과 분석에서 나온다는 것을 보여주어라. 독립적인 결론에 도달해라. 그래야 독자들이 "이게 무슨 내용이야?"하고 이해를 못하지 않는다.

중요한 포인트를 만들어라. 『좋은 글쓰기(On Writing Well)』에서 윌리엄 진저(William Zinsser)는 독자를 도발하게 하는 하나의 관념을 남기라고 충고한다. 2개나 5개가 아닌 오직 1개 말이다. "그래서 독자들의 마음속에 네가 무엇을 가장 남기고 싶은지를 결정하라."172)

인내심을 가지도록 노력해라. 쉽지 않지만 항상 그랬던 적이 있으며 글을 기다리며 무엇이 일어날지를 기다리는 동안 손톱을 물어뜯기도 한다. 사실은 아이디어가 좋거나 원고가 길수록 결정하는 데 더 많은 시간이 걸린다. 때로는 그것이 1명 이상 또는 3~4명의 편집자에게 읽혀질 수 있다. 질문에 답해주는 시간까지 합쳐 4주 정도면 결정이 된다. 만약 답변이 부정적이라면 이를 통해 배우고 다른 일을 진행해라.

당신이 알고 있고 신경을 쓸 수 있는 전문 분야를 개발하라. 그러면 편집장들이 그 주제에 관한 생각을 할 때 당신을 떠올릴 것이다. 접촉과 경험은 조사를 더 쉽게 할 것이다.

마감시간은 말 그대로 마감시간이다. 나는 한 성공한 작가에게 성공비결을 물어보았는데 그는 "나는 내 기사들을 제시간에 제출하고 깔끔하게 타이핑한다"라고 말했던 것을 기억한다. 이것은 중요하다. 대부분의 마감시간은 어쨌든 관대하지만 편집장이 스스로의 마감시간을 가지고 있기도 하다.

절대로 어디에 있든 만족해선 안 된다. 한 전문가는 "최고에서 출발하라"라고 이야기한다. 더 나은 출판물일수록 더 나은 집필이 필요하며 더 많은 조사를 필요로 한다. 그리고 더 많은 노력을 쏟아 부어야 한다. 아주 능숙해지기 전까지는 작은 시장에서 시작하고 그 다음 단계로 이동하기 위해 노력해라. 생활비를 내고 여러 일을 하는 동안에도 장기 프로젝트에 매일 조금씩 시간을 투자해야 한다. 글의 질(quality)에 대해 타협하지 마라. 특히 당신 자신의 질과 타협하지 말라.

이 아이디어는 ≪메인 타임스≫를 언급하게 한다. 이 신문은 앤드류 위거(Andrew K. Weegar)가 메인 강의 다이옥신, 사슴의 간에 미치는 카드뮴 중독, 수은, 납, PCB, 아비물새(loon), 독수리에 관해 쓴 "메인의 병든 야생 환경"이라는 훌륭한 환경 저널리즘 기사를 실었다. 그러나 피터 콕스(Peter W. Cox)가 쓴 사설은 우리에게 더 깊은 질문을 제기했다.

인포테인먼트(infotainment)에 길들여진 대중은 진지한 글을 지루하게 생각한다. 절대적 다수의 미국인들은 지적 자극을 위해서 독서를 하지 않으며, 잘 써진 문학 소설도 잘 팔려야 1만 부에 그치는 결과를 낳게 되었다. 스릴러가 그렇다. 새로운 포크너(Faulkner)는 잊어버려라.

수년간, 일간 잡지들은 스토리를 가볍게 만들며 우민화되었고 그것을 더 짧게, 그리고 덜 복잡하게 만들려고 했다. 내가 항상 느낀 것은 결과적으로

비독서가를 끌어들인 것이 아니라 오히려 일반 독자를 잃었을 뿐이라는 사실이다. 난 항상 대부분의 사람이 신문을 스포츠 점수와 만화, 그리고 TV 리스트를 보기 위해 산다는 사실을 받아들였다…….

≪메인 타임스≫가 교육을 받지 못한 사람이 읽기에 어려워야 할까? 그렇다. 다른 방법이 없는 것이다. 그러나 제대로 정보를 알 수 있는 기회 또한 주어야 한다. 내게 최악의 결과는 메인의 미래와 전혀 상관없이 성공한 ≪메인 타임스≫가 만들어지는 것일 것이다.[173]

위에서 내가 반대하는 단 한 가지는 스포츠, 만화, TV 방송 리스트를 위해 일간지를 사는 사람들도 심각한 내용을 원한다는 것이다. 인포테인먼트 이외의 환경을 다루는 출판물을 위해 읽기를 계속해라.

제18장

대안 매체에서 오는 기회

≪하이 컨트리 뉴스≫에 실린 다음 광고는 당신에게 도움이 될 수 있을 것이다.

오리건 주 유진(Eugene)에 있는 환경 윤리를 위한 산림청 직원 연합(the Association of Forest Service Employees for Environmental Ethics)에서 편집자·데스크톱 출판자 구함. 업무는 기사의 구성과 편집, 매킨토시 페이지 메이커와 포토샵을 이용한 데스크톱 출판을 포함해 자원 전문가들을 위해 두 달에 한 번 발간되는 잡지를 제작하는 것임. 주 업무는 잡지 제작이고 이밖에 환경 주창 발의 등의 기회가 있음. 훌륭한 기사 작성, 편집, 컴퓨터 디자인 기술이 요구됨. 산림청 근무 경험과 자연자원에 대한 교육 또는 경험자 우대. 이력서와 첨부 편지, 그리고 원고 샘플과 증빙 서류들을 보내기 바람.[174]

이것은 내가 생각하기에 매력적이고 도전할 만한 기회다. 산림청 직원을 위한 20쪽 타블로이드판 ≪이너 보이스(Inner Voice)≫는 내용이 좋고 디자인도 잘 되어 있다. 이 잡지는 산림청에 종사하는 공무원들에게 격려와 지원을 해준다. 좋은 환경 저널리즘인 것이다. 이러한 광고나 직업을 놓쳤다면 이와 비슷한 기회가 많이 있을 것이다.

전통적인 정기간행물이 축소되고 없어진다는 사실에 주목하고 있지만 이는 부정적 측면일 뿐이다. 긍정적인 측면을 보자면 이런 종류의 새로운 정기간행물 또한 많아졌다는 것이다. 내가 본 다수의 새로운 잡지들은 모두는 아니지만 대부분 전문적이었고 꾸준히 발전하고 있다. 게다가 우리가 알듯이 전문성이 항상 최선의 판단 척도가 아닐 수도 있다.

도시의 대안 주간지들은 중요한 부분이긴 하나 일부분일 뿐이다. 환경에 직접적인 매체로는 다음과 같은 것들이 있다. "콜롬비아 강 서부에서 간척된 이 땅에서 어떻게 살아가야 하는지에 대한 생각을 공유한다"[≪콜롬비아나(Columbiana)≫]. ≪심플 리빙≫은 주류 매체가 조장하는 물질만능주의에 대한 반대시각을 가지고 있다. 다음의 헤드라인을 보라. "단순한 축복은 이전의 라이프스타일이 필요하다." "토착민의 권한과 소수인종을 위해"[≪컬처럴 서바이벌(Cultural Survival)≫]. "미국의 강을 보호하고 복원시키기 위해"[≪아메리칸 리버스(American Rivers)≫]. 동물 애호회(Humane Society)의 잡지인 ≪HSUS 뉴스(HSUS News)≫. "보호 생물학과 환경행동주의의 결합을 표방한다"[≪와일드 어스(Wild Earth)≫]. 그리고 ≪제로 포풀레이션 그로우스(Zero Population Growth)≫의 ZPG 리포터(ZPG Reporter) 등이 있다. 나는 이것들을 읽거나 아니면 적어도 매달 훑어본다. 지역의 신문 가판대나 서점, 매점, 또는 건강 식품점에서 접할 수 있다.

환경보호론자로서 나는 이러한 출판물이 매스미디어를 통해 얻을 수 있는 어떤 것보다 더 귀중한 자료를 가지고 있다고 본다. 또한 저널리스트로서 볼 때도 이러한 출판물이 질적으로나 완성도 부문에서나 수준이 높다고 생각한다. 그들 모두가 재능 있는 작가와 편집자를 요구한다.

이러한 잡지들은 나의 한계를 넘어서서 시야를 넓혀주었다. 부제가 '급진적(radical) 환경 저널'이라고 붙은 ≪어스 퍼스트 저널≫이라는 것을 처음

보고는 매우 시끄럽고 저속하다고 생각했고, 편집 상태 또한 좋지 않았다. 그러나 이 잡지는 중요한 환경 뉴스를 제공한다. 한 예로 1996년 12월호에서 쥬디 바리(Judi Bari)라는 여성이 그녀를 거의 죽음의 일보 직전으로 몰고 간 차량폭파사건에 대한 FBI와 오클랜드 경찰서의 대응에 대한 소송을 제기하고 이를 기사화했다. 소송은 FBI와 오클랜드 경찰이 시민 권리 침해, 불법 체포와 조사, 법의 평등보호 부정과 수정헌법 1조를 위반했다는 내용이었다. 그녀는 "그들은 1990년 5월 24일 우리가 '어스 퍼스트! 레드우드 서머(Earth First! Redwood Summer)'를 작업할 때 나의 차 좌석 밑에서 폭발한 폭발물의 가해자가 아니라 피해자라는 것을 명백하게 알고 있었음에도 불구하고, 그들은 다릴(Darryl, 그녀의 동료)과 나를 체포했다. 그리고 《어스 퍼스트》를 무력화하기 위해 언론을 통해 우리에게 인신공격을 퍼부었으며 우리를 테러리스트라고 선전했다!"

대중은 법 집행기관이 어떻게 시민권을 보호하고 또는 위협하는지, 미국 삼나무 관련 회사와 직업소개소 사이에 어떤 밀착이 있었는지 등에 대해 알아야 한다. 대중은 자신의 모든 에너지를 대의추구에 바치고, 암 때문에 너무 빨리 죽었던 쥬디 바리와 같은 사람들에 대해 알고 있어야 하다.

새로운 대안 매체에도 좋은 신문이 많고 능력 있는 사람들이 운영하고 있다. 《하이 컨트리 뉴스》(가장 존경받는 지역 환경 저널)는 환경을 위해 기사를 쓰고 싶어 하는 사람들이 고려해 볼 만하다. 편집자 벳시 마스턴(Betsy Marston)은 "서부 10개 주의 그린을 공정하게 그리고 동시에 야생생물, 국유지, 그리고 시골을 포함하는 이슈를 매우 열정적으로 커버할 수 있다고 생각하는 야심 찬 신문"이라고 말한다.[175] 구독자는 냉장고 광고를 위해서가 아니라 그들이 읽는 스토리에 대해 비용을 지불한다.

《하이 컨트리 뉴스》는 톰 벨이 창간한 후 1995년에 25주년을 맞았다. 와이오밍 랜더(Lander)의 목장에서 성장했던 벨은 와이오밍의 대학교에 다니면서 자연자원과 커뮤니케이션을 전공했다. 제2차 세계대전 때 그는 B-24의 조종사가 되어 30초의 전투 임무에서 한쪽 눈을 잃었다. 그 후 그는 그가 사는 와이오밍 주가 자연의 아름다움을 잃어가고 있음에도 불구하고, 어떤 주류 매체도 이에 대해 관심이 없음을 알았다. 벨은 와이오밍 야생협회에서 활발하게 활동했다. 와이오밍 야외협회를 조직하고 첫 번째 전무이사가 되었고, 1970년에 ≪하이 컨트리 뉴스≫를 시작했다. 그리고 그의 목장과 은행 예금을 포함한 모든 것을 투자했다. 과정은 어려웠지만 1973년에 벨은 ≪하이 컨트리 뉴스≫가 살아남을 것이고 전진할 수 있다는 확신을 가지게 되었다.

1983년 뉴욕에서 서부로 오게 된 에드(Ed)와 벳시 마스턴이 ≪하이 컨트리 뉴스≫를 이어받고, 콜로라도 서부의 작은 도시인 파오니아(Paonia)로 옮겼다. 그들은 ≪하이 컨트리 뉴스≫를 1997년 발행 부수가 2만 부에 달하고 구독자로부터 발생하는 수입을 95만 달러 이상이 되는 신문으로 키웠다. 마스턴은 10년 전보다 5배 더 많은 1년에 10만 달러 이상을 프리랜서에게 지불하는데, 이는 10년 전보다 5배 더 많은 액수이다. "우리는 이슈에 문맥을 주려고 노력한다. 왜냐하면 ≪하이 컨트리 뉴스≫는 비영리 조직에 의해 운영되고, 서부를 걱정하는 구독자에 의해 읽히기 때문이다." 벳시 마스턴은 "우리 기자들은 오랫동안 쓰고, 스토리를 건너뛰기도 하며, 연방기관과 시민 환경단체를 포함하는 복잡한 이슈에 대해 다룬다"176)라고 설명한다.

내가 좋아하는 또 하나는 ≪환경 하와이≫로 ≪세인트루이스 포스트-디스패치(Saint Louis Post-Dispatch)≫의 논설위원이었던 패트 터몬스(Pat Tummons)가 안식년으로 1985년에 하와이에 와서 차린 두뇌의 산물이다. 그녀는 하와이 미디어에 의해 제공되는 환경 뉴스가 너무 부족하다는 것을 깨닫고, 직장을 그만두고 하와이로 와서 뉴스레터를 창간했다.

터몬스의 독자는 시민환경운동가들로 환경단체의 전문가, 식물학, 생물학, 해양 과학의 전문가, 도시계획자, 건축가, 법률가, 공무원과 도서관 종사자,

그리고 그의 친구이다. ≪환경 하와이≫는 공무원이 더욱 책임감을 갖도록 만들었다. 거대한 리조트에 관한 기사는 건설 전에 개발시공자들에 대한 주 정부의 심층 조사로 이어졌다. 이름 없는 간행물 중에서도 그녀의 기사는 지방 신문에 인용되었고 이는 어디에서 스토리가 나온다는 것을 시사하는 것 같았다.

그것은 터몬스에게 쉬운 일이 아니었다. 성장은 느렸다. 5년이 지나도 판매 부수가 1,000부 미만이었다. 비영리 법인으로 전환해서 기증과 설립자 금을 받았다. 그녀는 하와이 시에라 클럽 격월지에 반쪽의 광고를 내서 반응을 얻어냈다. 입소문은 좋은 방법이지만 느렸다. 그녀는 회의와 청문에서 발행물을 나누어 주고, 인터뷰 대상자들에게 샘플을 주며, "가입자를 확보하는 효과적인 방법"을 실천했다.

아마도 훌륭하고 중요한 획기적인 노력은 쉽게 이루어지지 않은 것 같다. 그것은 탐 벨, 패트 터몬스, 그리고 ≪하이 컨트리 뉴스≫의 일종의 북서 지역 버전으로서 1995년 4월에 ≪카스카디아 타임스(Cascadia Times)≫를 시작했던 폴 코베스테인에게도 그랬다. 폴은 12년 동안 ≪포틀랜드 오레고니언≫에서 천연 자원에 대한 조사 기사를 위해 카티 더빈을 도왔다. 그들의 문제는 그들의 책임량을 너무 진지하게 수행한다는 것이었다. 폴이 먼저 나왔고 카티는 1년 후 그의 음성메일에 "당신이 꿈꿔오던 그 신문을 시작할 시간이다"라는 축하 메시지와 함께 일을 그만두었다.

폴과 그의 파트너 로빈 클레인(Robin Klein)은 현금보다는 용기를 가지고 시작했다. 천천히 그들은 기증자, 기관, 그리고 가입자들에게서 돈을 모았으나 2년이 지난 후에도 여전히 쉽지는 않았다. 많은 이슈가 ≪오레고니언≫의 동료였던 코베스테인과 더빈에 의해 쓰여졌다.

"≪USA 투데이(USA Today)≫의 출현은 발행인들에게 최소 공배수로 신문을 디자인해야 돈을 벌 수 있다는 것을 보여주었다. 그들은 심층적인 탐사기사에서 짧은 기사인 사실적 저널리즘으로 바꿨다." 코베스테인은 포틀랜드에서 내게 이렇게 말했다. "우리 출판물은 무엇이 어떻게 돌아가는지 설명하려고 노력한다. 많은 사람들은 태평양 북서부가 아름다운 자연과 풍경을 가진 독특한 삶의 질을 선사하기 때문에 이곳에 산다. 독자는 성장이라는 미명하에 나무와 연어에 대한 무모한 개발로 인해 그 가치를 잃게 될까 봐 걱정하는 것이고, 이러한 일들을 전국지에서 다루는 것과 같이 작은 기사로 쪼개서 전체적인 이해를 할 수 없도록 하는 것이 아니라, 지역적인 문맥과 상황 속에서 알고 싶어 한다."[177]

코베스테인은 만일 주류 매체가 고품질의 진정한 저널리즘을 담당한다면 이른바 틈새시장은 존재하지 않을 것이라고 말한다. 그러나 현실은 그렇지 않다. 텔레비전이 성장하면서 신문은 사양길로 들어섰다. 최고 또는 최악의 신문은 모두 사업을 접었고 남아 있는 것들은 대중에게 올바른 정보를 제공하기보다는 최소한의 공통분모를 주며 텔레비전과의 경쟁에 급급하고 있다. 예를 들면 《워싱턴 포스트》는 1997년 초기에 1960년대 이후 독자들의 존경을 받는 칼럼을 써왔던 콜맨 매카시(Colman McCarthy)를 그만두게 했다. 매카시는 그의 마지막 송별 칼럼에서 "우리 모두가 갈망하는 평화로운 사회를 위한 가능성을 완수하기 위한 이상이 아니라면, 글을 쓰는 도덕적 목적은 과연 무엇인가?"[178]라고 물었다. 이러한 정신은 《워싱턴 포스트》에도 다른 곳에도 남아있지 않다.

나는 대안적인 정기간행물의 사설이 군소 매체인 《하이 컨트리 뉴스》, 《미졸라 인디펜던트》와 《캐스캐디아 타임스》는 말할 것도 없고 《시애틀 위클리》나 《빌리지 보이스(Village Voice)》처럼 현 시대에서 강력하고 유리한 목소리를 내더라도 전통 일간 신문과 비교해서 중요하다고 생각하지 않는다. 적어도 지금까지는 말이다. 그러나 사이버 공간, 시청각과 데스크톱 컴퓨터의 발달로 대형 일간지는 변화와 위기에 처해 있다. 따라서 이 분야는 주류 매체에서 제공하지 않는 강력하고 참신한 내용을 제공할 수 있는 사람들에게 문호가 열려 있다. 21세기를 사는 것은 지금과는 달라야만 할 것이다. 왜냐하면 지금처럼 자원을 제한 없이 계속 고갈할 수 없기 때문이다. 올드미디어가 소비와 과소비를 촉진하는 곳으로 가고 있다면 뉴미디어의 도전은 이러한 소비·과소비 없이 사는 방법을 제공하는 데 있다.

대안 주간지의 일부는 이미 이러한 기능을 하고 있다. 광고를 실기 때문에 무가지로 공급을 하고 있지만 최소한 사회적 양심에 의해 그들의 역할을 한다. 조지아 주 애선스(Athens)의 ≪플래그폴(Flagpole)≫은 다음과 같이 입장을 표명한다. "무엇에 대한 대안인가? 침대 기둥같이 그 맛을 잃어버린 안전한 저널리즘에 대한 대안, 나쁜 음악이 많은 수익을 창출한다고 말하는 사기에 대한 대안, 당신의 삶의 질이 돈만큼 중요하지 않다고 말하는 데에 대한 대안, 예술·음악·집필·자발적으로 노력하고 있는 개인과 중소기업 등 모두가 ― 주주에게 균등한 수익을 나누어줘야 한다는 명목하에 만든 효율성의 기준에 따라야 한다는 ― 회사의 비전보다 중요하지 않다고 말하는 데 대한 대안 등."

그리고 디모인의 ≪시티뷰(Cityview)≫를 한 번 보자. "1994년 가을 이전까지 중부 아이오와의 유일한 뉴스의 출처는 개닛(Gannett)의 이론에 의해 지난 10년 동안 5만 명의 독자를 잃어버리게 된 ≪디모인 레지스터≫였다. 이와 대조적으로 ≪시티뷰≫의 발행 부수는 작년에 10퍼센트가 늘었다. 우리는 독자를 향해 글을 쓰지 않는다. 우리는 그들에게 ≪레지스터≫가 다루지 않는 주제와 인물들을 보여준다."

≪시티뷰≫는 아이오와의 나치 운동을 취재했다. 1994년의 ≪디트로이트 메트로 뉴스(Detroit Metro News)≫는 무장한 시민군의 봉기에 집중했다. 그것에 대해 어떤 미디어도 주의를 기울이지 않았다. 이 신문은 미시간 시민군이 83개 지역에서 63개의 군 조직을 가지고 있다고 보고했다. 덴버의

≪웨스트워드(Westword)≫는 로키 플래츠(Rocky Flats) 원자력 발전소에 대한 환경 범죄를 조사하고 있던 대배심의 조사를 중지시킨 사법부의 음모에 대한 기사를 계속 실었다.

1966년에 시작된 ≪샌프란시스코 베이 가디언(San Francisco Bay Guardian)≫은 국립공원청에 의해 관리되어야 하는 요새 등의 역사적인 군사 유적지 등을 민영화시키려는 법안과 같은 어려운 지역문제에 대해 탐사 보도를 통해 가장 유명한 대안 주간지로 성장했다. 마틴 에스피노자(Martin Espinoza)는 이 법안에 대한 수개월의 조사 끝에 다음과 같은 결론을 내렸다. "이 법안의 목표는 이 도시에서 가장 정치적으로 연결되어 있는 지도자들을 달래고 결합시키기 위한 것이다. 이는 즉, 지역의 비즈니스 세력과 워싱턴 공화당원들에게 그들이 원하는 새로운 국립공원의 민영화를 제공함으로써 환경 친화적이고, 좋은 정부임을 포기하고 주민들의 의회에 대한 비판을 은폐시키는 것을 의미한다."[179]

이런 출판물 대부분은 경험 많은 전문가에 의해 작성되고 편집되며, 그들의 급여도 전문 수준에 근접한다. 1996년에 내가 뉴멕시코에 있을 때, ≪산타페 리포터(Santa Fe Reporter)≫의 편집자인 로버트 마이어(Robert Mayer)를 인터뷰했다. 그는 10년 동안 뉴욕의 ≪뉴스데이(Newsday)≫에서 편집자와 칼럼니스트로 일한 후 서부로 오게 되었다. 그는 ≪리포터≫가 ≪타임(Time)≫에서 20년 넘게 일했던 사람과 ≪뉴요커(New Yorker)≫의 유능한 프리랜서 편집자를 포함한 전속 작가에게 대략 3만 달러를 지불하는데 이것은 뉴멕시코의 일간신문과 같은 수준이라고 말했다. 표지 기사는 프리랜서에게 500달러 정도를 지불하는데 이것은 훌륭한 글을 쓰기 위한 노력과 시간에 비할 때 정말 낮은 것이지만, 어디서 이런 창조적인 일을 할 수 있는 자리를 찾을 수 있을까?

이 문제는 단순히 분수에 맞는 생활을 하거나, 인생에서 당신을 행복하게 하는 방법과 그것에 대해 타협할 마음이 있거나 없는 것처럼 개인적인 선택에 달려 있다. 어느 의미로는, 당신이 살고 있는 지역에서 재능을 발휘할 수 있고 그런 면에서 소중한 일이라 할 수 있는 지역 저널리즘이 저널리즘 중에서 최고라고 말할 수도 있다. 1991년 콜롬버스 오하이오에 살면서 일한 마틴 얀트(Martin Yant)의 경우, 20년 동안의 주류 저널리즘에서의 좌절이 그를 새로운 지역 저널리즘에서 일하게 만든 경우다. ≪IRE 저널(IRE Journal)≫에서 그는 왜 그리고 어떻게 ≪오하이오 옵서버(Ohio Observer)≫의 편집자와 발행인이 되었는지에 대해 설명했다. "너무 많은 이야기와 칼럼이 기사화되지 못하고, 많은 헤드라인이 내용과 상관없이 변질되고, 너무 많은 것들이 신성불가침인 양 보호되고, 이러한 과정에 의문을 던지던 많은 훌륭한 저널리스트가 불행히도 결국은 조직의 일부가 되어가는 것을 보아왔다. 걸프전에 관한 나의 비평 칼럼이 예상보다 많은 메일과 긍정적인 전화를 받았지만 그것에 대해 경영진은 제대로 평가하지 않았다. 그 주제에 대해 잠시 중단한다는 통보받았을 때 이를 수용할 수밖에 없었다."180)

그의 기사를 읽고 난 후에, 나는 얀트에게 전화했다. 그는 어떻게 『가정된 유죄(Presumed Guilty)』라고 불리는 잘못된 유죄판결에 대한 책을 쓰게 되었는지 내게 말해 주었다. 이 분야는 그의 전문 분야가 되었다. 그는 사립 탐정이 되어 ≪공중의 눈(Public Eye)≫이라는 잡지에 웨스트버지니아에서 있었던 잘못된 유죄판결에 관해 40쪽 분량의 기사를 썼다. 이것은 2.50달러로 1주일 만에 7,000부가 팔렸다. 이것은 지역에 들어가서, 현지의 뉴스 미디어가 (두려움 때문에, 혹은 재원 부족이나 무기력으로 인해) 다루지 않은 스토리를 조사하는 '게릴라 저널리즘'이었다. 그래서 그는 오하이오 환경위원회(Ohio Environmental Council)와 '코먼 코즈' 오하이오 지부(Common Cause/Ohio)의 이사를 포함해 할 말은 하는 칼럼니스트로서 ≪오하이오 옵서버≫를 시작하게 되었다. 마틴은 적은 임금을 받고 모든 에너지를 일에 바친다. 당신이 할 운명이었던 일을 하는 것보다 더 좋은 일을 인생에서 찾을 수 있을까?

대안 매체로서의 텔레비전은 대규모는 아니지만 등장하고 있기 때문에 여기에 대해서도 주의를 집중하고 있어야 한다. 막강한 대기업 네트워크인 제너럴일렉트릭(General Electric)/NBC, 디즈니(Disney)/ABC, 웨스팅하우스(Westinghouse)/CBS와 머독(Murdoch)/폭스(Fox)에 대항할 수 있는, 이들과는 다른 방송이 절실하게 필요하다. 이런 공백을 채우려고 노력하고 있는 방송국들의 비영리 그룹 중 하나가 뉴욕의 포트 틸덴(Fort Tilden)에 소재하고 있는 인바이로 비디오(Enviro Video)이다. 이 회사는 케이블, 상업방송, 공영방송, 그리고 위성과 직접 판매를 통하여 프로그램을 송출한다. <쓰리마일 섬으로의 재초대(Three Mile Island Revisited)>와 <우주핵무기(Nukes In Space)>는 지금까지 것 중 최고의 프로그램이다. 칼 그로스먼(Karl Grossman)이 진행하는 <인바이로 클로즈업(Enviro Close-Up)>이라는 30분짜리 주간 인터뷰 프로그램은 신디케이션 프로그램으로 케이블 텔레비전을 통해 방영되고 있다.

다음 장에서 소개할 오리건 유진(Eugene)에 있는 롤프 마이어(Rolf Meyer)와 카렌 마이어가 운영하는 그린 파이어 프로덕션은 행동주의 단체와 함께 직접 일한다. 이들이 제작하는 영상물은 매번 향상되고 있고, 매우 유용하다. <고통 받는 물(Troubled Waters)>은 1996년에 제작된 10분짜리 비디오로 공공 숲의 경제적 가치에 대한 대중의 인식을 일깨우고 공화당이 환경 관리에 대한 이해 없이 벌목을 촉진시키고자 채택한 1995년 벌목구제에 대한 국민적 관심을 끌어내기 위한 비영리단체에 의해 네트워크에 방송되었다.

<사우스바운드 1996(Southbound 1996)>은 남동부의 산림을 되찾으면서 북서부의 국유림을 거의 사유화시켜 나가는 다국적 기업 목재회사에 대한 다큐멘터리로서 몬태나 미졸라에 있는 이콜로지 센터 프로덕션(Ecology Center

Productions)에서 제작했다. 1995년의 <그린 롤링 힐스(Green Rolling Hills)>는 웨스트버지니아 지역인 애플 그로브(Apple Grove)에서 가장 큰 펄프 공장을 지을 계획에 대해 상세하게 다루었다. <더 페이퍼 콜로니(The Paper Colony)>는 메인(Maine) 숲에서의 벌목 금지와 축소를 위한 1996년 유권자 국민투표 직전에 제작되었다. 국민 투표는 통과되지 않았으나, 기업에 대한 강한 반대 여론을 형성시켰다.

분명한 메시지가 있는 혁신적인 매체는 꾸준히 지속될 것이고 성장할 것이다. 이들 매체는 첫발을 내딛는 초보자뿐만 아니라 현재는 한계에 직면해 있으나 아직도 꿈을 성취하길 바라는 전문가들을 위해 도전과 기회의 장을 제공하고 있다.

제19장

경력 쌓기: 기회는 누구에게나 찾아온다

"당신의 용돈을 충당할 수 있도록 요리, 청소, 차 고치는 법, 그리고 컴퓨터 수리하는 법을 배워라." 학생들이 학급에서 그들 스스로와 학우들을 위해 작문하던 어느 날 엘레나 누스바움(Elena Nussbaum)은 이렇게 썼다. 그리고 그녀는 "맛있는 아침을 먹어라. 맛없는 요리에 실망하지 않도록 노력해라"라고 덧붙였다.

누구든지 어딘가 관여한다는 것을 생각해 보면 이것은 완전한 충고다. 나는 오래전에 여행에 관련된 고정 칼럼을 기고할 생각으로 나의 친구 에블린 그랜트(Evelyn Grant, ≪우먼스 데이≫의 편집 주간)에게 얘기를 꺼냈던 것을 기억한다. 그녀는 "그러나 타이게(Tighe, 당시의 편집자)가 과거에 그녀를 위해 기사를 썼던 사람에게 맡기고 싶어 한다"고 말했다. 이런 말을 들으니 이 회사에서는 전문적인 글쓰기가 불가능한 것처럼 보였다. 그러나 실제로는 전혀 그렇지 않았다. 시간이 좀 걸렸지만 나는 환경에 대한 경력을 쌓는 11년 동안 ≪우먼스 데이≫의 모든 호에 여행 칼럼을 썼다.

사람들은 서로 다른 길에서 출발하여 목표 지점에 도달한다. 어떤 경우도 똑같지 않다. 하지만 내가 아래에 예를 들어 놓은 유능한 전문가 7명에게는 공통적인 특징이 있다. 그들은 자신의 일을 즐기며 꾸준히 한다. 그리고 일을 더 잘하기 위해 배운다는 것이다. 그들이 공부했던 주제와 그들이 도전하고, 나아갔던 방법을 본받아야 한다. 한 명이든, 그들 모두이든, 그들은 여러 가지 면에서 당신의 모델이 될 수 있다.

마가렛 포스터(Margaret Foster)는 시애틀에서 성장했고 동부에서 잠시 동안 대학을 다닌 뒤 워싱턴 대학교에서 본격적인 공부를 시작했다. 그녀는 지식의 역사, 문학과 철학을 탐구하는 비교사상사에 집중할 수 있는 비전통적인 프로그램을 선택했다. 이러한 학업은 그녀의 부모가 "그런 것으로 그녀가 앞으로 무엇을 할 수 있을까?"라는 의문을 가지게 했다.

마가렛 또한 궁금했다. 그녀가 1980년에 졸업했을 때, 그녀는 그녀 자신에게 물었다. "나는 무엇에 열정을 가지고 있나? 내 마음속에는 무엇이 있는가?" 그녀는 자신이 강하게 매력을 느끼는 두 가지를 확인했다. 책을 읽는 것, 그리고 부모님과 어려서부터 그녀가 산에서 해온 것처럼 야외에서 활동하는 것. 그래서 운 좋게 마가렛은 파트타임으로 두 가지의 일을 시작하게 되었는데, 하나는 공립 도서관에서 사서 겸 타이피스트 일을 하는 것이고, 다른 하나는 ≪퍼시픽 서치 프레스(Pacific Search Press)≫라는 북서 지역 자연사에 대해 다루는 작은 출판사에서 안내인 겸 타이피스트 일을 하는 것이었다. 그녀는 밑바닥에서부터 배웠고 결혼한 후 남편과 함께 칠레에서 1년 동안 영어를 가르치기 위해 떠났다.

그들이 돌아왔을 때, 마가렛의 남편은 노스웨스턴 대학 대학원에 입학하여 저널리즘 공부를 시작했다. 그리고 그들은 시카고로 이사했다. 그녀는 무역 교과서를 전문적으로 출판하는 타임스 미러(Time-Mirror) 대기업의 자회사인 ≪이어 북 메디컬 퍼블리셔(Yearbook Medical Publishers)≫의 편집 보조로 일하게 되었다. 거기서 그녀는 조사연구, 편집, 그리고 실제적이지만 전체적으로는 별로 낭만적이지 않은 일들을 배웠다. 그녀는 시애틀을 잊었고 ≪퍼시픽 서치≫에서 부편집자 자리에 앉게 되었다. 머지않아 그녀는 사수 없이 그녀의 실수, 질문, 프리랜서 등을 통해 스스로 배우며 어려운 길을 걸어 수석 편집자가 되었다. 마가렛은 ≪퍼시픽 서치≫에서 4년간 일하며 아기를 낳았고 둘째를 임신했을 때 회사가 문을 닫았다.

포스터(Foster)는 프리랜서로 편집과 책 포장을 했다. 그녀의 결혼은 파국에 이르렀고 가끔은 가는 길이 매우 힘들고 험난했다. 1989년 그녀는 마운티니어(The Mountaineers) 출판사가 편집 주간을 뽑는다는 공고를 보고 지원했다. 그녀는 이미 이 잡지를 위해 프리랜서로 일했었고 회사도 그녀가 들어오는 것을 당연하게 받아들였다. 지금은 시애틀 마운티니어의 편집장으로서, 원고는 더 이상 편집하지 않고, 마운티니어의 성장과 개발을 위해 힘쓰고 있다.

마운티니어 출판사는 시애틀에 본사를 둔 오래되고 명망이 높으며 성공적인 출판사로 "자연의 아름다움을 즐기고, 공부하고, 보존하고, 탐구하는 것"을 목표이자 책임으로 하고 있다. 마운티니어는 자연사와 야외에 대한 안내서를 전 세계적으로 출판하는 견실한 기업이다.

1997년 초, 마가렛은 "우리는 클럽으로부터 강하게 위임받아 지금 이 지역의 자연보호와 관련된 책을 내고 있다. 야외, 등산 안내서나 실용서를 쓰는 것보다 이 일이 내가 공헌할 수 있고 공헌하고 싶은 일이라는 것을 느낀다. 책임의 중요성이 더 분명해지고 있고 나는 그것을 즐긴다"라고 나에게 말해주었다.[181]

마운티니어의 직원은 대부분 여성이다. 마가렛은 다음과 같이 말했다. "왜 뉴욕을 제외한 출판계에는 여성이 많은 것인가? 우리가 면접할 때 보면 여성은 오랫동안 그래왔던 것처럼 더 적은 돈을 받고 밑바닥부터 일하고 싶어한다. 하지만 남자들은 그렇지 않다. 남자들은 대학을 졸업하고 이에 필적하는 급여를 주는 직업을 원한다."[182]

탐 터너(Tom Turner)는 저널리즘이나 과학에 대한 훈련을 전혀 받지 않았다. 그는 거의 우연히 이 일을 시작했다. 그는 1965년 그의 고향에서 정치학을 전공해 캘리포니아 버클리 대학교를 졸업했다. 그 후 터키에 있는 평화봉사단(Peace Corps)에서 2년 동안 서양 주사위 놀이를 하거나 작은 유리잔에 든 차를 마시거나 '시골 공동체 개발'과 관련된 일을 했다.

"그곳에서 보낸 2년 동안 나는 글쓰기를 좋아했고 많은 사람에게 글을 써주었다. 저널리즘에 대한 생각은 항상 내 머릿속 어딘가에 있었다. 나는 세계에서 최고의 일을 한 사람이 런던에서 NBC-TV 특파원을 지낸 조셉 하시(Joseph C. Harsch)라고 생각했다. 그때 평화봉사단은 주기적으로 내가 있던 마을에 평가원 한 사람을 보냈는데, 그는 뉴욕의 컬럼비아대학 저널리즘스쿨에 다녔고, 몇 편의 글을 썼다. 그는 그의 직업에 대해 말해주었는데, 시골의 주간지에 글을 쓰는 것이 컬럼비아에 다니는 것만큼 글쓰기에 대해 배울 수 있는 좋은 방법이라고 내게 말해주었다."[183]

1968년, 그가 터키에서 돌아온 뒤 전설적인 시에라 클럽의 카리스마 있는 전무이사인 데이비드 브라우어(David Brower)는 터너를 산악인 노만 클라이드(Norman Clyde)의 책 편집을 위해 고용했다. 브라우어는 캘리포니아 대학 신문사에서 일했고, 훌륭하고 영향력 있는 시에라 클럽 포맷 책을 디자인했던 창조적인 마법사였다.

브라우어는 사람들이 그가 좋아하는 사람 안에 있는 것을 깨우치는 특별한 능력을 가지고 있었다. 터너는 "이것은 열성적인 사람으로 만들고, 전에 한 번도 해보지 않은 일을 하게 만드는 그의 전형적인 묘기였다"라고 회상했다. 버클리에서 성장한 터너는 이미 브라우어와 그의 아내인 앤(Anne)을 알고 있었다. 그는 1963년 남부 유타에 있는 글렌 계곡(Glen Canyon)과 에스칼렌트 계곡(Escalante Canyon)에 그들과 함께 갔었다. "이곳이 우리들의 부주의, 어리석음, 탐욕, 무지 때문에 사라질 것이라는 사실을 깨닫는 것은 믿을 수 없을 만큼 고통스러웠다. 지금도 마찬가지다. 내가 이런 일들이 다시는 일어나지 않게 보장할 수 있는 방법을 찾을 수만 있다면 내 인생은 매우 값질 것이다."184)

터너는 시에라 클럽에서 브라우어의 조수가 되었고, 클라이드의 원고를 함께 작업했다. 1969년 5월에 브라우어는 해고되고, 터너도 며칠 후에 해고되었다. 그 후 브라우어는 지구의 친구들(Friends of the Earth: FOE)에서 일을 하기 시작했고, 탐은 로빈슨 제퍼스(Robinson Jeffers)의 시(poem)에서 이름을 딴 정기간행물 ≪낫 맨 어파트(Not Man Apart)≫의 편집자가 되었다. 구독자로서 나는 모든 호를 즐겨 보았고, 그 내용은 자유롭고 생기 넘쳤던 것으로 기억한다.

우리는 매월 친구들과 모든 지인들에게 기부금을 요구하는 글과 사진을 보내고, 뉴욕과 워싱턴에 있는 FOE 직원들과 기사를 할당하고, 도처의 무보수 칼럼니스트를 등록시키고, 신문사에서 자료를 얻으며 즐거운 한때를 보냈다. 우리는 환경뉴스를 다루었고 우리 멤버들을 위해 특집 기사, 의견, 리뷰, 비평 등을 실었다. 우리는 객관(원래 존재하지 않는), 균형, 중립을 가장하지 않았다. 우리는 우리의 렌즈를 통하여 세상을 바라보았고 군더더기를 없앴다. 우리는 지구를 구하기 위해 노력했다. 우리에게 지구를 구한다는 것은 사실과 논증을 가능한 한 강력하고 폭넓게 배포하는 것을 의미했다. 우리는 객관적인 체하지 않았지만 공정해야 한다는 것을 알았다. 더 나아가 우리는 과장해서는 안 되고, 경쟁자들을 비웃지 말아야 한다[그러나 우리는 다시 비웃고 말았다. 그러니까 내 말은 어떻게 환경론자들과 논쟁을 벌인 딕시 리 레이(Dixie Lee Ray, 워싱턴 주지사이자 원자에너지협회장)와 제임스 와트(로널드 레이건 대통령 재임 시절의 내무부장관)를 비웃지 않을 수 있겠느냐는 것이다.]

우리는 비교할 수 없는 자유를 가지고 있었다. 아무도 출판될 사본을 사전에 검토하지 않았다. 때때로 데이브(Dave)가 출판할 만한 가치가 있다고 생각되는 것을 발표했고 우리는 거의 항상 따라갔다. 우리는 입법권이 있는 이야기에 대해 로비스트와 상의했다. 실제로 로비스트는 워싱턴에서 오는 대부분의 소재를 제공했다.

로비스트와 기금 모금자들은 가끔씩 우리가 FOE의 목소리를 높이지 않았는지 또는 충분했는지를 감독했다. 우리는 우리가 허풍쟁이가 아닌 바른 뉴스저널이 되어야 한다고 논쟁을 벌이기도 했다. 만약 당신이 신뢰를 받고 싶다면, 서두르지 말고 스스로 만족하며 계속 나아가라.[185]

≪낫 맨 어파트≫는 다른 곳에서 놓친 이야기들을 출판하는 괜찮은 일을 했다. 가장 주목할 만한 일은 1972년에 열린 UN 스톡홀름 회의(UN Stockholm Conference)에서 전 세계 기자의 기사 제공 출처였던 일간지 ≪스톡홀름 컨퍼런스 에코(Stockholm Conference Eco)≫를 발간한 것이다. 그 후에 브라우어와 FOE의 동료들은 흩어졌다. 탐은 어스아일랜드 연구소로 갔고, 터너는 1986년에 지금은 지구정의법 보호기금(Earth Justice Legal Defense Fund)으로 알려져 있는 시에라클럽법 보호기금(Sierra Club Legal Defense Fund)에서 바르고 많은 정보를 담은 계간지인 ≪인 브리프(In Breif)≫를 편집했다. 그 외에 ≪시에라≫, ≪와일더니스(Wilderness)≫를 비롯한 다른 잡지에 많은 기사를 썼다.

데이비드 헬버그는 비교적 동기(motivation)를 일찍 찾았다. 그의 부모님은 유크레인(Ukraine)과 나치 독일의 피난민으로 미국에 왔다. 대다수의 친구들은 콘센트레이션 캠프(concentration-camp) 생존자의 문신을 가지고 있었다. 그는 미국에서 성장하면서 어떻게 대량학살이 세계가 모르는 채 일어날 수 있었는지 이해하기 무척 어려웠다. 17살이었던 1968년에 친구와 함께 베트남 전쟁에 항의하기 위하여 시카고의 민주국가집회(Democratic National Convention)에 갔고, 1970년대 초에는 북아일랜드로 갔다.

그는 버몬트(Vemont)에 있는 가다드(Goddard) 대학을 졸업하고 난 후, 샌디에이고로 이동했고, 거기서 대안 주간지 ≪샌디에이고 뉴스라인(San Diego Newsline)≫에서 편집일을 한 후, 5년 동안 중남미에서 AP 특파원으로 일했다. 5년간 전쟁과 관련된 일을 비롯해서 커피대농장에서의 일모작, 목화밭에 DDT가 살포된 것, 북적거리는 바리오(barrio, 스페인어를 일상어로 사용하는 미국 도시), 불탄 열대우림 등을 경험했고, 이와 관련된 모든 화제를 찾아다녔다. 최근에는 샌프란시스코에 정착했었는데 그곳에서 글을 쓰거나 공영방송국과 케이블 텔레비전에서 군사, 정책, 건강, 환경을 다루는 다큐멘터리를 제작하며 시간을 보낸다.

1994년에 시에라 클럽 북스(Sierra Club Books)는 헬버그가 최초로 반환경의 '반발(backlash)'을 심도 있게 다룬 『그린을 위한 전쟁』을 출판했다. 지칠 줄 모르는 발굴과 수많은 인터뷰를 통해 그는 어떻게 목재업, 광업, 트럭회사의 이해관계, 국가총기협회와 재산권 운동이 심각하게 연관되어 있는지를 밝혀냈다. 그는 FBI의 형편없는 역할과 민간인, 공무원의 폭력과 위협을 조사하고 묘사했다. 몇 년 동안 헬버그는 숨겨지고 일그러져 있는 잔인한 현실을 폭로하는 미디어의 능력을 활용하는 것을 배웠다. "나의 주된 목표는 여전히 오늘날 일어나고 있는 환경 관련 논쟁을 알리고 대중화하고 확대하기 위해 최대한으로 조사해내는 것이다. 환경은 21세기의 가장 결정적인 이슈다. 환경 저널리즘은 단지 과학이나 경제학이 아니라 사람들이 어떻게 살고, 어떻게 자원을 사용하고, 어떻게 부를 나누는지와 같은 다면적인 것이다.[186]

샌디에이고에 있는 캘리포니아 대학 2년생인 카렌 마이어는 그녀의 관심도 확실하지 않았고 전공도 분명하지 않았다. 그녀는 커뮤니케이션 관련 과목을 들었고 "우리는 우리가 알고 있는 것을 어떻게 알게 되는가?"라는 질문에 관심을 갖게 되었다. 미디어를 검색하고 비평하는 것은 다큐멘터리 비디오 제작으로 귀결되었다. 그녀가 처음으로 비디오카메라를 잡고 그녀의 분야에서 알고 있는 이미지들을 창조하고 포착했을 때 그녀의 자리를 알게 되었다.

수업에서 10분짜리 프로그램을 제작하기 위해 팀을 나누었을 때 학생들은 두려워했지만 선생님은 조용히 말했다. "너희들이 정말 관심 있는 것들을 담아라. 왜냐하면 오랫동안 그 주제에 대해 일하게 될 것이기 때문이다." 선생님이나 카렌(Karen) 둘 다 이것이 얼마나 맞는 얘기일지 몰랐다. 그녀는 시에라 클럽 지부에 전화했는데 이 일이 댐 건설이 예정되어 자유롭게 흐르는 것이 마지막이 된 샌디에이고에 있는 강에 대한 프로그램을 제작하도록 만들었다. 이후 3년 동안 그녀는 계속 다큐멘터리 과목을 이수했고, 일 년 동안 독립 이수 과정(independent study)을 밟으며 요세미티 국립공원 관리에 대한 30분짜리 다큐멘터리를 동료 학생과 공동 제작했다.

상업 비디오 제작자로서의 인턴 생활 이후에 카렌은 그녀가 이 분야에서 계속 일하고 싶지만 방송국이나 상업적 회사는 자신과 맞지 않다고 느끼게 되었다. 폴 윈스터(Paul Winster)의 악기 연주와 야생의 소리를 결합시킨 독특한 음악에 감명받은 그녀는 그를 찾아갔다. 그는 그녀에게 최고의 삶을 만드는 꿈을 따라 살라고 충고했다. 그 결과로 1984년 졸업한 이후에 독립 비디오 제작자로 일했고, 1989년 이후 그녀는 그녀의 남편 롤프 마이어와 함께 환경문제만 다루는 그린 파이어 프로덕션을 설립했다.

"급료는 많지 않지만, 나는 나의 일을 수행할 수 있는 라이프스타일을 선택했다. 그것은 교환이다. 나는 비디오, 인터넷, CD롬과 같은 전자미디어로 환경과 사회적 변화 조직을 창출하는 꿈을 뒤좇았다. 그것은 프로젝트를 창조하는 것과 자금을 창출하는 것, 그리고 자료를 가장 잘 활용하는 조직과 함께 일하는 것을 포함한다. 이것은 또한 사람들이 동기를 가지고 능동적으로 관여할 수 있는 이야기를 찾는다는 것을 의미한다."[187]

1994년 그린 파이어 프로덕션은 북부 로키 지역에 가장 광활하게 남아 있는 자연 산림 지역을 조사하고 그것들을 어떻게 지킬 것인가에 대해 힘쓰는 야생록키연합을 위해 22분짜리 비디오인 <국경을 넘어(Beyond Borders)>를 제작했다. 1996년에는 비영리 집단의 네트워크를 통해 7,000편이 넘는 10분짜리 비디오인 <고통 받는 물>이 배포되었다. 이는 공공토지에서 목재를 자르는 것을 부추기도록 고안된 1995년 의회의 구조용 목재조항(congressional salvage-logging rider)의 재앙에 대해 국제적인 관심을 끌기 위해서였다. 이것의 파급효과는 적지 않았다. 카렌과 롤프 마이어와 그린 파이어 프로덕션은 그 길에 있었다.

댄 오코는 몬태나 주의 주간 소형신문인 ≪미졸라 인디펜던트≫에서 28세였던 1997년에 편집인이 되어 2년간 일했다. 이것은 거의 이 신문의 수명과 비슷한 기간이었다. 오래전에 서부로 와서 소설가나 시인이 되고 싶은 꿈이 있었지만 현실적으로 낮은 급료 때문에 저널리즘에 대해 심각하게 고려하기 시작했고, 그 일을 하게 되었다.

오코는 뉴욕에서 자라고 미시간 대학을 다니며 문학과 철학을 공부했다. 철학에 대한 글쓰기는 과학에 대한 글쓰기를 배울 수 있는 완벽한 연습이었다. 그가 관찰한 대로 "결국 복잡한 생물 다양성, 진화, 지구 온난화, 어떤 면에서는 그보다 더 복잡한 이론들도 인식론학자나 그 밖의 다른 사람들에 의해 오랫동안 전해내려온 철학과 다르지 않다."[188] 게다가 그가 가진 논쟁하는 양편 사이에서 균형을 잡는 능력—철학적 해석을 하는 동안 단련된 이해력—은 최고의 기사를 만드는 철저함에 가깝다.

오코는 시애틀에 와서 색다른 주간지인 ≪스트레인저(Stranger)≫에서 연극과 서평을 쓰는 등 임시적인 일을 했다. 그는 과학, 정치, 자연에 대해서는 많이 생각하지 않았지만 레이니어 산(Mount Rainier), 올림픽스, 그리고 노스 폭포(North Cascades)의 코스를 통해 이 오랜 숲에 영향을 주는 생태학적이고 정치적인 변화에 대해 알게 되었고, 그것들에 대해 쓰기로 결심했다.

나는 어떠한 과학적 배경지식도 없다(태어나서 생물학을 배운 적이 딱 한 번 있다). 그러나 내가 믿는 것이 올바른 의견을 형성하기 충분할 정도로 읽었다. 그리고 몬태나로 왔고 곧 생물의 다양성에 대한 어휘들과 관련된 주제들을 공부했다. 나는 릭 배스(Rick Bass), 덕 피콕(Doug Peacock), 테리 템페스트 윌리엄스(Terry Tempest Williams)를 포함한 많은 서부 작가들을 만났다. 이들은 글쓰기와 저널리즘, 픽션과 예술의 역할, 그리고 실제이자 상상된 야생의 중요함에 대한 내 질문에 기꺼이 대답해 주었다. 이때 나는 내 경험을 개발하고 유용하게 할 수 있는 인연을 만들었고, 흐릿하게나마 나의 길을 가는 데 도움이 될 모델을 찾았다.[189]

≪인디펜던트(Independent)≫에서 일을 시작한 것은 실질적인 경험과 희망을 갖게 했으며, 오코가 지역사회에 대한 책임과 양편의 이야기를 주의 깊게 듣게 하는 의무를 가지고 전문가가 되기 위해 노력하게 했다. 광고에 의해 운영되는 무료 주간지는 헌신적인 판매사원을 고용한다. 가장 바람직한 판매원은 사업가들에게 지역사회와 환경을 보호하는 리더십의 매력을 보여주려고 노력한다. 비록 그것은 쉽지 않은 일이만, 인디펜던트는 계속해서 성장했다.

신시내티에서 어린 시절을 보낸 존 미첼(John G. Mitchell)은 언어와 땅 사이에 개인적인 연관을 느꼈다. 1950년대 초 예일(Yale)에서 영문학을 전공하고 소설과 짧은 이야기를 쓰면서 픽션 작가가 되기로 마음먹었다. 졸업 후, 뉴멕시코와 캘리포니아에 있는 작은 신문사의 기자로 일하며 그가 담당한 기사 중 가장 만족스러웠던 것은 땅에 관한 것이었다. 광대한 나바조(Navajo) 인디언 거주지, 산 호아킨(San Joaquin) 계곡의 유령 마을, 하이 시에라네바다(High Sierra Nevada)에 있는 강의 댐, 그리고 빙 크로즈비(Bing Crosby)가 스키리조트로 만들려 했던 미네랄 킹 계곡(Mineral King valley)

등에 관해서 말이다. 크로즈비는 실패했다. 그래서 디즈니와 미네랄 킹은 산림 지대로 개발되기 시작해 결국 세쿼이아 국립공원(Sequoia National Park)에 합쳐졌다.

그가 1958년 기자로 ≪뉴욕 저널-아메리칸(New York Journal-American)≫에 도착했을 때 미첼은 자연보호에 많은 흥미를 가지고 있지 않았다. 그는 7년 동안 대부분 경찰과 도둑, 마약사범, 유명인에 관해 기사를 썼다. 그의 상관이 "무슨 소리야, 미첼? 연기(smoke)는 일자리를 의미한다고!"라고 했지만 그는 대기 오염에 관한 5개의 시리즈를 써냈다. 오히려 그는 ≪허츠(Hearts)≫의 스타 칼럼니스트인 밥 콘시딘(Bob Considine)에게서 존 제임스 오듀본(John James Audubon, 미국의 조류학자·화가)에 대한 기사를 쓴 것 때문에 팬레터를 받았다.

미첼은 ≪저널-아메리칸≫에 머물러 있기를 원하지 않았다. 그는 자연보호에 관한 기사를 쓰기를 원했다. 어느 날 뉴욕에 본사가 있는 내셔널 오듀본 협회(National Audubon Society)의 부사장인 찰스 칼리슨에게 전화를 걸어 ≪오듀본≫에 참여할 수 있는 가능성에 대해 물었다. 나는 칼리슨이 가장 훌륭한 보호주의자 중 한 명이었던 것으로 기억한다. 그는 미주리 대학에서 저널리즘을 공부하고 미주리보호위원회의 직원으로 참여하기 전에 캔자스와 미주리 신문사에서 일했었다. 그는 미주리보호위원회를 창립하고 보호와 관련된 일을 시작했다. 그러나 그는 미첼에게 "당신은 당신이 있는 주류 매체에서 더 많은 일을 할 수 있다. 우리는 더 이상 전도사가 필요하지 않다. 바깥에 머물면서 변화하지 않는 것에게 권고하라"라고 설득한다.

미첼은 칼리슨의 충고를 받아들였지만 ≪저널-아메리칸≫이 문을 닫기 전에 ≪뉴스위크≫로 자리를 옮겨 언론, 교육, 종교, 삶, 여가 부분을 담당하는 '백 오브 더 북(back-of-the-book)' 섹션의 기자로 일했다. 이후 그는 과학과 우주 부문의 편집자로 승진되었다. 그러나 이곳은 열린 공간이 아니라 중심부에서 멀어진 공간이었다[그가 캘리포니아에 있는 레드우즈 국립공원(Redwoods National Park) 설립과 관련한 전쟁과 휴식 공간의 전국적인 부족에 관한 좋은 글을 만들어내긴 했지만]. 그는 칼리슨의 충고를 마음에 새겼지만 ≪뉴스위크≫의 훌륭한 환경보호주의자로 뽑혔고, 그의 사무실을 센트럴 파크(Central Park)로 옮겼다.

1967년 봄, 미첼은 ≪뉴스위크≫를 위해, 그리고 심한 논쟁의 중심인 레드우드 숲에 대한 의견과 사실을 구분하기 위해 캘리포니아로 갔다. 그녀는 그녀의 작품인 『깊은 나무숲에서의 전보(Dispatches from the Deep Woods)』에서 이렇게 말했다.

요즘 레드우드에서의 의견을 당신 자신과 분리시키기는 힘들 것이다. 만약 당신이 저널리즘의 성실성에 대해 걱정하는 만큼 야생에 대해서도 걱정한다면 힘들 것이다. 만약 당신이 아카타 레드우드 회사(Arcata Redwood Company)나 조지아-퍼시픽(Georgia-Pacific)의 산림학자들의 조언을 듣고 난 후, 시에라 클럽의 데이브 반 디 마크(Dave Van de Mark) 혹은 루씰 빈야드(Lucille Vinyard)와 함께 차를 타고 미개척지에 있는 트랙터 바퀴자국을 보게 된다면 당신은 마음이 불편할 것이다. …… 어떻게 해서든지 나는 사실과 주장을 분리하고자 했다. 아니면 내 편집자들이 나를 위해 그렇게 했을 것이다. 아카타의 이사회에서는 아닐지라도 최소한 메디슨 가의 편집진에서는 저널리즘의 성실함이 나의 경험을 살리는 듯했다. 비록 우리가 하류로 가는 동안 지나쳤던 레드우드의 많은 야생 진흙창이 조금도 살아남지 못했을지라도. 몇 년 후, 결국 모든 공원 조성과 재조성에 대한 입법이 통과되고 내가 가장 생생하게 기억하는 것은 내가 레드우드에 처음 왔을 때 이곳이 도저히 침착하게 묘사할 수 없는 살육의 현장이었다는 것이다. 어지럽게 흩어진 바퀴자국, 잘려져 여기저기에 흩어진 나뭇가지와 강바닥의 침적토(silt), 뭉개진 비탈에 남은 그루터기들. 그리고 교묘한 선전활동. 웨이여하우저 사(Weyerhaeuser Company)의 자회사인 아카타 레드우드(Arcata Redwood)의 브로슈어는 "가파른 지역으로 통나무를 옮기려면 큰 장비가 필요하다"고 변명했다. 땅은 닳아버렸다. 마치 추수 후의 옥수수 밭처럼.190)

1968년 5월 미첼은 개방지역입법위원회(Open Space Action Committee)를 위해 그 직장을 떠났다. 그 후 리처드 포우(Richard H. Pough)가 뉴욕 지역의 빈 땅을 보호하는 것을 돕기 위해 개방지역기관(Open Space Institute)을 건립하고 이끌었다. 그리고 메디슨 가의 광고인인 찰스 리틀(Charles E. Little)을 우두머리로 선임했다. 리틀은 ≪오픈 스페이스 액션(Open Space Action)≫이라고 불리는 잡지를 시작하기를 원했고, 미첼이 편집자로 일해 주기를 원했다. 1970년 포드와 록펠러 재단이 지원을 철회했을 때 미첼은 시에라 클럽 북스(Sierra Club Books)의 편집장이 되었다. 그러나 그는 4년 뒤 시에라의 이사가, 출판위원회장이자 호튼 미플린의 존경받는 전 편집자인 폴 브룩스를 편집이나 출판 경험이 없는 영어 교수로 교체한 것에 항의해서 그곳을 떠났다.

≪오듀본≫에서 15년 동안 편집자로 일한 것을 포함해 20년 동안 프리랜서로 일하면서 최고의 재능을 가졌고 뛰어난 잡지를 만든 레스 라인(Les Line)을 위해 미첼은 많은 글을 썼다. ≪오듀본≫의 새로운 사장인 벌(Berle)이 라인을 해고하고 그를 대신해서 온 편집장에게 대부분의 정직원들을 해고하라고 지시했다. 미첼과 조지 레이콕은 벌을 위해 기사를 계속 쓰기보단 차라리 사직을 선택했다.

미첼의 모험담은 계속된다. "그래서 나는 63세에 환경문제를 담당하는 수석 편집자로 일해 달라는 ≪내셔널 지오그래픽≫의 제안을 수락했다." 꿈꾸던 일을 맡은 것이다. 그러나 미첼은 자신에게 물었다.

나는 주류 매체에서 일하라는 찰리 칼리슨의 충고를 져버리지 않았는가?

재정적 안정에 있어서는 그의 말이 맞다. ≪뉴스위크≫에 머물러 있었거나 ≪지오그래픽≫에 더 일찍 왔더라면 내가 프리랜서로 일했던 것의 두 배, 혹은 더 많은 연금을 벌었을지도 모른다. 그러나 나는 환경적인 안건을 발전시키는 것에서만큼은 실수를 했다고 믿지 않는다. 나는 ≪오듀본≫과 ≪야생≫과 ≪야생생물보호≫에서 깊이 있는 양질의 이슈를 더 많이 다루었었다. 그리고 ≪뉴스위크≫나 ≪지오그래픽≫과 같은 잡지에서 결코 다뤄지지 않을 특유하고도 효과적인 방법으로 이야기를 다루었다. 내가 생각한 대로 내 일을 효율적으로 했다면 적어도 나는 내가 썼던 환경 잡지에 많은 믿음을 심어주었을 것이다. 왜냐하면 환경 미디어는 수다쟁이와 신비한 자연과 비저널리스트들 (nonjournalists)과 맞대고 있기 때문이다.

미첼은 계속해서 "나는 좋은 책을 한 권 쓰고 싶다. 나는 대지에 대해 정의를 실현할 수 있는 언어를 발견하기를 희망한다"고 말했다.[191]

사라 올라슨 놀란드는 1989년 환경학을 공부하기 위해 웨스턴워싱턴 대학교에 왔을 때 이미 워싱턴 대학에서 동물학 학위를 가지고 있었다. 여기서 그녀는 특히 연 4회 출판되던 학생 환경 계간지인 ≪플래닛≫을 편집하는 것을 포함하여 절대적으로 모든 과목에서 A학점을 받았다. 그녀가 졸업했을 때 그녀는 시애틀에 있는 큰 환경 상담 회사의 편집자가 되었고 대부분의 일을 담당했다.

내 직업은 환경에 관련된 글쓰기에 열정을 가진 사람에게 처음에는 유망해 보이지 않을 것이다. 그러나 분명히 훌륭한 배움의 기회로 볼 수 있다. 글쓰기, 편집, 과학, 환경규제, 정부기관과 함께 일하며 그들이 무슨 일을 하며 전문적인 사업에서는 어떻게 행동하는지에 대해 배울 수 있는 기회를 가질 수 있다.

편집자라는 직업은 나를 끊임없이 가르친다. 편집은 "이 문장은 제대로 완성되었는가?"에서 "그래 작가! 당신의 요점이 무엇이고 누구를 위한 것이지?"와 같은 질문을 던진다. 이러한 질문을 개인적인 공격으로 받아들이지 않도록 하는 것은 작가의 글을 향상시킬 수 있는 유용한 기술이다. 당신이 개성이 아닌 이슈에 집중한다면 더 많은 것을 가질 수 있을 것이다. 이것이 편집에 관한 한 분명한 진실이다.[192]

이 직업 외에도 놀란드는 프리랜서로서 편집과 컴퓨터 출판(일부는 자원해서, 일부는 보수를 받고)을 했고 환경학과 자연에 대한 시를 공부하는 것을 포함하여 많은 독서와 글쓰기를 했다. 그녀는 좋은 시는 아름답고 본질적인 방법으로 언어 사용을 자극하는 것뿐만 아니라 시인과 독자 모두에게 내적인 진실에 도달하는 통로를 제공해 준다고 믿었다.

놀란드와 그의 남편인 탐은 환경 조직에 대해 탐방 취재를 하며 경험을 얻었다. 그녀가 지방의 땅 조합에 관련된 일을 했을 때 그녀는 부서를 계획하는 재산 평가인의 사무실을 방문하고, 신탁조합이 땅 소유자로 하여금 재산과 환경을 제대로 보존하는 문제에 대해 제대로 정보를 주고 있는지에 대해 신경을 썼다. 가끔씩 땅 소유자들은 자세한 사항을 모르고 있기도 했다. 그녀는 대학 생활 동안 했던 글쓰기와 그녀가 어디를 가든지 다음과 같은 인상적인 ≪플래닛≫의 기사와 같은 것에서 경험을 얻었다.

나는 항상 소음이 영혼의 중심이라고 믿는다. 냄새보다 더 원초적이고, 감정과 기억을 불러일으키는 능력을 가진 것은 없다. 벨링햄의 공원과 거리를 돌아다니면서 나는 여러 색깔이 있는 팔레트의 냄새를 맡았다. 벨링햄에 거주한 2년 동안 바람이 부는 날이나 비가 내린 다음날 나는 상록과 잔디에 새로 밴 냄새를 깊이 호흡하고, 신선하고 맑은 공기를 즐긴다.

그러나 나는 더욱 자주 분위기가 좋지 않음을 느낀다. 며칠 동안 정체된 공기, 쌓인 나무 연기, 조지아·퍼시픽 제지·펄프 공장에서 나는 냄새, 자동차 배기가스가 숨 막히게 만들었다. 지평선에 보이는 공해의 아지랑이는 이것을 씻어낼 충분한 바람이나 비가 내리지 않는다면 벨링햄은 아마 또 다른 로스앤젤레스가 될지도 모른다는 생각이 들었다. 20년 후 북쪽의 폭포를 방문했을 때 우리가 보게 될 것은 대기오염으로 죽어가는 강과 숲이 아닐까? 우리가 보물로 여기는 도시의 공원과 역사적인 건물들이 언젠가 산성비로 마르거나 분해되지는 않을까?[193)

제20장

내일의 자연을 향하여

환경 저널리즘은 더 좋은 사회를 만드는 밑거름이며 민주주의를 건강하게 한다. 20세기 보호주의 운동의 선봉자인 기포드 핀촛이 지적했듯이 미국인들은 특정한 세력이 다수 대중의 의지를 무력화시키기 전에 정치권의 조종과 관여를 배제해야 한다고 생각한다. 이런 맥락에서 그 도전은 어떻게 시스템이 작용하고 반응하는지에 대해 배우고 이해하는 것이다.

나는 항상 저널리스트의 역할은 중요한 이슈를 추적하여 민주화를 위한 지적 과정에 대중을 참여시키는 것이라고 믿고 있다. 몇몇 사람들이 이러한 차이를 가져올 수도 있고, 또한 하나의 스토리가 그렇게 할 수도 있다.

환경 저널리즘은 산업과 정부의 이익을 추구하려는 막강한 힘에 둘러싸인 것들의 운명을 거스르고, 사람들로 하여금 자연계의 퇴보를 뒤집을 힘이 없다는 생각을 버리게 한다. 이 일은 쉽지 않으나 이러한 노력이 차이를 가져오며, 미래를 값지고 가치 있는 것으로 만든다. 이것은 저널리스트를 적극적으로 만들고 냉소주의로부터 벗어나게 해준다.

세상이 확신과 희망을 필요로 한다는 것을 생각해 보면 세상이 어떻게 되어야 하는지를 말해준다. 환경적인 스토리는 종종 재앙에 대한 경고를 담은 나쁜 뉴스로 인식된다. 그러나 긍정적인 기회 또한 있다. 자연주의자인 존 버로스(John Burroughs)는 다음과 같은 생각을 가지고 있었다. "우리가 새에 대해 생각하면 어디를 가든 새를 보게 될 것이다. 소로(Thoreau)가 그랬듯이 우리가 수초(水草)에 대해 생각하면 어디를 가든 야생화를 볼 것이다." 즉, 우리가 환경에 대해 생각한다면 더 나은 환경을 보게 될 것이다.

환경 저널리즘 연구란 기쁨과 만족을 발견하는 일이고, 좁은 이익으로 경도된 경제에서 폭넓은 윤리와 애정을 키우는 방식으로 도전하는 일이며 이를 위한 긴 여정에 있다는 생각을 가져야 한다. 학생들은 타인의 오랜 경험을 배워야 한다. 학생들은 품위 있는 글을 쓰는 법과 문제에 집중하고, 설교를 피하고, 타인의 시각을 받아들이고, 진리와 정의는 결코 완전하지 않다는 점을 배워야 한다.

급진적인 변화가 필요하다는 말은 맞다. 극단적인 제안은 중요한 기능을 수행할 수 있다. 비평은 자족적인 산업계와 정부를 위해서뿐만 아니라 환경기구를 위해서도 필요하다. 진솔한 비평은 이러한 기관들을 정직하게 만든다.

같은 맥락에서 볼 때 주류 매체를 통해 이것이 가능하다면 더욱 많은 힘을 실을 수 있다. 나는 더 많은 발행인과 편집자가 그들이 환경 보도에서 그들이 잘하고 있는 것보다 그들이 실패하고 있는 것들을 두드러지게 보여주고 있음을 인식하기 바란다. 그들은 재능과 비전을 가진 인재들을 필요로 할 것이며 당신은 아마도 그 적정한 기회를 잡을 수 있을 것이다.

그러나 이러한 기회를 다른 곳에서 찾을 수도 있다. 많은 환경 관련 스토리가 환경과 사회 문제를 다루는 대안적인 주간신문과 월간지에 나온다. ≪하이 컨트리 뉴스≫는 구독자를 통해 대부분의 수입을 얻고, 광고에는 최소한으로 의존하기 때문에 길고 심층적인 기사를 쓰는 기고가를 위한 공간이 있다. 이 시장은 새로운 존 뮤어와 레이첼 카슨을 위한 기회와 공간이 분명히 있으며 점점 더 넓어지고 있다.

당신이 어디를 가든 항상 진실을 말하고 그것에 대해 두려워하지 마라(그러나 법을 준수하고 당신이 증명할 수 없는 사실에 기초해서 의견을 내지 마라〉. 올바르게 행동해야 한다. 그렇지 않으면 현재와 미래에 신뢰를 잃게 된다.

글쓰기에 대화를 이용해라. 그것은 글에 생동감을 주고 독자의 폭을 넓혀 준다. 이야기체의 밝고 자연스러운 문체를 개발해라. 독자가 긴장과 갈등을 느끼며 따라올 수 있도록 결론을 짓는 스토리를 쓰도록 해라. 실명을 거론하는 것을 두려워하지 마라. 누군가는 책임이 있다. 누가 그 장본인인지 결정하고 당신의 사례에 적용해라. 그리고 당사자가 스스로 문제를 해결할 수 있도록 무엇이든지, 어떤 방법으로라도 말할 기회를 주어라.

스스로 지원하고, 가장 중요한 부분에 참여하고 배울 의지를 보여라. 테드 판코우스키(Ted Pankowski)는 발행인이자 워싱턴 환경위원회의 간행물인 ≪얼러트(ALERT)≫의 편집인이었는데 그는 기사를 쓸 때 항상 최근의 이슈에서 적게는 500개 단어에서 많게는 1,500개 단어를 사용한다. 몇몇 자원한 기고가들로서 참여했던 사람들이 이 회사의 구성원이 되었다. 현장에서 얻은 경험은 신뢰를 주고, 글쓰기에 영감을 주며, 결국 직업으로 연결된다. 시에라 클럽, 내셔널 오듀본 그리고 많은 지역 그룹들은 매달 뉴스레터를 발행하고 있고, 이는 자원 봉사자들에게 항상 열려 있다.

절대로 불평하지 마라. 사악한 동기를 갖지 마라. 거절당했을 때도 미소를 띠고 돌아서라. 언제고 당신에게 전화를 다시 하거나 당신의 글을 다시 볼지도 모르기 때문이다. 여성들은 적은 것을 위해 너무 오랜 작업을 한다. 그러나 나의 충고는 여성이든 남성이든 당신이 얻을 수 있는 곳이 어디든 그곳에서부터 출발하라고 말하고 싶다. 핵심은 거기에 발을 들여놓는 것이다. 물론 당신이 그냥 지나쳐야 할 장소가 있을 것이고, 같이 일하고 싶지 않은 상사도 있을 것이나 성급한 가정과 의심은 피해야 한다.

실패는 또 다른 성공의 기회이다. 일이 잘 안 풀릴 때 거절되는 시기가 있다. 실수와 비판에 좌절하지 마라. 그것 또한 게임의 일부이다. 도전은 실수와 비판으로부터 배우는 것이고, 실수를 만회시켜 준다. 1990년대의 중요한 환경 기고가 중 하나인 테드 윌리엄스의 얘기를 들어보자.

≪스포츠 일러스트레이티드(Sports Illustrated)≫가 1979년 (메인 지역에 건설 예정이었던) 디키 링컨 댐(Dickey Lincoln dam)에 대한 나의 기사를 거부했을 때 얼마나 실망했는지 기억한다. 그래서 나는 이것을 ≪오듀본≫ 편집자 레스 라인(Les Line)에게 보냈고 그는 좋아했다. 그 후 나는 3,700단어의 칼럼을 매일 쓰고 있고, 야생과 아름다운 장소에 대한 무자비한 파괴에 대해 객관적이어야 하고 감정적이면 안 된다고 주장하던 편집자들을 반박할 수 있었다. 나는 결코 순응하지 않았다. 그래서 편집자는 '인사이트(Incite)'라는 특별한 지면을 통해 나의 감정적이고 받아들여지기 힘든 환경 옹호적인 글을 위한 공간을 마련해 주었다. 이것은 ≪오듀본≫에서 최고였다. 이제는 다른 잡지에서도 나의 글을 원한다. "당신의 의견을 듣고 싶다"고 그들은 얘기한다.[194]

인턴십이나 기금을 이용해라. 만약에 대학에 다니고 있다면, 인턴십을 통해 실무 지식을 연마하며 학점을 취득하는 기회를 찾아라. ≪하이 컨트리 뉴스≫는 서부 콜로라도 지방에서 성공적이고 만족할 만한 인터십 제도를 운영해 왔다. 당신에게 흥미 있는 조직과 간행물의 일람표를 작성하라. 그리고 연결될 때까지 차례로 방문해라. 기금과 장학금에 대해 눈과 귀를 열어라. 많은 회사들이 저널과 대학 게시판 등에 그 이름을 올려놓고 있다. 기금에 대한 계획서를 작성하는 것은 언제나 좋은 연습이 된다. 만약 당신이 첫 시도에 성공하지 못한다면 다시 다른 곳에 시도해 보아라. 학생들을 위한 하나의 좋은 기회는 전미야외레저작가협회(OWAA)를 이용하는 것이다. 탐사 저널리즘을 위한 기금은 전문가와 학생에게 급여를 제공한다.[195]

문법이나 철자가 서투르더라도 다른 사람들도 그렇다고 생각해라. 동기 부여로 약점을 극복하고 친구나 지도교수의 도움을 받아라. 올바른 작문을 위해 스트렁크와 화이트의 『문체의 요소』를 참고해라. 1857년 폴란드에서 태어나 바다로 나간 조셉 콘라드 코제니오스키(Jozef Teodor Konrad Nalecz Korzeniowski)의 경험을 만끽해라. 그는 20대까지 영어를 배우지 않았지만 후에 조셉 콘라드라는 위대한 해양 소설가가 되었다.

최근 이슈를 따라가라. 환경에 관해 글을 쓰기 위해서는 무엇이 현재 진행되어 가고 있는지를 알아야 한다. 환경단체와 꾸준히 연락하고, 미디어에서 문제가 어떻게 다루어지고 있는지 확인해라.

작가협회에 참여하고 그들의 저널을 읽어라. 내가 속한 그룹들은 환경 저널리스트협회(Society of Environmental Journalists: SEJ), 전미야외레저작가협회, 미국저널리스트와작가협회(American Society of Journalists and Authors: ASJA), 그리고 작가조합(Authors Guild) 등이다.

환경 저널리스트협회는 "환경 리포팅의 질과 정확성 제고를 통해 환경문제에 대한 대중의 이해를 높이는 것"을 목표로 한다.[196] 이 조직은 대체로 전통적인 주류 매체에 영향을 받지만 가입하면 많은 사람을 만날 수 있는, 가입할 만한 이유가 충분한 단체이다.

탐사기자와 편집자 조직은 1975년에 조직되었고 첫 회의는 그 다음해에 개최되었다.[197] 그해 말 피닉스에서 폭력 조직이 애리조나 범죄 조직에 대해 조사하고 있던 설립자인 돈 볼레스(Don Bolles)의 차를 폭파했다. 이 사건은 사람들을 놀라게 했지만 IRE의 성장과 대중의 분노를 가져왔다. 이 조직은 격월로 저널을 발행하고, IRE 기념 시상식에 제출된 많은 글을 포함해 1만 개의 출판과 방송 조사를 했고, 컴퓨터 보조 리포팅에 의한 연습 프로그램을 운영하고 있고, 장학금을 제공하고, 매년 학회를 개최한다.

전미야외레저작가협회는 1927년 설립되었다.[198] '훅과 불릿(Hook-and-Bullet)'이란 활동은 많은 영향을 주었다. 지금은 학생 참여를 받고 있고 장학금을 제공한다. 그리고 ≪아웃도어 언리미티드(Outdoors Unlimited)≫라는 월간 뉴스레터는 환경과 개발에 대한 적절한 기사를 제공한다. 전미야외 레저작가협회는 가볼 만한 세미나를 개최한다.

미국저널리스트와작가협회는 1947년에 설립되었고 잡지, 상거래 책, 그리고 논픽션을 포함한 일정한 기준을 갖춘 1,000명이 넘는 프리랜서 작가를 보유하고 있다.[199] 가능하면 가입하는 것이 좋다. 그리고 ASJA 학회에 참석하는 것도 좋다. 이 학회는 작가와 발행인, 편집자들을 한곳에 모은다. 물론 전문인과 작가 지망생에게 열려 있다.

작가조합은 6,000명이 넘는 회원을 대상으로 공정한 출판 계약, 발전과 저작권료와 부가 권리를 대변하는 단체이다.[200] 이 협회의 자매 협회인 드라마티스츠 조합(Dramatists Guild)은 작가협회의 일부분으로 저작권 문제, 세금, 입법, 표현의 자유 등에 대해 보호하는 단체이다. 첫 번째 책을 내고 여기에 참여해라.

동기 부여를 새롭게 하고, 유머 감각을 개발하거나 야외에서 규칙적으로 휴식을 취하고, 세상의 잡음을 멀리함으로써 탈진되는 것을 피해라. 전화기, 컴퓨터, 라디오 등을 그냥 집에 두어라.

요컨대, 당신의 시야를 확보하고 목표를 높게 세워라. 실질적인 습관을 초월하는 데 도움을 줄 수 있는 멘토와 모델을 잘 찾아보아라. 1998년 봄 작가조합 회보(bulletin)는 어떻게 이 단체가 작가 공동체를 위한 공로상을 83세의 나이로 세상을 떠날 때까지 뛰어난 문학 비평가였던 알프레드 카진(Alfred Kazin)에게 수여했는지에 대해 보도했다. 카진은 수상 만찬에 참여할 수 없었지만 ≪포춘(Fortune)≫과 ≪애틀랜틱(Atlantic)≫ 같은 곳에서 좋은 기자로 활동할 수 있는 기회를 그가 어떻게 버렸는지에 대해 회상하는 메시지를 보냈다. 그러나 더욱 중요한 것은 "이곳과 유럽에서 나는 대학의 선생님(나는 교수라는 단어를 싫어한다)으로서 나의 문학에 대해 교육할 수 있는 길을 걸었다. 나는 무엇보다 젊은이들이 그들 자신의 구조와 사상에서 나오는 것이 아니라 문학작품 자체에서 나오는 힘과 감정을 이해할 수 있도록 노력했다"라고 말했다. 감정을 배양해라. 그리고 부단한 노력은 사상과 구조가 따라 오도록 이끌 것이다.

그리고 마지막으로 나의 삶의 여행은 한걸음, 한걸음이 신성한 가치에 대한 발걸음이었다. 그 길을 따라가면서 이 사회가 부정의와 탐욕에 대항하는 인간적인 관심과 시각의 전환이 필요하다고 믿게 되었다. 그린 잉크로 쓴 영적이고 생태적인 차원의 글은 그 자체가 보상으로서 삶의 한 방식을 제공한다.

참고문헌

American Society of Journalists and Authors. 1990. *The Complete Guide to Writing Non-Fiction* Ed. Glen Evans. New York: Harper Collins. This Guide includes Contributions by the society's working members.

Bagdikian, Ben. 1997. *The Media Monopoly.* 5th ed. Boston: Beacon Press.

Brooks, Brian S. 1997. *Journalism in the Information Age: A Guide to Computers for Reporters and Editions.* Needham Heights, Mass.: Allyn and Bacon.

Brooks, Paul. 1972. *The House of Life: Rachel Carson at Work.* Boston: G. K. Hall.

Carson, Rachel. 1987.*Silent Spring.* 25th ed. 1962. Reprint, with a foreword by Paul Brooks. Boston: Houghton Mifflin.

Flattau, Edward. 1998. *Tracking the Charlatans-An Environmental Columnist's Refutational Handbook for the Propaganda Wars.* Washington, D.C.: Global Horizons.

Fredette,Jean M(ed.). 1989. *Handbook of Magazine Article Writing.* Cincinnati: Writer's Digest Books.

Frome, Michael. 1996. *Chronicling the West: Thirty Years of Environmental Writing.* Seattle: Mountaineers Books.

Helvarg, David. 1994. *The War against the Greens: The "Wise-Use"Movement, the New Right, and Anti-Environmental Violence.* San Francisco: Sierra Club Books.

Holm, Kirsten C(ed.). 1998. *The Writer's Market-Where and How to Sell What You Write.* Cincinnati: Writer's Digest Books.

Lee, Martin A. & Norman Solomon. 1990. *Unreliable Sources: A Guide to Detecting Bias in News Media.* New York: Carol Publishing Group.

Levine, Mark L. 1994. *Negotiating a Book Contract: A Guide for Authors, Agents, and Lawyers.* Mount Kisco, N.Y.: Moyer Bell. This book will help guard against provisions that grant publishers all rights.

Literary Market Place. 1998. New York: R. R. Bowker.

Mitchell, John G. 1991. *Dispatches from the Deep Woods.* Lincoln: University of Nebraska Press.

Shabecoff, Philip. 1996. *A New Name for Peace: International Environmentalism, Sustainable Development, and Democracy.* Hanover, N. H.: University Press of New England.

Steffens, Lincoln. 1958. *The Autobiography of Lincoln Steffens.* New York: Harcourt, Brace & World, 1931;New York: Harvest/HBJ, 1958.

Stegner, Wallace. 1998. *The Uneasy Chair: A Biography of Bernard DeVoto*. Salt Lake City: Peregrine Smith Books.

Strunk, William, JR. & E. B. White. 1979. *The Elements of Style*. 3d ed. New York: Macmillan. This classic is never out-of-date. Every writer should read it at least once a year.

Weinberg, Steve. 1996.*The Reporter's Handbook: An Investigator's Guide to Documents and Techniques*. New York; St. Martin's Press.

Williams, Ted. 1996. *The Insightful Sportsman-Thoughts on Fish, Wildlife and What Ails the Earth*. Camden, Maine: Down East Books.

Zinsser, William K. 1985. *On Writing Well: An Informal Guide to Writing Nonfiction*. New York: Harper & Row.

미주

서문

1) Bagdikian, interview by author, Berkley, Calif., September 20, 1988; Laycock, interview by author, Cincinnati, Ohio, January 18, 1998.
2) Elaine Walker, "Sawgrass Mills Expanding Its Mall Horizons," *Miami Herald*, January 15, 1998.
3) Sawgrass Mills, Ogden Corporation의 프로젝트로 L. A.에서 40마일 동쪽에 온타리오 밀스 메가몰이 처음이었고, 두 번째는 애리조나 밀즈몰(Phoenix, Tempe)과 댈러스(Grapevine Mills), 시카고(Gurnee Mills) 같은 지역에도 예정되어 있다. ≪시에라(Sierra)≫ 1998년 3/4월호의 "The Great Indoors"에서 B. J. Bergman은 온타리오 밀스의 방문소감에 대해 "경치는 결코 변하지 않았고, 고양이들은 구치소에 살고 있고, 입장료는 9달러 95센트다"라고 표현했다. "우리는 두더지, 물고기, 오소리 등을 보았고 티셔츠와 CD롬 그리고 ≪시에라≫를 공급하는 자연적인 야생을 지나갔다는 것을 알게 되었다. 한 시간 정도 후에 우리는 5개의 모조 생물과 레스토랑과 자연을 주제로 한 선물의 집을 관람했다. 모든 브로슈어에는 당신이 좋아하는 온타리오 '밀스 상품점으로부터'라고 새겨져 있었다."
4) Aucoin, *I.R.E.: Investigative Reporters and Editors, the Arizona Project, and the Evolution of American Investigative Journalism*(Evergreen, Ala.: Raging Cajun Books, 1997), pp.82, 96~97.
5) Wilson, "Chain Papers' Mission: Profits," Eugene(Oreg.) Register-Guard, August 3, 1997.
6) Blumberg, *Treasure State Review*(autumn 1997).
7) Sara Olason, *Planet*(spring 1990).

제1장

8) 샤베코프를 대신한 Keith Schneider는 정부의 클리닝 프로그램에 대해 조사했다. 1991년 8월 15일 그는 "U. S. Backing Away from Saying Dioxin is a Deadly Peril"이라는 1면 기사를 썼다. 그는 "한때 담배보다 매우 해롭다고 여겨지던 화학합성 다이옥신이 전문가들에 의해 일광욕을 1주일 동안 한 것보다 위험하지 않다"고 간주되고 있다고 썼다. 그는 후일 ≪뉴욕타임스≫에 5개 시리즈 중 3번째인 "클린업에 얼마가 드는가?"라는 기사를 1993년 봄에 기고했다. 이 시리즈는 염소를 생산하는 산업에 대한 규제를 촉구하는 정부와 회사의 클린업 프로그램에 드는 비용에 대한 것이었다. 거의 모든 연구는 다이옥신의 위험성을 강조했다. 특히 Schneider가 그의 주장을 위해 인용한 하버드 대학교 공중보건학부의 존 그래햄은 면역 시스템에 대한 다이옥신의 영향은 우리의 상상을 초월한다고 말했다.

Schneider와 다른 사람들은 "Garbage Time-Latest Threat to the Environment: Misinformation That Flows through the Mainstream Media"를 쓴 Robert H. Boyle에 의해 그 분노가 증폭되었다. 또한 Schneider는 사우스캐롤라이나에 산성비가 내리지 않는다는 것은 거짓이라고 말했다. 정부는 10년 동안 산성비를 검사해 왔는데 가장 최근 자료인 1991년 것을 보면 산성 정도가 정상 수치의 10배 이상이었다. Schneider는 사우스캐롤라이나에서 바람은 인접 주(state)로 불지 않고 바다 쪽으로 분다는 사실도 거짓이라고 썼다. 43%의 다이옥신은 다른 주로 이동한다"라고 적었다.

≪아미쿠스 저널≫에 실린 "Greens vs. Congress: A Play-by-Play"(1996년 가을, 24~29)에서 샤베코프는 "1994년 선거 전후에 미디어는 반환경적인 주제를 다루는 데 실패했을 뿐 아니라 일부는 이를 선동했다. 104번째 의회가 개시되기 2~3년 전부터 ABC방송의 John Stoessel과 Schneider는 다이옥신에 대한 피해가 과장되었다는 기사를 암시하며 이러한 공격의 길을 열었다. 새로운 의회 회기 중에 ≪뉴스위크≫는 Gregg Easterbrook의 환경문제가 곧 해결될 것이라는 『Don't Worry, Be happy』라는 책에 대한 기사를 내보냈다"라고 말했다.

9) FAIR는 1986년 조직되었다. 설립자 Jeff Cohen은 이 조직의 목적을 다음과 같이 설명했다. "FAIR는 상업미디어가 제공하는 뉴스와 시각에 대해 감시하는 조직이다. 우리는 누가 미디어를 소유하고 있는가를 수용자에게 주지시킨다. 우리는 일반인이 GE가 NBC를 소유하고 있다는 것을 알게 하기 위해 많은 노력을 기울였다. 우리는 평화주의 대변인, 소비자연맹, 환경주의자, 사회정의 실천가들이 미디어에 접근하기 위해 투쟁한다." "A Call to Media Activism," in Unreliable Sources: A Guide to Detecting Bias in News Media, by Martin A. Lee and Norman Solomon, pp.340~358.

10) Jim Gordon, "Clean-Up Job", EXTRA!, September~October, 1996.

11) "Shaking Off Man's Taint," New York Times, June 9, 1996; "Life's Hubbub," New York Times, June 10, 1996.

12) Gordon, "Clean-Up Jobs."
13) "Years After a Planet Closed," *New York Times*, June 10, 1996.
14) 이 학회는 워싱턴 주 벨링햄에서 1993년 10월 15~16일 동안 열렸다. 웨스턴워싱턴 대학교에서 소집되었고, 연방 정부, 주 정부, 지역 정부의 대표자 130명, 북서부 산업 종사자, 미디어 관계자, 환경기구, 그리고 저널리즘과 환경을 가르치는 학자와 학생들이 참석했다. ≪시애틀 타임스≫의 Bill Dietrich 기자는 "대부분의 ≪타임스≫ 기자는 소비 산업의 기자다. 우리는 먹을 음식과 유행할 패션과 구입할 주식 등에 대해 이야기한다. 신문의 2/3는 사람들에게 소비 정보를 주는 것으로 채워진다. 환경문제에 대한 정기적인 스토리는 미국 문명에 위협으로 여겨진다"고 말했다.
15) "Survey: Owl Set-Asides," Bellingham (Wash.) Herald, May 20, 1990. 뉴멕시코 대학의 환경교육과 학생인 F. Bryant Furlow는 "Newspaper Coverage of Biological Subissues in the Spotted Owl Debate, 1989~1993"이라는 논문을 Journal of Environmental Education(26:1)에 발표했다. 그는 미국 일간지 27개의 아카이브를 조사해 128개의 기사를 분석했다. 그는 "신문이 독자를 위해 이러한 정보를 잘 제공했는가?"라고 물으며 연구의 목적이 "언론이 점박이올빼미에 대해 전체적인 환경문제를 제시하며 이와 관련된 생물학적 문제와 생태학적 개념을 합리적으로 제시했는가"에 있다고 말했다. 예를 들어 "북부 지역의 점박이올빼미는 200년 이상 된 숲에 서식한다……. 이들은 고대 원시림의 습지 기후에 맞는 송로(松露)와 다른 이끼들에 영향을 주는 다람쥐를 포식한다. 다람쥐는 신생림보다 고대 원시림에 2배 정도 많기 때문에 …… 신생림에 적응하기 위해서는 원시림보다 더욱 넓은 지역이 필요하다. 따라서 벌목은 올빼미가 더욱 많은 영역을 필요하게 만든다." 그리고 생태학적 개념으로 "목재와 관련되지 않은 생태 서비스에 대한 기사는 숲이 단순히 나무가 모여 있는 것 이상이고, 이것들을 약탈하는 것은 생태계의 효율적인 사용에 반하는 결과를 가져온다는 점을 시사한다. 점박이올빼미 서식 지역에 대한 과도한 벌목과 도로 건설은 수질을 악화시키고, 침니 내의 연어 알을 질식시키며, 이는 인간에게 유익한 숲의 개념과는 양립할 수 없는 결과를 가져온다. (하략)" Furlow는 신문 기사가 개념적으로 매우 단층적이었다고 결론지었다. "종의 감소와 같은 복잡한 문제는 '직장 대 환경'과 같이 피상적이고 이분법적 기사 제시보다는 더 많은 것을 요구한다. 내가 분석한 미디어들은 최소한 제시한 것보다 기본적으로 환경문제에 대한 이해를 도울 수 있는 접근이 필요하다."
16) Hayes, letter to the author, August 10, 1996.
17) *Lewiston(Idaho) Morning Tribune*의 편집인이자 칼럼니스트 Jim Fisher는 1996년 8월 9일 내게 편지를 보내 "나는 중립적 보도를 지향하는 *Lewiston Tribune*과 열정적인 논설을 실지만 어떤 주제에 대해서도 모두에게 1면부터 다른 면의 칼럼을 허락하는 신문을 생각한다. 현재까지 아무에게도 이런 기회가 없었다"고 말했다.

18) Day, *International Observer*.
19) Shenk, "The Fame Game," *U. S. News and World Report*(October 6, 1997).
20) *Columbia Journalism Review*, March~April, 1980.
21) Robert W. Snyder, "Virgins, Vamps and the Tabloid Mentality: A Prosecutor Contends That When Rape Makes News, the Press Offers Titillation, Not Education," *Media Studies Journal*(winter 1998).
22) Sax, interview by author, San Francisco, October 1988.
23) Sholly, with Steven M. Newman, *Guardians of Yellowstone*(New York: William Morrow, 1991), p.239. 온통 사방이 산불로 휩싸였을 때 Sholly는 매머드를 대피시킬 시간은 없었는지 의아하게 생각했다. 그리고 어떤 스토리를 기자들이 전해야 할지 궁금했다. 여태까지의 보도는 대개 과학적 자료가 없이 피상적이고 부정확했다. AP통신에 의존한 많은 미디어는 이 공원이 암흑으로 변했다고 보도했다. 현장의 기자들에게 공원 식물의 3/4이 아직 불타지 않았고, 5건의 주요 산불이 공원 밖에서 시작되었음을 알려주었는데도 이에 대해 언급하지 않았다(pp.243~44).

그리고 이 일이 지난 후 Sholly는 "몇 달 동안 기자들은 특종에 관심을 보였고 생태에 대해서는 들으려 하지 않았고, 오직 정치와 스캔들에 집중했다. 그들은 산불이 자연에 관한 것이지 관료들에 의한 것임을 믿으려 하지 않는 듯 보였다"(p.259)라고 말했다.

24) 콘래드 스미스(Conrad Smith)가 1989년 5월 샌프란시스코에서 열린 국제 커뮤니케이션학회(International Communication Association)에서 발표한 페이퍼; 비주얼 커뮤니케이션 컨퍼런스(Visual Communications Conference), June 26, 1989; 저널리즘과 매스커뮤니케이션 교육 연합(Association for Education in Journalism and Mass Communication), Washington, D.C., August 1, 1989.

Lewis-Clark State College의 Sean D. Cassidy 교수는 그린피스에 대한 미디어의 보도 정보에 대한 논문으로 오리건대학에서 1992년 박사학위를 받았다. 그는 논문의 결론에서 "그린피스와 핵무기에 대한 1970년대와 1990년대의 보도 경향이 매우 유사했다. 공통적인 유형은 다음과 같았다"고 했다.

1. 이슈보다는 사건 중심 보도
2. 이슈나 사건에 대해 역사적인 맥락을 다루지 않음
3. 핵무기 실험의 건강과 환경적 영향에 대한 정보 생략
4. 그린피스 측보다는 정부 관료의 말에 과도하게 의존
5. 남태평양 지역민에 끼치는 핵무기 실험 영향에 대한 정보제시 부족

Cassidy는 그린피스 운동과 핵무기 실험 보도의 차이에 대해 분석했다. 미디어는 그린피스와 고래잡이 스토리에 대한 드라마틱한 사진을 좋아했다. "핵무기에 대한 위협은 고래의 멸종보다는 더욱 중요한 문제인 것이 사실이다. 그러나 뉴스미디어가 이들을 다루는 방식이 더욱 중요한 문제다. 뉴스가 객관성을 지향한다고 하지만 이들 기사를

보면 이데올로기적 문제에 따라 뉴스 스토리가 매우 편향되어 있고, 뉴스프레임에 영향을 주고 있음을 보여준다"라고 지적했다.
25) *Architecture Memphis*(March~April 1970).
26) "언론의 권력은 가격이 있다"는 Marquette의 커뮤니케이션학 교수인 Lawrence Roley가 뉴스의 검열관은 정부가 아니라 광고주라는 점을 지적하며 쓴 《EXTRA》의 1997년 7~8월호의 제호이다. 그는 전직 미국 편집인과 작가연합 회장인 Sandra Duerr의 말을 인용하며 "저널리스트들은 상업적 압력과 항상 싸워왔고, 지금은 상황이 더욱 심해졌다"라고 말한다. Roley는 241명의 언론인을 대상으로 설문조사를 한 경과 대부분 응답자들이 광고주가 자신들이 싫어하는 스토리를 빼거나 줄이거나 압력을 행사하고 있고, 광고주를 즐겁게 하기 위한 압력을 받고 있다고 대답했다.
27) Knecht, *Wall Street Journal*, April 30, 1997; *Wall Street Journal*, June 21, 1997.
28) Bagdikian, *The Media Monopoly*, p.ix.
29) Robert W. McChesney, "The Global Media Giants," 《엑스트라》(11~12월호, 1997) 참조. Robert W. McChesney and Edward S. Herman, The Global Media: *The New Missionaries of Corporate Capitalism*(Washington D.C,: Cassell, 1997)을 기초로 함.

제2장

30) *BATS*, Spring, 1992.
31) 회색 곰, 늑대, 코요테는 역사적인 오해로 인해 신음하는 동물이다. J. Frank Dobie는 *The Voice of the Coyote*(Lincoln: University of Nebraska, 1961)에서 "'나는 곰을 죽이기를 좋아한다'고 David Crockett가 말했는데 이것이 곰 사냥꾼들로부터 사람들이 듣는 얘기다. 그 외에 그는 테네시 주에서 그의 명성으로 당선이 되었다……. 대부분의 서부 지역민은 코요테를 사냥하지 않는 것에 대해 사죄하는 것이 필요하다. 이러한 전통적인 살생의 태도는 이 땅의 약탈에 대한 한 부분을 말해준다"(x~xi).
고인이 된 미국 남서부 지역의 유명한 작가이자 텍사스 대학의 영문학 교수였던 J. Frank Dobie는 1997년 올림픽 공원과 옐로우스톤 공원에서 늑대가 보이게 하는 등 "원치 않는 야생동물"에 대한 우리의 태도에 변화를 가져오게 한 사람이다. 1989년 *The Bear*는 무분별한 사냥에 노출되어 있는 회색 곰에 대한 이야기를 상징적으로 다루었다. 인간과 대치했을 때 곰은 먹이를 죽이지 않고 두고 떠난다. 인간과 동물의 균형에 대한 새로운 시각을 제시했다.
32) *American Forests*의 1967년 4월에 발간된 letter에서 William W. Deupree는 지역미디어의 역할에 대해 그가 실망한 점을 적었다. "2개의 미디어가 모두 Scripps-Howard이다. 그러나 100개의 회사 광고를 잃을 것이 두려워서 Downtown Association에 머물러

있다고 생각한다. Edward Meeman은 이것을 보았고 실망했다. 보존주의자들은 한 편의 편지도 기고하기 힘들다. 뉴스는 대중이 아무런 일을 할 수 없다고 얘기하고 있다,.. 만일 이 공원을 희생시키는 탐욕스런 공작에 대해 보도할 기회를 잡는다면 어떠한 상이라도 받을 것이다!"

33) John B. Oakes, "Adirondack SOS," *New York Times*, October 29, 1988; Cuomo, "letter to the editor", *New York Times*, November 17, 1988.
34) Simmons, *New York Times*, December 23, 1988.
35) Behm, Rown, and Marchionne, *Milwaukee Journal*, September 19~26, 1993.
36) Andrew Scott(ed.), *101 Computer-Assisted Stories from the IRE Morgue*(Columbia, Mo.: Investigative Reporters and Editors, 1993)을 보라. 이 책의 많은 스토리는 IRE가 후원한 상에 대한 것이다; 나머지는 미주리 대학 저널리즘학과의 Institute of Computer-Assisted Reporting의 자료에서 나온 것이다.

제3장

37) Muir, *Atlantic Monthly*, January, 1898.
38) Carson, Paul Brooks의 *Speaking for Nature: How Literary Naturalists from Henry Thoreau to Rachel Carson Have Shaped America*(San Francisco: Sierra Club Books, 1983)의 결론 부분에 인용. Carson은 "내가 최소한 조금은 도움이 되었을 거라 생각한다. 한 권의 책이 완전한 변화를 가져오리라고는 생각지 않는다"라고 말했다. 그리고 Brook은 "그것은 비현실적이라고 볼 수 있지만 역사는 그것이 진실이라고 밝혔다"라고 했다.
39) Brooks, *The Pursuit of Wilderness*(Boston: Houghton Mifflin, 1971), pp.3~4.
40) *Bellingham(Wash.) Herald*, September 26, 1996.
41) 같은 글.
42) William Stunk Jr. & E. B. White, *The Elements of Style*, p.23. White는 이 문장을 그의 멘토인 William Strunk Jr.를 인용하며 서문에 다음과 같이 썼다. "63개 단어로 세상을 바꿀 수 있는 간단하고 소중한 에세이가 여기에 있다." 100쪽밖에 안 되는 짧은 이 책도 마찬가지다.
43) Gray, "Environmental Photography: A Tool for Advocacy," *Planet*(winter 1991), p.8~10. "환경 사진의 정수"를 정의하면서 그는 그의 멘토의 작품을 소개했다. "자연을 담은 사진작가인 Pat O'Hara의 성공은 그에게 자연을 찬미하는 2권의 책을 쓰게 했다……. 처음 것은 *Washington Wilderness: The Unfinished Work*로 1984년 Washington Wilderness Act의 통과에 즈음해 나왔고, *Washington's Wild Rivers: The Unfinished Work*는 1990년 발행되었다. 이 2권의 책은 위협받고 있는 아름다운 자연을 담은

사진과 신문을 섞은 환경사진의 공통적 방식을 보여준다. *National Geographic*에 친숙한 많은 사람들이 아는 것처럼, 단어와 이미지의 조화는 항상 부분의 조합보다 더욱 위대한 전체를 보여준다."

제4장

44) Strunk and White, *Elements of Style*, pp.66~67.
45) Wallace Stegner, *The Uneasy Chair: A Biography of Bernard DeVoto*, pp.379~380.
46) *The Nation Looks at Its Resources*, Report of the Mid-Century Conference on Resources for the Future, December 2,3,4, 1953(Washington, D.C.: Resources for the Future, 1954), pp.365~366.
47) Stegner, *The Uneasy Chair*, pp.314~315.
48) Tarbell, *All in the Day's Work*(New York: Macmillan, 1939), p.399.
49) Meeman, 1965, speech to the North American Wildlife Conference.
50) Oakes, 저자와의 인터뷰, Washington, D.C., April 20, 1992.
51) Oakes, 저자와의 인터뷰, New York, N. Y., June 10, 1992.
52) Evans, Keynote address, Northwest Media and the Environment, Bellingham, Wash., October 15, 1993.
53) Egan, "In Battle over Public Lands, Ranchers Push Public Aside," *New York Times*, July 21, 1995.
54) 진술(statements)은 1994년 4월 9일 라스베이거스 르노에서 열린 미디어와 환경에 대한 AEJMC 분과 세션 중에 발표된 것임.
55) Manning, *Northern Lights*(January 1990). *In Last Stand: Logging, Journalism, and the Case for Humility*(Salt Lake City: Peregrine Smith Books, 1991), Manning은 편집자가 그를 불러 다른 기사를 쓰라고 했다고 말했다. 그래서 그는 일을 그만두었다. 그는 조금 더 머무르려 했지만 편집자가 수표를 끊었고 그는 1시간 만에 문을 나섰다 (pp.166~167).
56) 진술(statements)은 1994년 4월 9일 라스베이거스 르노에서 열린 미디어와 환경에 대한 AEJMC 분과 세션 중에 발표된 것임.
57) ≪타임스≫를 떠난 후 는 환경문제를 팩스를 이용해 전파하는 그린와이어(Greenwire)를 시작해 편집자가 되었다. 그의 첫 책은 *A New Name for Peace*로 1996년 뉴잉글랜드대학 출판사에 의해 출판되었다.
58) Rose는 그의 작업이 매우 부당하게 평가되었다고 느껴 그의 동료와 신문사를 나섰고 다시는 돌아가지 않았다. 1995년 9월 요세미티국립공원에서의 개인적인 인터뷰에

의함.

59) Long, 저자와의 편지(letter to the author), June 14, 1997.
60) Watkins, 저자와의 편지, October 12, 1997.
61) Andrew Patner, *I. F. Stone: A Portrait*(New York: Pantheon Books, 1988), 161. 1988년 3월 24일 기자협회에서 말한 Stone의 테이프를 참고할 것. Patner의 책은 Stone의 다음과 같은 말을 포함한다. "독립심은 이미 구축되어 있는 어떤 것에 도전하기 위해 어느 사회에서나 필요하다. 나는 누구보다도 많은 글을 쓰고 출판했다. 그리고 이것이 저널리즘에 도움을 주었다고 생각한다. 나는 많은 사람이 그렇게 글을 잘 쓴다고 생각하지 않는다. 내 작업은 오랫동안 존속될 것이다······."(p.162).

제5장

62) Thomas Merton, *Raids on the Unspeakable*(New York: New Directions, 1964). 67. Merton은 이 작품을 쓸 때 그렇게 행복하지는 않았다.
63) Stone, "Notes on Closing, but Not in Farewell," *I. F. Stone's Weekly*(December 14, 1971).
64) Hagood, "Hunters' Privilege-State Wildlife Agencies Clinging to the Past," *HSUS News*(fall 1996).
65) Bloom, *The Closing of the American Mind*(New York: Simon & Schuster, 1987). *Killing the Spirit: Higher Education in America*(New York: Viking Penguin, 1990)에서 Page Smith는 "많은 대학에서 교수들은 학생들이 자신의 적이라는 사실을 안다. 학생들 때문에 연구에 전념할 수 있는 시간을 빼앗긴다. 나는 학생들을 외부에서 만나지 않기 위해 이상한 시간대에 상담시간을 정해 놓은 교수들에 대해들은 바 있다······. 연구는 연못처럼 얕팍할 수도 있고, 대양처럼 넓을 수도 있다. 이것은 아카데믹한 죄와 정신의 빈곤과 계산을 넘어서는 지식의 황폐함을 은폐한다"(pp.6~7).
66) Rogers, *On Becoming a Person: A Therapist's View of Psychotherapy*(Boston: Houghton Mifflin, 1961), p.13.
67) 시카고의 참을 수 없는 근무와 생활 상태에 대한 고발인 업톤 싱클레어의 『정글(The Jungle)』은 1906년 처음 발간되었다. 이 책은 음식과 현대적인 일의 진행과 시(city)가 어떻게 기능하고 있는지에 대해 가난과 슬럼가와 독직과 부패를 가미하여 그렸다. 싱클레어는 막강한 상업이익과 폭발적인 이슈에 도전했다. 『석탄 왕(King Coal)』(1917)에서는 록펠러와 석탄산업에 대해, 『오일!(Oil!)(1927)』에서는 티폿 돔 부정사건(Teapot Dome scandal)과 석유 산업에 대해 그리고 『보스턴(Boston)』(1928)에서는 사코반제티 사건(Sacco-Vanzetti)에 대해 다루었다.

제6장

68) 버로스는 그의 친구 Myron Benton에게 편지를 써서 Thoreau와 비교해 "우리 사이에는 아무 닮은 점이 없거나 있어도 아주 조금 닮은 점이 있다……. Thoreau의 목표는 윤리적인 것이고, 나는 예술적인 것이다……. 나는 한마디로 설교하지 않을 것이다." Brooks, *Speaking for Nature*, pp.11~12에서 재인용.

69) Burroughs, *The Summit of the Years*(Boston: Houghton Mifflin, 1913), pp.2~4.

70) *John Muir Summering in the Sierra*, ed. Robert Engberg, a collection of articles written by Muir for the *San Francisco Daily Evening Bulletin* in the years 1874~1875(Madison: University of Wisconsin Press, 1984), xiii.

71) 워싱턴 주 벨링햄에서 1993년 10월 15~16일 열린 북서 미디어와 환경에 대한 컨퍼런스에서 나온 말.

72) 1967년 4월 7~9일 동안 열린 시에라 클럽 컨퍼런스에서 나온 말. Maxine E. McCloskey and James P. Gilligan(ed.), *Wilderness and the Quality of Life*(San Francisco: Sierra Club Books, 1969), p.89. 참고. 1967년 시에라 클럽 컨퍼런스에서 존 뮤어 상(John Muir Award)은 시궈드 올슨(Sigurd Olson)에게 수여되었다.

73) Brooks, *The Pursuit of Wilderness*, p.210. 다른 사람의 작품을 편집하는 것 외에 Brooks는 북부 폭포 지역과 알래스카, 에버글레이즈, 북 아프리카 지역의 멸종 위기 생물에 대한 잡지 기사와 Roadless Area, The Pursuit of Wilderness, The House of Life: Rachel Carson at work, and Speaking for Nature와 같은 책을 집필했다. 그는 시에라 클럽의 위원이기도 했다.

74) Brooks, *The House of Life*, p.5; Carson, *Silent Spring*, p.xiii.

75) Douglas, *The Everglades: River of Grass*(St. Simons Island, Ga.: Mockingbird Books, 1989), p.300.

76) Kevin Proescholdt, Rip Rapson, & Miron L. Heinselman, *Troubled Waters*(St. Cloud, Minn.: North Star Press of St. Cloud, 1995), p.120.

77) Abbey, *One Life*, p.271. 어스 퍼스트! 운동의 설립자 중 하나인 데이브 포먼(Dave Foreman)의 *Confessions of an Eco-Warrior*(New York: Crown, 1991)에서 "에드워드 아베이는 이 나라의 사회변화운동인 보존주의 운동의 선두이다……. 그래서 그의 작업은 숭고했다"(p.174)라고 찬사했다.

제7장

78) Brooks, *World of Washington Irving*(Cleveland, N.Y.; World Publishing, 1946), pp.68~69, 250~251. Hans Huth, *Nature and the Americans*(Lincoln; University of Nebraska, 1972) 참조. "(James Fenimore) 쿠퍼(Cooper)와 브라이언트는 19세기 자연에 대한 문학에 길을 열었다……. 브라이언트가 1878년 죽었을 때 (George W.) Curtis는 "브라이언트를 본 사람은 누구나 미국을 본 것이다"(pp.35~36)라고 적었다.

79) Whitman, *The Complete Poetry and Prose of Walt Whitman*(1948), p.115.

80) James B. Trefethen, *Crusade for Wildlife*(Harrisburg, Pa.: Stackpole, 1961), pp.325~327.

81) Steffens, *The Autobiography of Lincoln Steffens*, p.549.

82) 같은 책, p.786.

83) Brant, *Saturday Evening Post*, June 26, 1926.

84) Brant, *Adventures in Conservation*, ed. Ruth Brant Davis and Robin Brant Lodewick(Flagstaff, Ariz.: Northland, 1988), p.15.

85) 같은 책, p.17.

86) 같은 책, p.74.

87) 1972년 5월 12일자 저자에게 적은 편지를 보면 브란트(Brant)는 87세에도 매우 정정했던 것으로 보였다. 그는 6명의 상원 및 하원의원에게 다음 내용의 편지를 썼다. "내가 아는 한 산림청과 산림협회와 목재 산업의 삼각관계는 최소한 1930년대로 거슬러 올라간다. 나는 그 이상은 모른다. 1930년대에 워싱턴 D.C.에서 잭슨홀(Jackson Hole) 지역과 현재 그랜드티턴 국립공원(Grand Teton National Park)과 옐로우스톤 국립공원에 대한 청문회에 참석했다. 놀랍게도 나는 이 회의가 《아메리칸 포리스트》의 편집장이자 전직 산림청에 있던 오비드 버틀러(Ovid Butler)에 의해 관리되는 것을 보았다."
브란트는 AFA와 서부해안지역목재인협회(the West Coast Lumbermen's Association), 국립목재제조협회(the National Lumber Manufacturers Association)의 공조관계에 대해 이야기했다. "오비드 버틀러는 목재인의 이해관계와 산림청에 대해 비밀리에 선전을 설파하는 일을 했다."

88) Stegner, *The Uneasy Chair*, p.321.

89) 같은 책, p.378.

90) Steve Neal(ed.), *They Never Go Back to Pocatello; The Selected Essays of Richard Neuberger*(Portland: Oregon Historical Society Press, 1988) 참조.

91) Meeman, *The Editorial We*(Memphis; Memphis State University Printing Service, 1976), p.72.

92) 같은 책, p.17.

93) 같은 책, pp.129~134. 미맨의 자서전은 다음과 같이 시작된다.: "나는 환경 보존을 위해 무엇이 필요하고 무엇이 가능한지를 관찰할 수 있었다. 첫 번째 유리한 위치는 자연과 가깝게 지내는 것이 무엇을 의미하는지와 같이 우리가 사는 Forest Farm에 대한 것이었다. 다음은 일간신문에서 세상사를 다루는 일이었다. 나는 이 두 가지 기회를 이용해 관찰하고 행동하는 무한의 기회를 가졌고, 그 충만함에 당황스럽기도 했다."
94) 같은 책, p.131.
95) Oakes, "Conservation," *New York Times*, March 4, 1951.
96) *New York Times*, January 1, 1977.
97) *New York Times*, December 31, 1980; June 29, 1981; January 19, 1983; September 16, 1985; October 29, 1988.
98) Henry David, *Saturday Review*, August 31, 1963.
99) Hennessy, *Catholic Worker*, October~November, 1997.
100) Robert Ellsberg(ed.), *Dorothy Day: Selected Writing*(Maryknoll, N. Y.: Orbis, 1992), pp.87~95.
101) 같은 책, p.xxxix.
102) Day, *Crossing the Line*(Baltimore: Fortkamp Publishing, 1991), pp.222~223.

제8장

103) 후일 NBC-TV로 유명한 에드윈 뉴먼(Edwin Newman)과 같이 워싱턴에서 기자에게서 뉴스를 받아 그것을 적는 나의 동료, *New York Daily News*의 편집자 윌리엄 엄스테드(William Umstead), 그리고 책과 잡지 편집자 유진 라히리스(Eugene Rachlis).
104) Frome, *Washington Post*, June 2~6, 1946.
105) Devoto, "Let's Close the National Park," *Harper's*(October 1953).
106) 첫 번째는 더블데이 북클럽 선집(Doubleday Book Club selection)에서 1959년과 1960년 출판된 *Better Vacations for Your Money*고, 두 번째는 1960년 출판된 *Washington; A Modern Guide to the Nation's Capital*이다. 다른 것들은 *Parade Turnpike Guide*(1957, 1958); *Parade Family Vacation Guide*(1960); *Kodak Guide to America's National Parks*(1969); and *Kodak Guide to Colonial America*(1970).
107) 더블데이의 편집자 사무엘 본(Samuel S. Vaughan)은 1960년 4월 19일 다음 내용의 편지를 내게 보냈다. "작가에 대한 일과 관련해서 한 가지 일이 떠오른다. 당신은 자연과 숲에 관한 많은 서정적인 자원을 필요로 하게 될 것이다. ≪퍼레이드≫와 다른 출판물은 매우 지면이 협소하다. 이것은 좋고 빠른 읽기를 가능하게 하지만 책의 형태에

서 당신이 이러한 일을 좀 더 할 수 있을 거라 생각한다."
108) Udall and Stansbury, *Los Angeles Times Syndicate*, August 7~8. 1971.
109) *Living Wilderness*(fall 1971), pp.21~40.
110) Soucie, letter to Towell, April 22, 1971; Towell, letter to Soucie, April 26, 1971; Towell, letter to Edmiston, August 11, 1971, 모두 같은 책에 있음.
111) "A Voice in the Wilderness," *Time*(November 4, 1974), p.56.

제9장

112) Noland, letter to the author, January 15, 1998.
113) Frome, "A Writer Finds Hope," *High Country News*(April 2, 1984).

제10장

114) Frome, *Whose Woods These Are*(Garden City, N. Y.; Dobleday, 1962; Boulder, Colo.; Westview, 1984), p.106.
115) Frome, "America the Beautiful," *Changing Times*(November 1962).
116) Frome, "Predators, Prejudice, and Politics," *Field & Stream*(December 1967).
117) Frome, "Vindication of the Craigheads," in *Chronicling the West; Thirty Years of Environmental Writing*(Seattle: The Mountaineers, 1996), pp.140~143.
118) Frome, "We Are Loving Our National Parks," *Sohioan*(Spring 1972); Frome, "Ungreening the National Parks," *Travel Agent*(October 1981). 초기의 것은 1959년 4월 11일 《새터데이 이브닝 포스트》에 실린 "Beer Halls at Gettysburg? Our National Shrines Need Protection!"으로 첫 단락은 "게티즈버그와 남북전쟁지에 대한 상업적 이해관계는 우리의 유적지 내에서 사적 소유에 대해 새로운 정책이 필요함을 보여준다. 이러한 정책이 없다면 우리는 역사적 유적지에서 맥주를 파는 레스토랑과 자동차 주차장이나 주거단지의 확장을 보게 될 것이다. 100에이커가 위협받을 때 10에이커를 구매하는 정책이나 주정부나 부유한 기증자로부터 땅을 수여받는 방법으로는 충분하지 않다."
119) Frome, "Parks in Peril……Critical Problems Facing America's Wilderness." *Washington Post*, April 12, 1981; Frome, "Close Yellowstone!" *Chicago Tribune*, March 8, 1992.

120) Morris, letter to the author, January 9, 1975.

제11장

121) Steinberg, "Do-It-Yourself Deathscape: The Unnatural History of Natural Disaster" in *South Florida, Environmental History*, October 1997.
122) 같은 글; *Miami Herald*, July 28, 1936; *Miami Daily News*, November 5, 1935.

제12장

123) Watkins, a letter to the author, April 14, 1997.
124) Jefferson, a letter to the author, December 26, 1808.

제13장

125) Welsome, *Albuquerque Tribune*, November 15~17, 1993.
126) Carsons, *Silent Spring*, p.1.
127) Shabecoff, a letter to the author, September 24, 1996.
128) McNamee, a letter to the author, August 16, 1996.
129) McNamee, "Grass That Ate Sonora- Buffelgrass Changes the Face of the Desert," *Tucson Weekly*, April 18, 1996.
130) Shabecoff, a letter to the author, September 24, 1996.
131) Selcraig, "The Filthy West," *High Country News*(September 16, 1996), pp.1, 5~9.
132) 같은 책, p.8.
133) 같은 책, pp.8~9.
134) Frome, "Neon Signs," *Parade*(December 14, 1958).
135) 4개의 기사는 ≪체인징 타임스(Changing Times)≫에 1962년 11월, 1963년 9월, 1972년 7월, 그리고 1976년 10월 각각 게재되었다.
136) 공기의 질에 대한 작업 외에도 거스리는 비스케인 만(Biscayne Bay)을 석유 회사로부터 보호하려는 사우스 플로리다의 아이작왈턴 연맹(the Izaak Walton League)에서 활발히 활동했다. 공중의 우려는 1968년 비스케인 국립기념관(Biscayne National Monument)

과 1980년 비스케인 국립공원(Biscayne National Park)의 설립으로 이어졌다.
137) Shabecoff, a letter to the author, September 24, 1996.

제14장

138) Udall, interview by author, Tucson, Ariz., 1987.
139) Helvarg, interview by author, Bellingham, Wash., November 1996.
140) Helvarg, *The War against the Greens*, p.127.
141) Reporters Committee for Freedom of the Press, 1101 Wilson Boulevard, Suite 1910, Arlington, VA 22209로 연락하면 "How to Use the Federal FOI Act"를 구할 수 있다.
142) Frome, *Strangers in High Places*(Knoxville; University of Tennessee Press, 1994), p.283.
143) 웨스턴워싱턴대학의 환경학 헉슬리 칼리지는 벨링햄에서 북서 지역 미디어와 환경(Northwest Media and the Environment)이라는 주제로 1993년 10월 15~16일 양일 간 컨퍼런스를 개최했다.
144) Frome, "Poison Coverup in Tennessee," *Field & Stream*(January 1970), reprinted in Frome, *Conscience of a Conservationist; Selected Essays*(Knoxville; University of Tennessee Press, 1989), pp.60~69.
145) Frome, "Blowing the Whistle," *Center Magazine*(November~December 1978), pp.50~58에서 재인용.
146) Frome, *Promised Land*(Knoxville: University of Tennessee Press, 1994), p.223.
147) Shabecoff, a letter to the author, September 24, 1996.

제15장

148) Manning, a letter to the author, December 10, 1996.
149) Townsend, "Wired for Action," *Greenpeace Quarterly*(Summer 1997).
150) Mander, *The Case against the Global Economy*(San Francisco; Sierra Club Books, 1996). 만더르의 다른 책인 *In the Absence of the Scared*(San Francisco: Sierra Club Books, 1992)와 *Four Argument for the Elimination of Television*(New York; William Morrow, 1978)도 참조.

제16장

151) Manning, letter to the author, December 10, 1996.
152) Stuebner, letter to the author, November 19, 1996.
153) Shabecoff, letter to the author, September 24, 1996.
154) Adolph Murie, *A Naturalist in Alaska*(New York; American Museum of Natural History, 1963), p.12. 올라우스 머리(Olaus Murie)의 서문은 다음과 같이 시작된다. "우리의 문명은 현재 심각한 긴장 속을 지나고 있다. 이를 걱정하는 사람들은 그 길을 찾으려 하고 있다. 이를 위해서는 우리가 다시 근본적인 자세로 돌아와 미래를 위한 분명한 전망에 대해 생각해 보아야 한다. 나는 이러한 글쓰기가 우리가 더욱 풍요로운 세상을 사는 데 도움을 준다고 생각한다."
155) Peter H. Raven이 1990년 8월 5일 버지니아 리치몬드에서 열린 41회 미국생물학회(American Institute of Biological Sciences)에서 행한 연설. "The Politics of Preserving Biodiversity," *BioSience*(November 1990), pp.769~774에 출간됨.
156) Palca, "AAS Observer," November 3, 1989.
157) Deborah Blum and Mary Knudson(eds.), *Field Guide*(Oxford University Press, 1997), p.227.
158) 같은 책, pp.251~252.
159) 같은 책, p.231.
160) Dan Fagin and Marianne Levelle, *How the Chemical Industry Manipulates Science*(Washington D.C.; Birch Lane Press, 1997).
161) Sandra Steingraber, *Living Downstream: An Ecologist Looks at Cancer and the Environment*. Reading, Mass.: Addison Wesley Longman, 1997.
162) See Sandra Steingraber, "Trashed by the Company Doctor," in *SEJournal*(Society of Environmental Journalists), winter 1998.
163) Sara Olason, Jenny Flynn, & Ruth Noellgen, "Principled of Good Science Writing."

제17장

164) Stuebner, letter to the auther, November 19, 1996.
165) Manning, letter to the author, December 10, 1996.
166) Helvarg, interview by author, Bellingham, Wash., 9월 12일, 1996.
167) Laycock, letter to the author, January 30, 1998.

168) Mitchell, letter to the author, January 22, 1998.
169) Watkins, letter to the author, March 17, 1997.
170) Peterson, letter to the author, June 3, 1997.
171) Letter to the editor, *Fly Rod and Reel*(June 1996)
172) Zinsser, *On Writing Well*, pp.62~63.
173) Cox, *Maine Times*, June 15, 1994.

제18장

174) *High Country News*, June 10, 1996.
175) Marston, letter to the author, January 10, 1996.
176) 같은 글.
177) Koberstein, letter to the author, Portland, Oreg., May 10, 1996.
178) McCarthy, *Washington Post*, January 7, 1997.
179) Espinoza, *San Francisco Bay Guardian*, June 28, 1995.
180) Yant, *IRE Journal*(March, April 1996).

제19장

181) Foster, interview by author, Seattle, Wash., March 9, 1997.
182) 같은 글.
183) Turner, letter to the author, April 20, 1996.
184) 같은 글.
185) 같은 글.
186) Helvarg, interview by author, Bellingham, Wash,. September 12, 1996.
187) Meyer, interview by author, Lewiston, Idaho, April 20, 1995.
188) Oko, letter to the author, January 7, 1997.
189) 같은 글.
190) Mitchell, "Unfinished redwood," in *Dispatches from the Deep Woods*, pp.148~149.
191) Mitchell, interview by author, Missoula, Mont., April 20, 1997; Mitchell, letter to the author, May 5, 1997.
192) Noland, letter to the author, January 12, 1998.

193) Noland, *Planet*(spring 1990).

제20장

194) Williams, letter to the author, July 7, 1996.
195) Outdoor Writers Association of America at 2017 Cato Avenue, Suite 101, State College, PA 16801로 연락하거나 (814) 234-1011로 전화. Fund for Investigative Journalism at 1755 Massachusetts Avenue N. W, Washington, D.C. 20036로 연락 또는 (202) 464-1844로 전화.
196) Society of Environmental Journalists, p. O. Box 27280, Philadelphia, PA 19118; (215) 247-9712. Karl Grossman의 "Saving the Earth Isn't Their Job; Rachel Carson Wouldn't Recognize Many 'Environmental Journalists' Today, EXTRA! (January-February 1997) 를 참고. 그는 여기서 "현재 1,000명 이상의 환경 관련 문제를 다루는 저널리스트로 구성된 SEJ는 탐사 보도에 있어서 문제를 가지고 있거나 '주창(advocacy)'이라고 부를 수 있는 것에 대해 문제가 있다고 말했다. 1996년 이 조직의 미래 방향을 생각하는 자리에서 계간지인 ≪SEJ 저널≫의 편집자 노엘 그로브(Noel Grove)는 이 저널의 인쇄를 현행 30%에서 100% 재활용지를 사용하는 것이 어떻겠는지 물었다. '이것이 주창이다! 라고 모두 답변했다."

≪엑스트라≫ 1997년 5~6월호는 다음의 내용을 포함하여 SEJ의 설립자인 Jim Detjen에게 답변하는 Grossman의 편지를 실었다. "나는 탐사 보도의 중요성에 대한 Karl의 견해에 동의한다. 그러나 나는 SEJ가 환경문제에 대해 특정한 시각을 취해 '주창'해야 한다고 생각하지는 않는다. SEJ는 이 조직이 환경문제에 대해 어떠한 특정 시각을 특별히 주장하지 않는 독립성으로 인해 그 중요성이 커졌다고 본다."
197) Investigative Reporters and Editors, Inc., 100 Neff Hall, School of Journalism, University of Missouri, Columbia, MO 65211; (573) 882-2042.
198) 1991년 ≪야생생물 보호자들≫이 전미야외레저작가협회(Outdoor Writers Association of America)와 대화를 시작하려고 할 때 이 조직의 대부분은 ≪보호자들≫이 사냥에 반대해야 하고 그것을 추방해야 한다고 보았다. ≪보호자들≫은 자발적으로 이렇게 했다. "우리가 생각하는 모든 것은 의견의 주기적인 교환이다. 마지막 편지에서 "당신들은 다양성과 생물학적인 것을 위한다, M. Rupert Cutler, President"라고 했다. 회장임기를 막 끝낸 Joel Vance는 "부끄럽다. 우리는 우리와 커뮤니케이션하고자 하는 사람들과 결별하고 …… 어떻게 우리 자신을 커뮤니케이터라고 할 수 있겠는가? 우리는 반대의견을 용서하지 못하는 위선자에 불과하다"고 말했다.
199) American Society of Journalists and Authors, 1501 Broadway, Suite 302, New

York, NY 10036; (212) 997-0947.

200) Authors Guild, Inc., 330 West Forty-second Street, New York, NY 10036; (212) 563-5904.

찾아보기

| ㄱ |

개닛(Gannett) 36, 217

개닛뉴스(Gannett News) 47

개방지역입법위원회(Open Space Action Committee) 234

거스리, 라인(W. Lain Guthrie) 161

게릴라 저널리즘 219

게코, 고돈(Gordon Gecko) 47

게티즈버그(Gettysburg) 135

고든, 짐(Jim Gordon) 24

고무수액채취 국가 위원회(National Council of Rubber Tappers) 41

<고통 받는 물(Troubled Waters)> 220, 230

고틀립, 알랜(Allan Gottlieb) 167

공공청렴센터(Center for Public Integrity) 189

국가과학작가연합(National Association of Science Writers) 188

국가야생연합(National Wildlife Federation) 173

국가언론클럽(National Press Club) 181

국가전염병센터(National Communicable Disease Center of the Public Health Service) 173

국가페스트관리연합(National Pest Control Association) 173

<국경을 넘어(Beyond Borders)> 229

국립공원보호연합(National Park and Conservation Association) 81, 139

국제쥐보호기관(Bat Conservation International) 39

그랜드캐니언(Grand Canyon) 75

그랜츠빌(Grantsville) 159

그랜트, 에블린(Evelyn Grant) 222

그레이, 게리(Gary Gray) 49

그레이엄, 캐서린(Katherine Graham) 111

그로스먼, 칼(Karl Grossman) 220

그루너(Gruner) 37

그루너, 조지(George Gruner) 60

<그린 롤링 힐스(Green Rolling Hills)> 221

그린 파이어 프로덕션(Green Fire Productions) 17, 220

그린넬, 조지 버드(George Bird Grinnell) 89

그린위치 지역(Greenwich Village) 101

그린피스(Greenpeace) 180

글레이셔 국립공원(Glacier National Park) 89

글렌 계곡(Glen Canyon) 225

길버트, 벤(Ben W. Gilbert) 111, 124
깅그리치, 뉴트(Newt Gingrich) 43

| ㄴ |
나바조(Navajo) 231
내셔널 오듀본 협회(National Audubon Society) 201, 232
네그리, 샤론(Sharon Negri) 176
네임, 윌라드 반(Willard Van Name) 92
네크트, 브루스(Bruce Knecht) 35
넬슨, 게일로드(Gaylord Nelson) 113
넷 액션(Net Action) 18, 182
노란다(Noranda) 30
노스 폭포(North Cascades) 230
노스캐롤라이나 야생생물 자원위원회(North Carolina Wildlife Resources Commission) 135
노이버거, 리처드(Richard Neuberger) 94~95, 113
누스바움, 엘레나(Elena Nussbaum) 222
뉴멜론스(New Melones) 댐 176
뉴스코퍼레이션(News Corporation) 37
뉴크워치(Nukewatch) 104

| ㄷ |
다우닝, 앤드류 잭슨(Andrew Jackson Downing) 86

다이노소어 국립기념공원(Dinosaur National Monument) 95
다이옥신 183
「대기오염방지법(Clean Air Act)」 43
대의 주창자 64
더 프로페서즈(The Professors) 84
더글러스 전나무 93
더글러스, 머조리 스톤맨(Marjory Stoneman Douglas) 81
더글러스, 윌리엄(William O. Douglas) 166
더블데이(Doubleday) 112
W.R 그레이스 앤 컴퍼니(W.R. Grace & Company) 190
더빈, 카티(Kathie Durbin) 59, 63, 70
<더 페이퍼 콜로니(The Paper Colony)> 221
데이, 도로시(Dorothy Day) 101
데이, 사무엘 주니어(Samuel H. Day Jr.) 103
데이, 사무엘(Samuel Day) 28
데이드(Dade) 카운티 146
데이비스, 케네스(Kenneth P. Davis) 69
데커, 트윌라(Twila Decker) 43
델, 밴탐 더블데이(Bantam Doubleday Dell) 37
델라웨어 강(the Delaware River) 122
델라웨어 워터 갭(Delaware Water Gap) 86

뎁스, 유진(Eugene Debs) 96
도널드 호델(Donald Hodel) 176
돌, 밥(Bob Dole) 115
두보이스, 마크(Mark Dubois) 176
듀폰(Du Pont) 122
드라마티스츠 조합(Dramatists Guild) 243
드루어리, 뉴턴(Newton B. Drury) 98
드보토, 버나드(Bernard DeVoto) 51, 77, 94
드에워트, 웨슬리(Wesley D'Ewart) 52
DDT 78, 156, 228
디즈니(Disney) 36, 37
디키 링컨 댐(Dickey Lincoln dam) 241
딜라드, 애니(Annie Dillard) 73

| ㄹ |

라운, 제임스(James Rown) 42
란도니아와 에이커(Randonia and Acre) 41
랜더스, 앤(Ann Landers) 39
랜덤하우스(Random House) 37
러브 운하(Love Canal) 100
런던 제니스 미디어(Zenith Media of London) 36
레니크, 제프(Jeff Rennicke) 84
레드우즈 국립공원(Redwoods National Park) 233
레스 라인(Les Line) 201, 234, 241

레오팔드, 알도(Aldo Leopold) 66, 77, 144
레오폴드, 스타커(A. Starker Leopold) 136
레이, 딕시 리(Dixie Lee Ray) 226
레이니어 산(Mount Rainier) 230
레이니어 산(Mount Rainier) 76, 230
레이븐, 피터(Peter H. Raven) 185~186
「레이시법(Lacey Act)」 89
레이콕, 조지(George Laycock) 10, 16, 198
레인보우 워리어(Rainbow Warrior) 180
레히, 패트릭(Patrick Leahy) 174
로렌스 리버모어 국가 연구소(Lawrence Livermore National Laboratory) 188
로버츠, 진(Gene Roberts) 23
로스 파드레스 국유림(Los Padres National Forest) 99
로스, 마이클(Michael Ross) 188
로스, 진(Gene Rose) 44, 60
로이코, 마이크(Mike Royko) 84
로저스, 칼(Carl Rogers) 69
로페즈, 배리(Barry Lopez) 73
록펠러, 넬슨(Nelson Rockefeller) 165
록펠러, 로렌스(Laurance Rockefeller) 165
론이글 캠페인(lone-eagle campaign) 161
롱, 벤(Ben Long) 17, 60
루스벨트, 시어도어(Theodore Roosevelt) 66
루시(Lucy P.) 125, 133
리 엔터프라이즈(Lee Enterprises) 13

리빙 와일더니스(Living Wilderness) 사 118
리온스, 루이스(Louis Lyons) 95
린포드, 어니스트(Ernest H. Linford) 116

| ㅁ |

마스턴, 벳시(Betsy Marston) 213
마시, 조지 퍼킨스(George Perkins Marsh) 87, 144
마운티니어(The Mountaineers) 16
마이어, 로버트(Robert Mayer) 218
마이어, 롤프(Rolf Meyer) 220
마이어, 유진(Eugene Meyer) 110
마이어, 카렌(Karen Anspacher Meyer) 17, 220, 228
마이어스, 노만(Norman Myers) 186
마조리 스톤맨 더글러스 상(Marjory Stoneman Douglas Award) 139
마크, 데이브 반 디(Dave Van de Mark) 233, 266
마키온, 메릴린(Marilyn Marchionne) 42
마틴데일, 데이비드(David Martindale) 196
매기 계곡(Maggie Valley) 135
매닝, 리처드(Richard Manning) 17, 59, 180, 183, 197
매카시, 콜맨(Colman McCarthy) 216
매클라치(McClatchy) 그룹 60
맥나미, 그레고리(Gregory McNamee) 17, 157, 162, 200
맥도널드, 도널드(Donald McDonald) 122
맥밀런(Macmillan) 37
맥아덴, 프리츠(Fritz McAden) 43
맥칸, 카워드(Coward McCann) 113
머독, 루퍼트(Rupert Murdoch) 36, 37
머리, 아돌프(Adolph Murie) 185
머리, 올라우스(Olaus Murie) 185
머튼, 토마스(Thomas Merton) 63
머피, 마크(Mark Murphy) 58
메디슨(Madison) 94
메이저, 콜린(Collen Majors) 49
멘데스, 시코(Chico Mendes) 41
「멸종생물보호법」 43
멸종생물연합(Endangered Species Coalition) 18
모랜드, 하워드(Howard Morland) 104
모리스(J. W. Morris) 142
모리슨, 에이미(Amy Morrison) 164
모왓, 팔리(Farley Mowat) 186
뮤어, 존(John Muir) 45, 74, 77, 126, 143
미 환경보호청(EPA) 42, 189
미국 과학발전을 위한 연합(American Association for the Advancement of Science: AAS) 187
미국건축인협회(American Institute of Architects) 33

미국동물애호협회(Humane Society of the United States) 67
미국산림협회(American Forest Institute) 172
미국연구학교(School of American Research) 65
미국임업인회 69
미국자연보호구역연합 84
미국자유인권협회(American Civil Liberties Union) 94
미국잡지편집인협회(The American Society of Magazine Editors) 36
미국저널리스트와작가협회(American Society of Journalists and Authors: ASJA) 242
미군엔지니어 회사(U.S. Army Corps of Engineers) 165
미네랄 킹 계곡(Mineral King valley) 231
미디어 독점(The Media Monopoly) 10
미맨, 에드워드(Edward J. Meeman) 34, 54, 96
미졸라(Missoula) 52
미첼, 존(John Mitchell) 17, 198, 231
민주국가집회(Democratic National Convention) 227
＜밀라그로 콩밭 전쟁(The Milagro Beanfields War)＞ 35
밀포드(Milford) 122

| ㅂ |

바그디키안, 벤(Ben Bagdikian) 10
바리, 쥬디(Judi Bari) 213
바운더리 워터스 카누 지역(Boundary Waters Canoe Area: BWCA) 82
비아콤(Viacom) 36, 37
바잉톤, 존(S. John Byington) 189
바트람, 존(John Bartram) 126
배스, 릭(Rick Bass) 231
밴스, 조엘(Joel M. Vance) 123
버거, 누트(Knute Berger) 76
버로스, 존(John Burroughs) 74, 239
버크, 제리(Jerry H. Berke) 190
베텔스만(Bertelsmann) 36~37
버플그래스(buffelgrass) 157
벌, 피터(Peter Berle) 201
베이커, 레이 스타나드(Ray Stannard Baker) 54, 70
벨, 톰(Tom Bell) 121
벨리뷰(Bellevue) 167
벨링햄(Bellingham) 55
벰, 돈(Don Behm) 42
보겔만, 후버트(Hubert Vogelmann) 129
보네빌(Bonneville) 96
보르헤르트, 릭(Rick E. Borchelt) 188
보워터스 남부 종이 회사(Bowaters Southern Paper Corporation) 172

보이세(Boise) 103

보이저스 국립공원(Voyageurs National Park) 82

보일, 로버트(Robert H. Boyle) 165

보존연구를 위한 핀촛협회(the Pinchot Institute for Conservation Studies) 122

보첼트 188

보팔(Bhopal) 159

본, 윌(Will Bourne) 202

볼레스, 돈(Don Bolles) 12, 242

북동지역페스트조정자모임(Northeast Regional Pest Coordinators) 173

북서 지역 미디어와 환경(Northwest Media and the Environment) 25

북서생태계연맹(Northwest Ecosystem Alliance) 18

불릿재단(Bullitt Foundation) 18

브라우어, 데이비드(David Brower) 225

브라운, 마이클(Michael Brown) 100

브라운, 잭(Jack Brown) 123

브라운, 허버트 주니어(Herbert L. Brown Jr.) 160

브라이언트, 윌리엄 컬렌(William Cullen Bryant) 86

브록, 엘머(J. Elmer Brock) 52

브룩스, 반 윅(Van Wyck Brooks) 87

브룩스, 폴(Paul Brooks) 46, 77

블럼버그, 너대니얼(Nathaniel Blumberg) 13

블록버스터 비디오(Blockbuster Video) 37

블루 리지 파크웨이(Blue Ridge Parkway) 137

블룸, 앨런(Allan Bloom) 68

비밀작전부(the Office of Covert Operations: OCO) 131

비상보호위원회(Emergency Conservation Committee) 92

빈야드, 루씰(Lucille Vinyard) 233

빙햄, 찰스(Charles W.Bingham) 171

| ㅅ |

<사우스바운드 1996(Southbound 1996)> 220

사우스, 벨(Bell South) 35

사이몬(Simon) 37

산 호아킨(San Joaquin) 231

산림청(Forest Service) 27, 52

산성비 9

산타페 미술관(Fine Arts Museum in Santa Fe) 65

삼나무 121

「삼림법(Timberlake Act)」 52

삼손, 잭(Jack Samson) 119

「새로운 현인(New Sage)」 128

색스, 조셉(Joseph L. Sax) 31
샌 라파엘(San Rafael) 99
샌프란시스코의 연합통신(Associated Press) 103
샘플레인(Champlain) 호(湖) 129
<생태학적 관점(Ecological Perspectives)> 49
샤베코프, 필립(Philip Shabecoff) 17, 23, 59, 156
샤이엔 족(Cheyenne) 89
성 프란시스(St. Francis) 92
세인트피터즈버그(St.Petersburg) 181
세쿼이아 국립공원(Sequoia National Park) 232
세쿼이아/킹스 캐년 국립공원(Sequoia/Kings Canyon National Parks) 60
센트럴 파크(Central Park) 86, 233
셀크레이그, 브루스(Bruce Selcraig) 159
솅크, 조슈아 울프(Joshua Wolf Shenk) 28
소노라(Sonora) 157
소니(Sony) 37
소니아 슬레이터(Sonia Slater) 151
소렌슨, 테드(Ted Sorenson) 166
소로우(Thoreau) 61, 143
소로우, 헨리 데이비드(Henry David Thoreau) 101, 121
소우시, 게리(Gary Soucie) 118

소울, 마이클(Michael Soule) 186
솔 알린스키(Saul Alinsky) 51
솔송나무 71, 93
「순례의 시대에(On Pilgrim age)」 102
슈스터(Schuster) 37
숄리, 댄(Dan Sholley) 31
스리마일 섬(Three Mile Island) 103
스모키 마운틴 국립공원 97
시몬스, 말리스(Marlise Simons) 41
스미스, 딕(Dick Smith) 99
스미스, 콘래드(Conrad Smith) 31
스미스, 페이지(Page Smith) 68
스미스, 프레드(Fred R.Smith) 121
스스로를 거스르는 서부(The West against Itself) 95
스크리브너(Scribners) 37
스크립스하워드(Scripps-Howard) 33, 98
<스타워즈(Star Wars)> 35
스타인버그, 테드(Ted Steinberg) 144
스타인슬라우스 강(Stainslaus River) 176
스탄스, 딕(Dick Starnes) 119
스탠더드 오일(Standard Oil) 54
스탠스버리, 제프(Jeff Stansbury) 118
스터즈 터켈(Studs Terkel) 84
스테그너, 월리스(Wallace Stegner) 53, 94, 112
스테인그래버, 샌드라(Sandra Steingraber)

189

스테펜스, 링컨(Lincoln Steffens) 54, 70, 76, 90, 132

스톰 킹 산(Storm King Mountain) 100

스튜브너, 스티브(Steve Stuebner) 17, 58, 184, 196

스트렁크, 윌리엄 주니어(William Strunk Jr.) 48

스트렁크 51

스파탄버그(Spartanburg) 111

슬릭록(Slickrock) 83

시그램(Seagram) 37

CBS 119, 120, 121

CIA 104, 131

시에라 클럽 북스(Sierra Club Books) 228

시에라 클럽(Sierra Club) 26, 162

시에라 클럽/와일더니스 소사이어티(Sierra Club/Wilderness Society) 202

시에라네바다(Sierra Nevada) 44~45

시에라클럽법 보호기금(Sierra Club Legal Defense Fund) 227

시트카(Sitka) 가문비나무 93

실콕스(Silcox) 93

싱클레어, 업톤(Upton Sinclair) 70

<쓰리마일 섬으로의 재초대(Three Mile Island Revisited)> 220

| ㅇ |

아담스, 댄(Dan Adams) 25

아디론댁 SOS 99

아마존 강 41

아메리테크(Ameritech) 35

아베이, 에드워드(Edward Abbey) 77, 83

아우코인, 제임스(James L. Aucoin) 12

아웃도어 메트로폴리스(Outdoor Metropolis) 95

아이젠하워(D. Eisenhower) 52

아카타 레드우드(Arcata Redwood) 233

알라모(Alamo) 157

알렌, 하비(Harvey Allen) 81

알마덴 연구센터(Almaden Research Center) 188

애디론댁 공원(Adirondack Park) 41

앨버커키(Albuquerque) 155

야르(Jahr) 37

야생 저널리즘 75

야생사회국장(Director of Wilderness Society) 166

야생생물 관리 고문 위원회(Advisory Board on Wildlife Management) 136

야생 어류 및 동물 협회(Fish and Wildlife Service) 78, 157

어빙 뉴턴 브란트(Irving Newton Brant) 92

어스아일랜드연구소(Earth Island Institute)

38, 227
에간, 티모시(Timothy Egan) 56
에너지부(Department of Energy) 41
에드미스톤, 벨라(Beulah Edmiston) 119
에디슨, 토마스(Thomas Edison) 75
에를리히, 폴(Paul Ehrlich) 144, 186
에머슨(Emerson) 67, 143
에머슨, 랄프 왈도(Ralph Waldo Emerson) 65
에반스, 댄(Dan Evans) 55
에버글레이즈(Everglades) 국립공원 81
에번스(Evans) 26
에스칼렌트 계곡(Escalante Canyon) 225
에스피노자, 마틴(Martin Espinoza) 218
AP 통신 26
에지, 로젤리(Rosalie Edge) 92
엑손(Exxon) 30, 120
NPR(National Public Radio) 187
엘 레이노(El Reino) 공원 38
엘스비어, 리드(Reed Elsevier) 36
엘스워스 법안(Ellsworth Bill) 52
엥버그, 로버트(Robert Engberg) 75
여성기자클럽(Women's National Press Club) 79
연방토지관리국(Federal Bureau of Land Management) 57
영, 돈(Don Young) 202

옐로우스톤 국립공원(Yellowstone National Park) 30
오닐, 로저(Roger O'Neill) 32
오둠, 유진(Eugene Odum) 186
오듀본, 존 제임스(John James Audubon) 232
오듀본, 존(John J. Audubon) 88
오듀본 26, 162
오버톤 공원(Overton Park) 33
오웰, 조지(George Orwell) 77
오코, 댄(Dan Oko) 17, 230
오크스, 존(John B. Oakes) 41, 54, 98
오하이오 환경위원회(Ohio Environmental Council) 219
올라슨, 사라(Sara Olason) 77, 127
올림픽 반도(Olympic Peninsula) 64
올림픽스(the Olympics) 76, 230
올슨, 시귀드(Sigurd Olson) 77, 81
옴스테드, 프레더릭 로(Frederick Law Olmsted) 86
와트, 제임스(James G. Watt) 99, 226
왓킨스, 티(T. H. Watkins) 17, 61, 152, 162, 198
요세미티(Yosemite) 44
우달, 스튜어트(Stewart L.Udall) 83, 118, 136, 165
<우주핵무기(Nukes In Space)> 220

<울지 않는 늑대(Never Cry Wolf)> 35
워런, 얼(Earl Warren) 166
워즈워드(Wordsworth) 87
월리스, 헨리(Henry A. Wallace) 93
웨이여하우저(Weyerhaeuser) 27, 171
웰섬, 에일린(Eileen Welsome) 40, 155
웰치, 짐(Jim Welch) 129
위거, 앤드류(Andrew K.Weegar) 209
위싱턴환경위원회 18
위커, 탐(Tom Wicker) 201
윈스터, 폴(Paul Winster) 229
윌, 조지(George Will) 167
윌리엄스, 테드(Ted Williams) 17, 197, 202
윌리엄스, 테리 템페스트(Terry Tempest Williams) 231
윌슨, 에드워드(Edward O. Wilson) 144, 186
윌슨, 우드로우(Woodrow Wilson) 91
윌슨, 잭만(Jackman Wilson) 13
유니온 탄화물(Union Carbide) 159
UA 항공(the United Airlines) 121
UN 스톡홀름 회의(UN Stockholm Conference) 227
유크레인(Ukraine) 227
유해 폐기물 9
육식동물 및 설치류 통제(Predator and Rodent Control: PARC) 136

의회기록(Congressional Record) 96
익스, 해롤드(Harold L. Ickes) 92
인구 폭발 9
인바이로 비디오(Enviro Video) 220
<인바이로 클로즈업(Enviro Close-Up)> 220
일티스, 휴(Hugh Iltis) 186

|ㅈ|

자니서, 하워드(Howard Zahniser) 166
자카테 버플(Zacate buffel) 158
자킨, 수잔(Susan Zakin) 202
작가조합(Authors Guild) 242
전미과학아카데미 80
전미산림서비스협회(U.S. Forest Service) 117
전미산림협회(the American Forestry Association: AFA) 117, 118
전미야외레저작가협회(the Outdoor Writers Association of America: OWAA) 123, 241~242
전미언론학회 63
전미저널리스트작가협회(the American Society of Journalists and Authors) 123
점박이올빼미 183, 186
정밀조사 저널리즘 55
「정보자유법(Freedom of Information Act)」

170

제너럴 일렉트릭 37

제퍼슨, 토마스(Thomas Jefferson) 40, 115, 154

제프, 신시아(Cynthia Jaffe) 129

조지아-퍼시픽(Georgia-Pacific) 233

존슨, 로버트 언더우드(Robert Underwood Johnson) 75

존슨, 린든(Lyndon B. Johnson) 114

주창 저널리즘(advocacy journalism) 14

주창(advocacy) 9

「죽음에 대한 명상(Thanatopsis)」 87

지구 온난화 9, 183

지구의 날(Earth Day) 26

지구의 친구들(Friends of the Earth: FOE) 118, 226

지구정의법 보호기금(Earth Justice Legal Defense Fund) 227

지구정의법률방어재단(Earth Justice Legal Defense Fund) 17

진저, 윌리엄(William Zinsser) 208

| ㅊ |

<차이나 신드롬(The China Syndrome)> 35

채터누가(Chattanooga) 172

체르노빌(Chernobyl) 103

추문 폭로가 54, 70

| ㅋ |

카모디, 디어드레(Deirdre Carmody) 201

카슨, 레이첼(Rachel Carson) 9, 45, 64, 77, 156

카우딜, 해리(Harry Caudill) 100

캘리포니아대 농업실험장(California Agriculture Experiment Station at the University of California, Davis) 173

캣스킬즈(Catskills) 86

커리사(Curry Company) 60

커크혼, 마이클(Michael Kirkhorn) 17

커트랜드(Kirtland) 155

컨솔리데이티드 에디슨(Consolidated Edison) 165

컴퓨터 지원 리포팅에 대한 국가기구(National Institute for Computer Assisted Reporting: NICAR) 181

케이코(Keiko) 38

케파우버, 에스테스(Estes Kefauver) 97

켄들, 헨리(Henry Kendall) 205

켓첨(Ketchum, Idaho) 57

코노톤, 찰스(Charles Connaughton) 116

'코먼 코즈' 오하이오 지부(Common Cause/Ohio) 219

코베스테인, 폴(Paul Koberstein) 59, 215

찾아보기 275

콕스, 피터(Peter W.Cox) 209
콘라드, 조셉(Joseph Conrad) 242
콘리, 클레어(Clare Conley) 114, 141
콘센트레이션 캠프(concentration-camp) 227
콘시딘, 밥(Bob Considine) 232
콜, 토마스(Thomas Cole) 88
쿠에티코 지역공원(Quetico Provincial Park) 82
쿠오모, 마리오(Mario Cuomo) 41, 99
쿨리, 웨스(Wes Cooley) 44
쿨리지, 캘빈(Calvin Coolidge) 89
퀘이커스(Quakers) 104
크노프, 알프레드(Alfred Knopf) 112
크라우스, 아우드리(Audrie Krause) 18, 182
크라이슬러(Chrysler) 35
크럼프(E.H.Boss Crump) 97
크레이그, 제임스(James B.Craig) 116
크레이그헤드, 존(John Craighead) 138, 186
크레이그헤드, 프랭크(Frank Craighead) 138, 186
크로즈비, 빙(Bing Crosby) 231
크리크, 카우(Cow Creek) 99
클라이드, 노만(Norman Clyde) 225
클레인, 로빈(Robin Klein) 215
「클린워터법(Clean Water Act)」 30

클린턴(William J. Clinton) 30, 201
킨터, 린(Lynn Kinter) 128

| ㅌ |

타벨, 아이다(Ida Tarbell) 54, 70
타운센드, 제이(Jay Townsend) 180
타이게(Tighe) 222
<타이타닉(Titanic)> 35
타임스 미러(Time-Mirror) 223
타임워너(Time Warner) 36, 37
탐사 저널리즘 12, 122
탐사기자와 편집자조직(Investigative Reporters and Editors: IRE) 12, 165, 242
터너, 탐(Tom Turner) 17, 224
터몬스, 패트(Pat Tummons) 214
테네시 주 게임과 어류 위원회(Tennessee Game and Fish Commission) 172
테이프너, 신디(Cindy Teipner) 128
토마스, 빌(Bill Thomas) 57
토웰(Towell) 118
토웰, 윌리엄(William E.Towell) 116
톰비그비(Tombigbee) 99
투몬스, 패트리샤(Patricia Tummons) 17
투올룸 강(Tuolumne River) 75
투프만(Tupman) 160
트라피스트회(Trappist) 63
트웨인, 마크(Mark Twain) 126, 127

TCI 37
틸덴, 포트(Fort Tilden) 220

| ㅍ |

파라마운트 영화사(Paramount Pictures) 37
파웰, 존 웨슬리(John Wesley Powell) 144
파지오, 제임스(James Fazio) 17
판코우스키, 테드(Ted Pankowski) 18, 240
팔로스(Palous) 131
팔카, 조셉(Joseph Palca) 187
패스토어, 존(John Pastore) 121
팰리, 윌리엄(William S. Paley) 121
페어스테인, 린다(Linda Fairstein) 29
페제쉬키, 척(Chuck Pezeshki) 200
펠리사이드(Palisades) 86
편한 의자(Easy Chair) 94
평화봉사단(Peace Corps) 224
포드(Ford) 35
포드, 제럴드(Gerald Ford) 115
포드, 헨리(Henry Ford) 75
포스터, 마가렛(Margaret Foster) 16, 223
포스터, 짐 탱겐(Jim Tangen-Foster) 128
포우, 리처드(Richard H. Pough) 234
포인터 온라인(Poynter online) 181
포크너, 윌리엄(William Faulkner) 65
포트 벤턴(Fort Benton) 99
폴라(Paula) 168

폴리염화바이페닐(polychlorinated biphenyls: PCB) 24
푸르드호 만(Prudhoe Bay) 157
퓰리처, 조셉(Joseph Pulitzer) 10
프래드킨, 필립(Philip Fradkin) 57
프랭크, 바니(Barney Frank) 48
프레스 클럽(National Press Club) 62
프렌티스 홀(Prentice Hall) 37
프렛웰, 새미(Sammy Fretwell) 43
프리드먼, 미치(Mitch Friedman) 18
<프리윌리(Free Willy)> 38
플래츠, 로키(Rocky Flats) 218
플레처, 앨리스 커닝(Alice Cunning Fletcher) 65
플로렌스(Florence) 160
플리커, 존(John Flicker) 201
피스가(Pisgah) 국립산림 134
피콕, 덕(Doug Peacock) 231
피터슨, 로저 토리(Roger Tory Peterson) 126
피터슨, 케이스(Keith Peterson) 200
피플 포 퓨젯 사운드(People for Puget Sound) 180
핀촛, 기포드(Gifford Pinchot) 66, 238
필립스, 데이비드(David C. Phillips) 38

| ㅎ |

하닉, 피터(Peter Harnik) 121

하비, 로버트(Robert W. Harvey) 160
하시, 조셉(Joseph C. Harsch) 225
하워드, 에드윈(Edwin Howard) 97
하이 시에라네바다(High Sierra Nevada) 231
하이컨트리 뉴스(High Country News) 196
하커, 필립(Philip Hocker) 160
해굿, 수잔(Susan Hagood) 67
해밀턴, 조안(Joan Hamilton) 205
핵방위국(Defense Nuclear Agency) 40
허드슨 강(Hudson River) 23
허리케인 도나(Donna) 146
허리케인 벳시(Betsy) 146
허리케인 앤드류(Andrew) 144
허리케인 클레오(Cleo) 146
허모실로(Hermosillo) 157
허킨스, 올가 오언스(Olga Owens Huckins) 156
험프리, 후버트(Hubert Humphrey) 98
헤네시, 케이트(Kate Hennessy) 102
헤리만 탐험(Harriman Expedition) 75
헤리스, 메리 헤젤(Mary Hazell Hariss) 135
헤이스, 데니스(Denis Hayes) 18, 26
헤치헤치(Hetch Hetch) 계곡 75
헬버그, 데이비드(David Helvarg) 16, 166, 198, 227
헬스(Hells) 115
호노커(Hornocker) 138, 139

호노커, 머리(Maurice Hornocker) 138
호머(Homer) 87
호크마운틴 보호구역(Hawk Mountain Sanctuary) 92
호튼 미플린(Houghton Mifflin) 46, 77
화이트(E.B.White) 48, 51
「환경보전지역법(Wilderness Act)」 98, 99
환경 저널리스트 87
환경 저널리스트협회(Society of Environmental Journalists: SEJ) 242
환경 저널리즘 10, 14
환경윤리를 위한 산림업자연합(Association of Forest Service Employees for Environmental Ethics: AFSEE) 27
황야의 대학(University of the Wilderness) 126
회색 곰(grizzly bear) 131
후커(Hooker) 100
후트, 버디(Buddy Houts) 173
휘트먼(Whiteman) 131
휘트먼, 월트(Walt Whitman) 88
히아센, 칼(Carl Hiaasen) 12
히와시 랜드 회사(Hiwassee Land Company) 172
힙스, 벤(Ben Hibbs) 53

| 도서 |

『가정된 유죄(Presumed Guilty)』 219

『거스리 기장의 어구사전(Captain Guthrie's Dictionary of Words and Phrases)』 161

『경계를 넘어(Crossing the Line: From Editor to Activist to Inmate, A Writer's Journey)』 103

『고독의 사막(Desert Solitaire)』 83

『고독한 대지(The Lonely Land)』 82

『고원의 이방인(Strangers in High Place)』 113, 138, 170

『고통받는 물: 바운더리 워터스 카누 지역의 야생을 위한 투쟁(Troubled Waters: The Fight for the Boundary Waters Canoe Area Wilderness)』 82

『과학 기고가를 위한 현장 안내서(A Field Guide for Science Writers)』 187

『광활한 미주리를 가로질러(Across the Wide Missouri)』 94

『국립공원을 다시 녹색으로(Regreening the National Parks)』 165

『권리장전: 기원과 의미(The Bill of Rights: Its Origin and Meaning)』 94

『그린을 위한 전쟁(The War against the Greens)』 16, 166, 198

『급진주의를 위한 규칙(Rules for Radicals)』 51

『깊은 나무숲에서의 전보(Dispatches from the Deep Woods)』 233

『깨끗한 강에 대한 시선집(A Clearwater River Anthology)』 200

『나무를 껴안는 사람들: 북서 고대림에서의 승리, 패배, 그리고 재개(Tree Huggers: Victory, Defeat, and Renewal in the Northwest Ancient Forest Campaign)』 70

『농업 화학물에 대한 한나의 핸드북(Hanna's Handbook of Agricultural Chemicals)』 173

『더 굿 워(The Good War)』 84

『더 라스트 스탠드(The Last Stand)』 17

『더 월드 오브 워싱턴 어빙(The World of Washington Irving)』 87

『디 에디토리얼 위(The Editorial We)』 97

『루즈벨트와 함께한 보호의 모험(Adventures in Conservation with Franklin D. Roosevelt)』 93

『리스닝 포인트(Listening Point)』 82

『마지막 위기(Final Jeopardy)』 29

『멍키렌치 갱(Monkeywrench Gang)』 83

『모래 군의 열두 달』 66

『문체의 요소』 242

『미국의 표본적인 시절(Specimen Days in America)』 88

찾아보기 279

『바다 연안(The Edge of the Sea)』 78

『바닷바람 아래서(Under the Sea Wind)』 78

『불편한 의자(The Uneasy Chair)』 53

『사람이 되어가는 것(On Becoming a Person)』 69

『생명의 집(In the House of Life)』 78

『생물 다양성 보호의 정치학(The Politics of Preserving Biodiversity)』 186

『세계 경제에 대항하는 사례(The Case Against the Global Economy)』 182

『세월의 정점(The Summit of the Years)』 74

『스타일의 요소(The Elements of Style)』 48, 51

『시에라에서의 여름(John Muir Summering in the Sierra)』 74

『싱잉 와일더니스(Singing Wilderness)』 82

『쓰레기 버리기: 화학물질에 대한 미국의 위치(Laying Waste: The Positioning of America by Toxic Chemicals)』 100

『알래스카의 자연주의자(A Naturalist in Alaska)』 185

『야생의 최후(Last of Wild)』 200

『야생의 추구(The Pursuit of Wilderness)』 46

『약속된 땅: 야생의 미국에서의 모험과 만남(Promised Land: Adventures and Encounters in Wild America)』 176

『에버글레이즈: 초목의 강(Everglades: River of Grass)』 81

『영혼 죽이기(Killing the Spirit)』 68

『옐로우스톤의 보호자들(Guardians of Yellowstone)』 31

『우리를 둘러싼 바다(The Sea around Us)』 78

『울지 않는 늑대(Never Cry Wolf)』 186

『이것은 누구의 숲인가(Whose Woods These Are)』 113

『죽을 것 같은(Likely to Die)』 29

『총기 보유의 권리(Gun Rights Fact Book)』 167

『침묵의 봄』 156, 188

『컴벌랜드에 밤이 오다(Night Comes to the Cumberlands)』 100

『크로니클 더 웨스트(Chronicling the West)』 138

『프리랜서 기고가가 되는 방법(How to be a Free-Lance Writer)』 196

『하층에서의 생: 암과 환경에 대한 생태학적 시각(Living Downstream: An Ecologist Looks at Cancer and the Environment)』 189

『해로운 것들: 우리의 원치 않는 야생생물들

(The Varmints: Our Unwanted Wildlife)』 113

『허드슨 강: 자연과 비자연의 역사(The Hudson River: A Natural and Unnatural History)』 100, 165

| 신문·잡지 |

《가톨릭 근로자(Catholic Worker)》 101, 103

《건축 멤피스(Architecture Memphis)》 33

《공중의 눈(Public Eye)》 219

《국제신문(International Paper)》 168

《굿 하우스키핑(Good Housekeeping)》 39, 203

《그레이스 스포팅 저널(Gray's Sporting Journal)》 202

《그린피스(Greenpeace)》 196

《나이아가라 가제트(Niagara Gazette)》 100

《낫 맨 어파트(Not Man Apart)》 226

《내셔널 와일드 라이프(National Wildlife)》 199, 201

《내셔널 지오그래픽(National Geographic)》 17, 198, 200

《내셔널 파크(National Parks)》 201

《네이션(Nation)》 96, 147

《네이처 콘서번시(Nature Conservancy)》 201

《넷액션 노츠(NetAction Notes)》 182

《뉴 리퍼블릭(New Republic)》 147

《뉴 매시스(New Masses)》 147

《뉴스데이(Newsday)》 218

《뉴요커(New Yorker)》 218

《뉴욕상업광고(New York Commercial Advertiser)》 76

《뉴욕 이브닝 포스트(New York Evening Post)》 86

《뉴욕 저널-아메리칸(New York Journal-American)》 232

《뉴욕타임스(New York Times)》 17

《뉴잉글랜드 의학저널(New England Journal of Medicine)》 190

《디모인 레지스터(Des Moines Register)》 92

《디펜더즈(Defenders)》 199

《라이터스 다이제스트(Writer's Digest)》 204

《라이터스 마켓(Writer's Market)》 204

《레지스터-가드(Register-Guard)》 13

《루이스턴 모닝 트리뷴(Lewiston Morning Tribune)》 16

《리더스 다이제스트》 96

《리버 러너(River Runner)》 84

《리터러리 마켓 플레이스(Literary Market

≪Place)≫ 203
≪마더 어스(Mother Earth)≫ 203
≪마더 존스(Mother Jones)≫ 199
≪마이애미 데일리 뉴스(Miami Daily News)≫ 145
≪마이애미 헤럴드(Miami Herald)≫ 11, 81, 145
≪매사추세츠 야생생태(Massachusetts Wildlife)≫ 197
≪매시스(Masses)≫ 101
≪맥클루어즈(McClure's)≫ 54, 90, 203
≪메인 타임스(Maine Times)≫ 196, 209
≪메인라이너(Mainliner)≫ 121
≪메트로(Metro)≫ 57
≪멤피스 프레스 시미터(Memphis Press Scimitar)≫ 34
≪모던 머튜리티(Modern Maturity)≫ 203
≪미졸라 인디펜던트(Missoula Independent)≫ 17, 196
≪미줄리안(Missoulian)≫ 59, 197
≪밀워키 저널(Milwaukee Journal)≫ 42
≪백패커(Backpacker)≫ 84, 199, 203
≪뱃츠(BATS)≫ 39
≪뱅가드(Vanguard)≫ 129
≪벌링턴 프리 프레스(Burlington Free Press)≫ 129
≪베닝톤 배너(Bennington Banner)≫ 79

≪베들레헴 글로브 타임스[Bethlehem(Pa) Globe Times]≫ 79
≪벨링햄 헤럴드(Bellingham Herald)≫ 47, 206
≪보스턴글로브(Boston Globe)≫ 40
≪보이스 스테이츠맨(Boise Statesman)≫ 17, 58, 196
≪보호자들(Defenders)≫ 138
≪브룩클린 이글(Brooklyn Eagle)≫ 88
≪빌리지 보이스(Village Voice)≫ 216
≪사이언스(Science)≫ 187
≪사이언티픽 아메리칸(Scientific American)≫ 26
≪산타페 리포터(Santa Fe Reporter)≫ 218
≪새크라멘토 비(Sacramento Bee)≫ 44
≪새터데이 이브닝 포스트(Saturday Evening Post)≫ 53, 92, 195
≪샌디에이고 뉴스라인(San Diego Newsline)≫ 227
≪샌타바버라 뉴스 프레스(Santa Barbara News Press)≫ 99
≪샌프란시스코 베이 가디언(San Francisco Bay Guardian)≫ 218
≪석간 샌프란시스코 데일리(San Francisco Daily Evening Bulletin)≫ 74
≪세인트루이스 타임스(Saint Louis Star Times)≫ 92

≪센추리(Century)≫ 75

≪센터매거진(Center Magazine)≫ 122

≪소히오안(Sohioan)≫ 139

≪솔트레이크 트리뷴(Salt Lake Tribune)≫ 116

≪숲과 시내(Forest and Stream)≫ 89

≪스미소니언(Smithsonian)≫ 134

≪스테이트(the State)≫ 43

≪스톡홀름 컨퍼런스 에코(Stockholm Conference Eco)≫ 227

≪스트레인저(Stranger)≫ 230

≪스포츠 어필드(Sports Afield)≫ 120

≪스포츠 일러스트레이티드(Sports Illustrated)≫ 100

≪시애틀 위클리(Seattle Weekly)≫ 16, 76

≪시애틀 타임스(Seattle Times)≫ 206

≪시에라(Sierra)≫ 199, 201

≪시카고 선 타임스(Chicago Sun-Times)≫ 84, 92

≪심플 리빙(Simple Living)≫ 196, 212

≪아메리칸 리버스(American Rivers)≫ 180, 212

≪아메리칸 매거진(American Magazine)≫ 90

≪아메리칸 포리스트(American Forests)≫ 40, 69, 114

≪아미쿠스 저널(Amicus Journal)≫ 201

≪아웃도어 라이프(Outdoor Life)≫ 120

≪아웃도어 언리미티드(Outdoors Unlimited)≫ 243

≪아웃사이드(Outside)≫ 199, 203

≪아이다호 포리스터(Idaho Forester)≫ 128

≪IRE 저널(IRE Journal)≫ 219

≪아이 에프 스톤 위클리(I.F. Stone's Weekly≫ 62

≪야생생물의 보호자들(Defenders of Wildlife)≫ 123

≪애니멀스 어젠다(Animal's Agenda)≫ 196

≪애틀랜틱 먼슬리(Atlantic Monthly)≫ 45

≪앨버커키 타임스(Albuquerque Times)≫ 155

≪앨버커키 트리뷴(Albuquerque Tribune)≫ 40

≪어스 퍼스트 저널(Earth First! Journal)≫ 196

≪얼러트(ALERT)≫ 240

≪AAS 옵서버(AAS Observer)≫ 187

≪HSUS 뉴스(HSUS News)≫ 212

≪엑스트라(EXTRA)≫ 23~24

≪LA 타임스(Los Angeles Times)≫ 57, 117, 123

≪오듀본(Audubon)≫ 17, 197, 199, 201

≪오리온(Orion)≫ 199

≪오픈 스페이스 액션(Open Space Action)≫

234

《오하이오 옵서버(Ohio Observer)》 219
《옵서버(Observer)》 103
《와일더니스(Wilderness)》 227
《와일드 라이프 콘서베이션(Wildlife Conservation)》 199
《와일드 어스(Wild Earth)》 196, 212
《와일드라이퍼(Wildlifer)》 138
《우먼스 데이(Woman's Day)》 112, 222
《웃네 리더(Utne Reader)》 203
《워싱턴 포스트(Washington Post)》 109
《원자과학자회보(Bulletin of the Atomic Scientists)》 103
《월스트리트저널(Wall Street Journal)》 29
《웨스트워드(Westword)》 218
《USA 투데이(USA Today)》 215
《유진 레지스터-가드[Eugene (Oreg.) Register-Guard]》 13
《이너 보이스(Inner Voice)》 211
《이어 북 메디컬 퍼블리셔(Yearbook Medical Publishers)》 223
《인 브리프(In Breif)》 227
《인 디즈 타임스(In These Times)》 203
《인디펜던트(Independent)》 231
《인바이로링크(EnviroLink)》 180
《인터마운틴 옵서버(Intermountain Observer)》 28, 103
《인팩트(InFact)》 147
《제로 포퓰레이션 그로우스(Zero Population Growth)》 212
《채터누가 뉴스(Chattanooga News-Free Press)》 173
《체인징 타임스(Changing Times)》 112, 160
《카누(Canoe)》 84
《카스카디아 타임스(Cascadia Times)》 215
《칼리스펠 데일리 인터레이크(Kalispell Daily Interlake)》 16, 60
《캐스캐디아 타임스(Cascadia Times)》 196
《캐스퍼 트리뷴(Casper Tribune)》 128, 206
《컬처럴 서바이벌(Cultural Survival)》 212
《코발리스 가제트 타임스(Corvallis Gazette Times)》 13
《콜(Call)》 101
《콜롬비아 저널리즘 리뷰(Columbia Journalism Review)》 28
《콜리어즈 트루(Collier's True)》 195
《크리스천 사이언스 모니터(Christian Science Monitor)》 112, 195
《트래블 에이전트(Travel Agent)》 139
《트레저 스테이트 리뷰(Treasure State Review)》 13

《트루(True)》 95

《TRI(Toxic Releases Inventory)》 159

《패밀리 서클(Family Circle)》 39

《퍼레이드(Parade)》 112, 160

《퍼시픽 서치 프레스(Pacific Search Press)》 223

《페런츠(Parents)》 203

《페어(FAIR)》 23

《포틀랜드 오레고니언(Portland Oregonian)》 59, 96

《포퓰러 사이언스(Popular Science)》 203

《프레스 시미터(Press Scimitar)》 34

《프레스노 비(Fresno Bee)》 44, 182

《프로그레시브(Progressive)》 104, 203

《플라이 로드 앤 릴(Fly Rod and Reel)》 17, 202

《플래그폴(Flagpole)》 217

《플래닛(Planet)》 14

《필드&스트림(Field & Stream)》 114, 172, 201

《하이 컨트리 뉴스(High Country News)》 30, 121, 199, 211

《하퍼스 애틀랜틱(Harper's, Atlantic)》 53, 94, 96, 111, 203

《허스트 인터내셔널 뉴스 서비스(Hearst International News Service)》 109

《허츠(Hearts)》 232

《홀리데이(Holiday)》 96, 112, 195

《환경 하와이(Environment Hawaii)》 17

저자__ 마이클 프롬(Michael Frome)

마이클 프롬은 1960년대에 환경 저널리즘 분야에 뛰어들어 ≪아메리칸 포리스트(American Forests)≫, ≪야생생물의 보호자들(Defenders of Wildlife)≫, ≪필드&스트림(Field & Stream)≫ 그리고 ≪로스앤젤레스 타임스(Los Angeles Times)≫의 칼럼니스트로 활동했다. 그는 아이다호 대학교(Idaho University), 버몬트 대학교(Vermont University) 그리고 웨스턴워싱턴 대학교(Western Washington University)에서 환경 저널리즘과 기사 작성법을 강의했다. 또한 저자는 『야생을 위한 전쟁(Battle for the Wilderness)』을 포함한 공유지와 자연자원에 관한 많은 책을 집필했다.

역자__ 유 승 관

한국 외국어 대학교를 졸업한 후 한국 외국어 대학교 대학원과 미국 콜로라도 대학교(University of Colorado, Boulder)에서 신문방송학 석사학위를 취득하고, 서던일리노이 대학교(Southern Illinois University)에서 「탈규제 정책 이후 다채널 미디어 시장에서의 매체 간 경쟁과 문화적 다양성」이란 논문으로 언론학 박사학위를 받았다. 현재 동명 대학교 신문방송학과 교수로 있다.

≪커뮤니케이션과 법(Communications & the Law)≫, ≪커뮤니케이션 동향(Trends in Communication)≫, ≪아시안 커뮤니케이션 연구(Asian Communication Research)≫ 등을 포함한 국내 및 국제 저널에 다수의 논문을 게재하였고, 현재 『시민참여미디어론』(공저)을 집필 중이다. 한국커뮤니케이션학회 이사를 역임했으며 부산영상포럼 방송분과 이사 및 부산영상발전연구원의 연구위원으로 활동하고 있다.

방송문화진흥총서 77
그린잉크: 환경 저널리즘 입문

ⓒ 유승관, 2007

지은이 | 마이클 프롬
옮긴이 | 유승관
펴낸이 | 김종수
펴낸곳 | 도서출판 한울

편집책임 | 안광은
편집 | 서윤아

초판 1쇄 인쇄 | 2007년 2월 24일
초판 1쇄 발행 | 2007년 2월 28일

주소 | 413-832 파주시 교하읍 문발리 507-2(본사)
      121-801 서울시 마포구 공덕동 105-90 서울빌딩 3층(서울 사무소)
전화 | 영업 02-326-0095, 편집 02-336-6183
팩스 | 02-333-7543
홈페이지 | www.hanulbooks.co.kr
          www.fbc.or.kr (방송문화진흥회)
등록 | 1980년 3월 13일, 제406-2003-051호

Printed in Korea.
ISBN 978-89-460-3667-3 93330

* 가격은 겉표지에 있습니다.

이 책은 MBC의 공적기여금으로 조성된
방송문화진흥자금으로 출간되었습니다.